JN028728

24-25年版

1級ファイナンシャル・プランニング技能士・CFP®
高山一恵 監修
オフィス海 著

史上最強の FP3級 テキスト

ナツメ社

本書は、以下の試験に早く確実に合格するための教材です。

- FP3級学科試験

FP3級実技試験
- 「個人資産相談業務」(金財) → 「個人」
- 「保険顧客資産相談業務」(金財) → 「保険」
- 「資産設計提案業務」(日本FP協会) → 「資産」

▼FP3級試験に関わる法改正のポイント

● 2024年4月1日までに施行された法改正（2024年6月〜2025年5月実施の試験に対応）

- **適格請求書等保存方式（インボイス制度）の導入**：消費税に関する不正・ミスを抑えることを目的に、売手側事業者が買手側事業者に対して適格請求書（インボイス）を用いて、正確な適用税率や消費税額などを伝えるしくみ。買手側事業者は、売手側事業者の適格請求書に基づいて仕入税額控除の適用を受ける。売手側事業者が適格請求書を交付するためには、国税庁に登録申請書を提出して「適格請求書発行事業者」の登録を行う必要がある。▶ p.188
- **国民年金保険料**：国民年金保険料が月額16,980円（2024年度）となった。▶ p.48
- **産前産後期間の保険料の免除**：出産予定日または出産日が属する月の前月から4カ月間は、国民年金保険料に加えて、国民健康保険料も免除されることとなった。▶ p.49
- **年金額の改定**：老齢基礎年金、障害基礎年金、遺族基礎年金の満額の年金額が816,000円（2024年度：月額68,000円）となった。▶ p.54、p.64、p.68
- **在職老齢年金**：60歳以上の就労者は、「年金の基本月額と総報酬月額相当額との合計額」が50万円を越えると、老齢厚生年金が減額や支給停止となることとなった。▶ p.61
- **金融サービス提供法**：「金融サービスの提供に関する法律」が、「金融サービスの提供及び利用環境の整備等に関する法律」に改称された。▶ p.143
- **新NISA**：2024年1月より新NISAが始まった。▶ p.177
- **住宅借入金等特別控除**：原則として、2024年1月以降に建築確認を受けて新築する住宅は、省エネ基準に適合することが必須要件となった。▶ p.221
- **相続登記の申請義務化**：2024年4月1日以降、相続により不動産を取得した相続人は、取得を知った日から3年以内に、相続登記の申請を義務付けられることとなった。▶ p.236
- **相続時精算課税**：2024年1月1日以降の贈与に対して、現行の「暦年課税の基礎控除（110万円）」とは別に、「相続時精算課税の基礎控除（110万円）」が創設された。▶ p.288
- **生前贈与加算**：2024年1月1日以降の贈与に対して、相続税に加算される期間が最長7年まで順次延長された。▶ p.306

※本書は、2024年6月〜2025年5月実施分（法令基準日2024年4月1日）の試験に対応しています。
※2025年6月〜2026年5月実施分の法令基準日は2025年4月1日です。2025年4月1日時点での「法改正情報」は2025年4月にナツメ社Webサイトに掲載予定です。
※2024年6月より、所得税について定額による所得税額の特別控除（定額減税）が実施されますが、本書では考慮しておりません。

合格を保証できる唯一の教材!!

本書は、**過去14年間のFP技能検定（学科、個人、保険、資産）の全問題をデータ化**し、テーマ・論点ごとに問題と解答を分類・分析して、出題される**ほとんどの問題に正解できる情報・知識をテキスト**にした教材です。

FP教材の中でもNo.1のカバー率【直近3年間の過去問題の98.8%に正解】を誇っており、本書の習得によって**確実な合格**を目指すことができます。

FP教材と出題される情報との関係

小さな文字がぎっしりと詰まっていて、非常に詳しそうな教材の中には、**試験に出題されない情報が満載という本**もあります。そうした本で学習をすると、せっかくの努力が報われません。また、**情報量の多い本はどこを覚えたらよいのかが不明確**で、出題されない知識を学習することになりがちです。

逆に、図解やイラストが多くて、とてもわかりやすそうな教材でも、**出題される問題に正解できる情報自体が少ない本では合格点に届きません。**

ムダのない学習でスピード合格!!

本書は、FPが身に付けておくべき基礎知識と試験に正解できる情報が覚えやすいように整理されています。**「正解情報」は、赤下線・赤囲み**にしてあり、**覚えるべきポイントが一目でわかります。**

赤下線・赤囲みの情報を覚えるだけで、確実にFP試験の合格点が取れるように設計されていますから、その意味でも、本書は市販されているFP教材の中で**最も学習効果が高い本**であると断言できます。

最短・最速の合格を実証した本書で学習することによって、**あなたがFP検定に合格されること**を心より信じ、願っております。

オフィス海 一同

本書の4つのこだわり

史上最強のFP教材!!

私たちは、学習教材制作のプロです。30年以上にわたって、学習参考書・問題集、各種資格試験の教材を企画執筆してきました。

本書の制作にあたっては、FP検定の問題を市販の教材・問題集と照らし合わせて、徹底的な事前調査を行いました。

具体的には、

- **市販対策本を暗記しても解けない過去問題はないか。**※
- **試験の用語と市販対策本の用語の表記は同じか。**
- **過去問題の頻出事項は、どの対策本でも目立つ扱いになっているか。**

といったことを過去問題と各種対策本を照合しながら、市販の本よりも役立つ本はできるのかという調査、検討を重ねたのです。

高校・大学の受験参考書の分野は、長い歴史の中で熟成されて良書でないと書店の棚に残れない構造になっています。しかし、FP教材はまだそこまでは成熟していない分野でした。検討の結果、私たちが新しい対策本を作る意味があることが確信できました。

もっと良い本ができる。**「史上最強のFP教材を作る!!」**を合言葉に制作がスタートしました。

そして、日本でいちばん学習しやすく、点数が取りやすいFP教材を目指して、以下にあげる4点にこだわって制作を行いました。

※例えば、ほとんどの対策本に掲載されていない「FPと社会保険労務士法」が、過去14年間で9回出題されている。
試験で出題されるが、市販の対策本に掲載されていない情報は意外なほど多い。

1 カバー率No.1!!

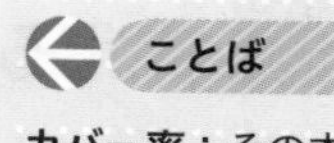

スゴイ！

本書のFP3級試験のカバー率は98.8%！

これは、市販されている**FP教材・問題集の中でダントツNo.1**です。

FP検定の場合、少なくとも、直近５年間の過去問題を解ける実力をつけておけば、ほぼ確実に合格できることがわかっています。

本書は、過去14年間の学科試験と実技試験３科目「個人」「保険」「資産」の全問題を、テーマ・論点ごとに集約して、**正解するための情報をもらさないように執筆・制作**されています。※

合格ラインは60%なので、**赤い箇所（出題される情報）の約７割を覚えるだけで合格**することができます。

ことば

カバー率：その本で試験の単語や問題などをどの程度カバー（正解・的中）しているかという割合。単語集や問題集の信頼性を表す指標。

※過去14年間に1回しか出題されていないなど、重要度が低い問題は割愛したため100%ではない。

本書のカバー率（%）

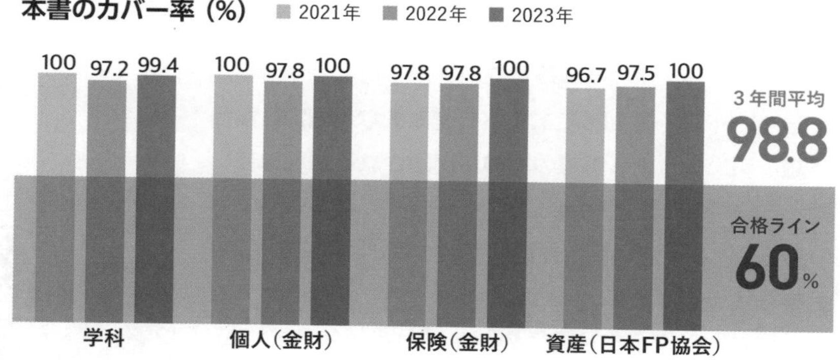

	2021年	2022年	2023年
学科	100	97.2	99.4
個人（金財）	100	97.8	100
保険（金財）	97.8	97.8	100
資産（日本FP協会）	96.7	97.5	100

照合対象：2021年から2023年まで計９回の学科試験と実技試験の問題を１問ずつ本書と照合しています。１・５・９月のカバー率の平均値を該当年のカバー率としています。

正解判定：３択問題では、正答に必要な情報が掲載されていれば正解（1点）。計算問題では必要な式、計算手順が掲載されていれば正解。また、一般常識で考えれば正解できると考えられる問題（3級では毎回数問はある）は正解。正答に必要な情報が入っていても、表現が試験と違うなどの理由から、正解できるかどうか判断がつかない場合は0.5点を加算して、正解率を測定しました。計算ミス、勘違いはないものとして判定してあります。

なお、今後の試験で同じカバー率を約束するものではありません。

2 覚えるべき箇所が明確!!

本書ほど、覚えるべき情報、覚えなくてもよい情報の区別が明確な本はほかにありません。

情報を増やせば増やすほど、カバー率自体は上がります。しかし、試験の出題傾向を精査しないまま、情報量だけを増やしていくと、文字量・情報量に比べて、実際に試験に出る情報は少ない、**ヒット率**の低い本（つまり学習効果が低い本）になります。

また、「FPとしての常識」「試験に出る内容」「ほとんど出ない内容」が、区別なく紙面に混在していると、学習者にとってどこを覚えればよいのかが非常にわかりづらくなってしまいます。

そこで、本書は、過去問題の分析をもとに、1項目ずつ、できる限り出題されている情報は漏らさないようにして、

- **FPの基礎情報だが、暗記までは必要ない情報**
- **試験に出る、必ず覚えるべき情報**

を区別しながら、原稿を執筆していきました。

そして、FPとして知っておくべき**基本的な用語には黄色い下線**を引いたうえ、**実際の試験に出題される情報は赤い下線**※**・赤い囲み**にまとめました。

つまり、本書の**赤い箇所を覚えていけば、確実にFP検定に合格**できるわけです。

また、試験で提示されるため暗記の必要がない表、式、数字などには、その都度「覚えなくてよい」というコメントを入れてあります。

本書なら、ムダな勉強いっさいなし。最短・最速で合格を目指すことができます。

※赤い下線は、過去に出題された情報のほか、出題が予想される重要な法改正にも引いてあります。

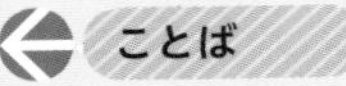

ヒット率：掲載情報に対する試験問題に出現した情報の割合。単語集や問題集の信頼性を表す指標。

出る
赤い囲み
「出る」は、
最重要の情報だよ！

3 出題問題が直接解ける情報!!

「出題問題が直接解ける情報」とは、何のことでしょう。実技試験の「資産」で毎年のように出題されるキャッシュフロー表とバランスシートの問題を例に説明します。

過去の検定では、キャッシュフロー表は「基本生活費」「年間収支」「金融資産残高」の計算、バランスシートは「純資産」の計算問題が頻出しています。しかし、この４つすべての**直接的で具体的な計算方法**が掲載されている対策本はまず見つかりません。[※1]これらの計算はそう難しくはないので、試験会場で考えれば解ける人もいるでしょう。しかし、ほかの情報に比べて圧倒的に頻出している問題の解法が掲載されていないのは論外だと考えます。

また、実際の試験で、例えば「日射病は補償対象外か？」と出題されていれば、「病気は補償対象外」に加え「日射病」という**出題された具体例を加えて解説**をしました。[※2]

本書には、**問題を直接解ける情報が掲載**されています。

4 検定試験の用語・表現に完全対応！

「試験と対策本の用語が違う」というケースもあります。

例えば、試験ではキャッシュフロー表の最下段は「金融資産残高」ですが、対策本の多くは「貯蓄残高」です。試験では日銀短観の正式名称は「全国企業短期経済観測調査」ですが、対策本の多くは「企業短期経済観測調査」です。[※3]

こうした表現の違いは、試験会場で問題を前にしたときに迷いの原因、間違える原因となります。

試験との表記・表現の違いで解答に迷うことがないよう、本書では**一つひとつの表記・表現まで試験に完全に対応させる配慮**がされています。

※１個々の計算ではなく応用ができる基本的な計算式を掲載、あるいは４つのうちのどれかを掲載している本はある。

※２普通傷害保険では日射病や靴ずれは補償対象かどうか。過去に何回も出題されているが、「病気は補償対象外」という記載だけで、日射病、靴ずれの記載がない本がほとんど。

※３市販対策本と試験との用語の違い、表現のズレはほかにもたくさんあった。なお、試験の種類等によって異なる用語（学資保険とこども保険等）、送り仮名が異なる語句（見込額と見込み額等）は、学科試験、または多い方にそろえた。

本書の利用方法

1 1回目はどんどん読み進める

FP検定は、金融、保険、税務、不動産、相続など、幅広い分野から出題されます。また、特に実務試験などでは複数分野にまたがった情報が必要な問題も出題されます。

全体のつながりを把握するためにも、**最初はざっくり全体を通して読む**ことをお勧めします。「例題」や「過去問トレーニング」にはまだ手をつけません。

2 2回目は赤い箇所を覚える

過去14年間で出題された情報は、赤い下線・赤い囲みの中にまとめられています。

2回目の学習では、**赤い箇所を重点的に覚える**ようにします。なお、「覚えなくてもよい」というコメントがある式や数値は、読み飛ばしてかまいません。

赤い囲みの中の赤い下線や赤い色をふせた箇所は、特に頻出している情報だよ。

3 例題と過去問トレーニングをやる

本書「例題」には、掲載項目の理解の助けになる過去問題を選出しました。「過去問トレーニング」には、頻出情報、頻出パターンの過去問題を精選しました。間違えた場合には、本文の該当箇所を復習してください。

また、過去問トレーニングの問題番号には、チェック欄を入れました。正解なら○、間違ったら×などでチェックしておくと、復習するときの目安になります。

問1
□ □ ←チェック

4 付録「頻出問題チェック集」で復習

FP別冊付録は、試験に出る重要事項を一問一答のチェックテストにまとめた問題集です。

本書を２回読んで、ある程度マスターできた段階になってから、取り組みましょう。解けなかったり、間違えたりしたら、本書の該当箇所に戻って復習してください。

試験直前には、**過去問トレーニングとこの別冊付録を活用すると同時に、本書の赤い箇所を暗記するつもりでもう一度読んでおくと万全**です。

本書によって、確実な合格を目指しましょう！

※姉妹版『史上最強のFP３級問題集』では、実際の学科試験・各実技試験に対応した問題演習を行うことができます。ご活用いただければ幸いです。

【凡例】

黄色い下線 ▶ FPとして覚えておくべき基本用語は、黄色い下線で強調しました。

赤い下線 ▶ 試験に出る情報は、赤い下線で強調しました。

出る▶赤い囲み ▶ 試験の頻出事項は「出る」マークの赤い囲みにまとめました。

ことば ▶ 基本用語を説明しました。

スピード理解!! ▶ 頻出情報を理解する助け、暗記方法などをコメントしてあります。

例 題 ▶ 過去問題のうちの代表的なもの、項目理解の助けになる問題を掲載。

過去問トレーニング ▶ 頻出情報、頻出パターンの過去問題を精選。

※例題、過去問トレーニングでは、法律の改正等によって内容が古くなった問題に関しては、本年度に対応するように改変した問題があります。その場合は、◀2023年5月学科（改）のように、末尾に（改）を入れてあります。

3級の受検概要

◆ 実施団体

FP技能検定は、次の２つの団体が実施しています。

- **一般社団法人金融財政事情研究会**（以下、金財）
  URL https://www.kinzai.or.jp ☎03-3358-0771（検定センター）
- **NPO法人日本ファイナンシャル・プランナーズ協会**（以下、日本FP協会）
  URL https://www.jafp.or.jp ☎03-5403-9890（試験業務部）

◆ 受検資格

受検資格は、金財、日本FP協会共通で以下のとおりです。

3級 ▶ FP業務に従事している者または従事しようとしている者

◆ 試験科目

FP技能士の資格取得には、学科試験と実技試験の両方に合格することが必要です。学科試験は金財と日本FP協会で共通の内容です。実技試験は３科目から**１科目を選択**します。

等級	試験科目		実施機関
3級	◎学科試験		共通
	実技試験	◎個人資産相談業務	金財
		◎保険顧客資産相談業務	
		◎資産設計提案業務	日本FP協会

※本書は、◎印のある試験に対応しています。

３級の学科試験・実技試験で出題される分野は以下の通りです。

↓学科試験出題分野	個人（金財）	保険（金財）	資産（日本FP協会）
ライフプランニングと資金計画	○	○	◎
リスク管理	×	◎	○
金融資産運用	○	×	○
タックスプランニング	○	○	○
不動産	○	×	○
相続・事業承継	○	○	○

※○は出題される分野、◎は頻出分野、×は出題されない分野です。

◆ 出題形式・合格基準

全科目とも、**60%の得点が合格ライン**です。

<table>
<tr><th>等級</th><th>科目</th><th>出題形式（筆記）</th><th>問題数</th><th>制限時間</th><th>合格基準</th></tr>
<tr><td rowspan="3">3級</td><td>学科</td><td>CBT○×式、
三答択一式</td><td>60問</td><td>90分</td><td>36点以上（60点満点）</td></tr>
<tr><td rowspan="2">実技</td><td>CBT事例形式</td><td>5題〈金財〉</td><td rowspan="2">60分</td><td>30点以上（50点満点）</td></tr>
<tr><td>CBT多肢選択式</td><td>20問〈日本FP協会〉</td><td>60点以上（100点満点）</td></tr>
</table>

◆ 法令基準日と一部合格による試験免除

3級試験は、CBT方式（テストセンターのパソコンに表示される試験問題にマウスやキーボードを使って解答する方式）により通年実施されます。

3級の法令基準日は、2024年6月～2025年5月実施分は2024年4月1日です。2025年6月～2026年5月実施分は2025年4月1日です。

一部合格（学科試験のみの合格、または実技試験のみの合格）は、合格した学科試験または実技試験の実施日の翌々年度末までに行われる技能検定に限り、当該合格した学科試験または実技試験が、**申請により免除**されます。

◆ 受検手数料

受検手数料は、以下のとおりです（学科または実技のみの受検も可能）。

等級	学科	実技	学科と実技
3級	4,000円	4,000円	8,000円

◆ 受検申請方法

実施団体のホームページの指示に従って受検申請します。

受検サポートセンター：金財 ☎03-4553-8021、日本FP協会 ☎03-4553-8270

※最新の情報は、金財または日本FP協会のホームページでご確認ください。

CONTENTS

Part 3 金融資産運用

Part 4 タックスプランニング

Part 5 不動産

Part 6 相続・事業承継

【復興特別所得税の扱い】

2013年から復興特別所得税として、「所得税額×2.1%」が課されています。例えば、所得税15%は、15%に2.1%を乗じた復興特別所得税0.315%が加算されて15.315%の徴収となります。本書の本文中では、「20.315%(所得税15%＋復興特別所得税0.315%＋住民税5%)」のように、復興特別所得税の税率を明記したうえで、税率、税額を記載しております。
なお、本試験では、復興特別所得税を含めた税率・税額を求める問題と、復興特別所得税を含めない税率・税額を求める問題とが混在しています。

Part 1

ライフプランニングと資金計画

赤い下線と赤い囲みに
注目して覚えていけば
必ず合格できるよ!!

Contents ここで学習すること

1 FPの基礎知識

「FPができること・できないこと」を問う問題が頻出！

- 第三者に顧客の個人情報を漏らしてはいけない。
- FPは、法律、税務、投資、保険、公的年金等について、「個別の具体的助言、手続き」はできない。

1 ライフプランとFP業務

自分や家族の人生設計のことを**ライフプラン**、ライフプランを立てることを**ライフプランニング**といいます。

そして、ライフプランにそって資金計画を立てることを**ファイナンシャル・プランニング**といいます。

FP（ファイナンシャル・プランナー）は、顧客のライフプランをくみ取って、ファイナンシャル・プランニングを行うことが仕事となります。

ことば

ファイナンシャル：
「財政、会計の」という意味。

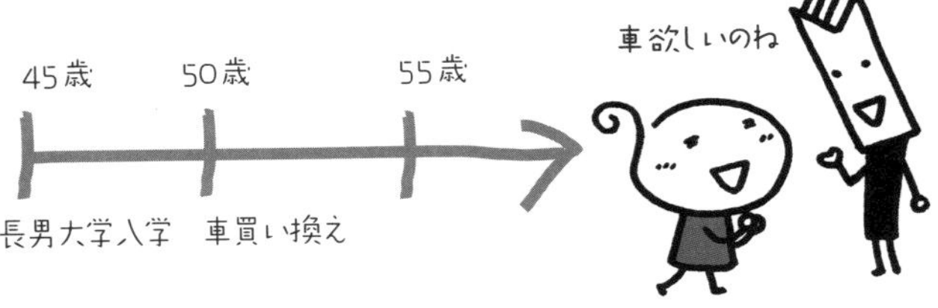

2 FPに求められる職業倫理

FPの仕事を行うときには、顧客の収入や資産、家庭内部の事情など、個人情報を得る機会が多くなります。そのため、FPには高い職業倫理が求められます。次の職業倫理を覚えておきましょう。

FPが守るべき主な倫理

出る

●顧客利益の優先

顧客の利益を最も優先すること。FP自身や第三者の利益を優先してはいけない。

※「顧客の利益を優先する行為」でも、弁護士や税理士など、他の関連業務の領域を侵してはいけない。

●守秘義務の厳守

顧客の許可のないまま、顧客の個人情報を第三者に漏らしてはいけない。

●説明義務（アカウンタビリティ）

作成したライフプランニングの内容や意図について、顧客に対して十分に説明する必要がある。

●顧客の同意（インフォームド・コンセント）

プランニングに当たっては、顧客の立場で十分に説明し、本当に理解しているかどうかを確認する必要がある。

スピード理解!!
どんな場合でも、守らなくてはいけない倫理！

例題

・正しければ○、誤っていれば×をつけなさい。

❶ ファイナンシャル・プランナーは、職業倫理上、顧客情報に関する守秘義務を厳守しなければならない。

❷ ファイナンシャル・プランニングにおいては、職業倫理上、その提案内容等をあらかじめ顧客に十分に説明し、顧客がその内容を理解したかどうかを確認しながら進めることが求められている。

◀2019年1月学科
2019年9月学科

例題の答え

❶ ○
顧客情報に関する守秘義務がある。

❷ ○
顧客に対して十分に説明する義務（アカウンタビリティ）と顧客の理解の確認・同意（インフォームド・コンセント）が必要。

3 FPと関連法規

原則として、一般的な説明はOK。個別具体的な説明はNG。

FPは、**顧客利益を優先する場合や無償の場合でも**、次の×印で示した行為（他の専門家の独占業務の領域）を**行ってはいけません**。また、著作権※にも留意する必要があります。

FPが「できること」と「できないこと」

● FPと弁護士法

弁護士、司法書士等でなければ、具体的な法律相談、法律事務、法的手続きを行ってはならない。

- **遺言の証人・遺言執行者**となる
- 顧客の**任意後見人**となる

- 遺言書の作成指導
- 法律判断に基づく和解案の提案

● FPと税理士法

税理士でなければ、顧客の税務書類の作成や、個別具体的な税務相談を行ってはならない。

- 一般的な税務の解説
- 仮定の事例についての税額計算

- 納税額の計算、確定申告書類の作成、税務に関する個別の相談

● FPと金融商品取引法

投資助言・代理業者として内閣総理大臣から金融商品取引業の登録を受けていないFPは、投資助言や代理業務を行ってはならない。

- 景気、企業業績の予想、過去の株価の推移など、一般的な話題

できない

- 顧客の資産運用、特定の有価証券の売買、具体的な投資の助言

● FPと保険業法

保険募集人として内閣総理大臣の登録を受けていないFPは、保険商品の募集や販売を行ってはならない。

- 一般的な相談・保険商品の説明
- **必要保障額**（131ページ）の計算

- 保険商品の募集、販売、勧誘

● FPと社会保険労務士法

社会保険労務士でなければ、顧客の社会保険の具体的な手続きをしてはならない。

- 公的年金制度の一般的な説明
- **公的年金の受給見込額の計算**

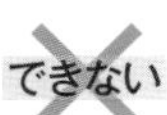

- 裁定請求書の作成など、顧客の公的年金に関する具体的手続き

※著作権法では「引用する著作物のタイトルと著者を明記する」、「自らが作成する部分と引用する部分を区別する」、「作成する部分を主、引用部分を従とする」ことが必要。

過去問トレーニング

適切なものには○、不適切なものには×をしなさい。

問1 □□ 弁護士資格を有していないFPが、離婚後の生活設計について相談された顧客の依頼により、その顧客の代理人として相手方との離婚時の財産分与について話し合いを行い、報酬を得た。 ◀2022年1月資産

問2 □□ 税理士資格を有していないFPが、参加費無料の相談会において、相談者の持参した資料に基づき、相談者が納付すべき相続税の具体的な税額計算を行った。 ◀2019年9月資産

問3 □□ 生命保険募集人・保険仲立人の登録を受けていないFPが、生命保険の一般的な商品内容について説明を行った。 ◀2023年1月学科（改）

問4 □□ ファイナンシャル・プランナーは、顧客の依頼を受けたとしても、公正証書遺言の作成時に証人となることはできない。 ◀2020年1月学科

問5 □□ ファイナンシャル・プランナーが顧客と投資顧問契約を締結し、当該契約に基づき金融商品取引法で定める投資助言・代理業を行うためには、内閣総理大臣の登録を受けなければならない。 ◀2023年9月学科

問6 □□ 社会保険労務士資格を有していないFPが、顧客の「ねんきん定期便」等の資料を参考に公的年金の受給見込み額を試算した。 ◀2021年1月資産

問7 □□ 弁護士の登録を受けていないFPが、資産管理の相談に来た顧客の求めに応じ、有償で、当該顧客を委任者とする任意後見契約の受任者となることは、弁護士法に抵触する。 ◀2024年1月学科

答え

問1 × 離婚問題で係争中に相手方と折衝を行うことは弁護士の独占業務。

問2 × 無償でも、納税額計算、税務相談、税務書類の作成はできない。

問3 ○ 一般的な保険商品についての説明に、特別な資格は不要。

問4 × 公正証書遺言の証人となる際、特別な資格は不要。

問5 ○ 投資助言・代理業を行うには、内閣総理大臣の登録が必要。

問6 ○ 公的年金の受給見込額の計算は、一般的な作業。

問7 × 任意後見人には特別な資格は必要ない。有償でも無償でも可能。

2 ライフプランニングの考え方

6つの係数の活用方法に関する問題が頻出！

- キャッシュフロー表は可処分所得、将来価値で記入。
- バランスシートは資産と負債のバランスを見る。
- 資金計画では6つの係数を使う。

1 ライフプラン作成に必要なツール

ライフプランを作るには、**ライフイベント表**、**キャッシュフロー表**、**バランスシート**というツールを使います。

ライフイベント表は、ほとんど出題がない。キャッシュフロー表とバランスシートが頻出。

2 ライフイベント表

ライフイベント表は、将来の予定や希望する計画を時系列で表し、主な支出と収入の額をまとめた表で、キャッシュフロー表を作るときの資料になります。

〈ライフイベント表の記入例〉

年	家族の年齢				ライフイベント	支出
	夫	妻	長男	次男		
2024	46	42	16	14	長男高校入学・学資保険100万円満期	60万円
2025	47	43	17	15		
2026	48	44	18	16	次男高校入学・学資保険100万円満期	60万円
2027	49	45	19	17	長男大学入学・学資保険100万円満期	150万円

3 キャッシュフロー表

キャッシュフロー表は、現在の収支状況や今後のライフプランをもとにして、将来の**収支状況や金融資産残高などの推移**を表形式にまとめたものです。

キャッシュフロー：現金の流れ。主に、収入から支出を差し引いた資金の流れ。

キャッシュフロー表の注意点

●収入は「可処分所得」で記入

収入は可処分所得（手取り）で記入する。可処分所得は、年収から**所得税、住民税、社会保険料を引いた額**。

可処分所得＝年収－（所得税＋住民税＋社会保険料）

●「変動率」がある欄は「将来価値」を記入

物価変動、定期昇給などがある場合には、その**変動率（変化の割合）**を考えた**将来価値**を計算して記入する。

n年後の額＝今年の額×（１＋変動率）^{n}

スピード理解!!
可処分所得は年収から税と社会保険料を控除した額。生命保険料は引かない。

例題

・**表の空欄❶❷の求め方の正誤を答えなさい。**

❶ $380 \times (1 + 0.02)^4 = 411$（万円未満は四捨五入）

❷ $865 + 177 = 1042$（万円未満は四捨五入）

◀2022年9月資産（改）
※テストセンターのパソコン画面上に表示される電卓が使用できる。

〈岸田家のキャッシュフロー表〉　（単位：万円）

経過年数			基準年	1年	2年	3年	4年
西暦（年）			2024	2025	2026	2027	2028
家族・年齢	岸田　智哉	本人	48歳	49歳	50歳	51歳	52歳
	菜莉子	妻	47歳	48歳	49歳	50歳	51歳
	奈穂	長女	14歳	15歳	16歳	17歳	18歳
	寛翔	長男	12歳	13歳	14歳	15歳	16歳
ライフイベント		変動率	住宅リフォーム	寛翔中学校入学	奈穂高校入学		寛翔高校入学
収入	給与収入（本人）	1%	496				
	給与収入（妻）	1%	478				
	収入合計	－	974	984	994	1,003	
支出	基本生活費	2%	380				（❶）
	住宅関連費	－	178	178	178	178	178
	教育費	－				120	
	保険料	－	57	57	57	65	65
	一時的支出	－	400				
	その他支出	－				36	36
	支出合計	－	1,119				
年間収支			▲145		177	201	
金融資産残高		1%	683	865	（❷）		1,418

▲問題作成の都合上、一部空欄にしてある。

例題の答え

❶ ○

❷ ×
865 ×（1 + 0.01）+ 177 = 1050.65
→ 1051（万円未満四捨五入）

4 バランスシート

個人のライフプランニングにおける**バランスシート**は、現状の資産と負債のバランスを見る表です。資産には預金、株式などのほか、不動産、自動車などの**時価**を、負債には借金（主にローン残額）を記入します。

バランスシートの注意点

●資産と負債は「時価」で記入する

不動産、自動車などは取得金額ではなくて、時価（現時点で売る、もしくは売った場合の金額）で記入する。

「純資産」＝資産合計－負債合計
「負債・純資産合計」＝負債合計＋純資産

したがって、最下段の「資産合計」と「負債・純資産合計」は等しくなる。

ことば

バランスシート：貸借対照表。もともとは企業が財務状況を開示するために作成するもの。

時価：市場で成立している市場価格。購入額ではなく、それを売った場合の金額。なお、生命保険についてはシート作成時点の解約返戻金相当額を使用する。

例題

・下表の空欄（ア）の数値を求めよ。

◀2019年5月資産

〈山岸家のバランスシート〉（単位：万円）

[資産]		[負債]	
普通預金	500	住宅ローン	280
定期預金	1,700		
財形年金貯蓄	350		
外貨預金	150	負債合計	×××
上場株式	340		
生命保険	370	純資産	（　ア　）
不動産（自宅マンション）	2,800		
資産合計	×××	負債・純資産合計	×××

▲問題作成の都合上、一部空欄にしてある。

例題の答え

(5,930)
純資産＝6,210−280
＝5,930万円

5 6つの係数

資金計画を立てるときに**係数表**を使います。

係数表は、「現在の元金を複利で運用したときの○年後の金額はいくらか？」などの計算をすばやくするための係数をまとめた表です。

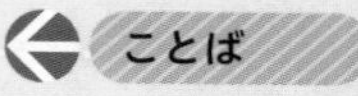

係数：積（かけ算の結果）によって表された式における定数因子（決まった数）。

〈係数早見表〉（年利２％）

期間	終価係数	現価係数	減債基金係数	資本回収係数	年金終価係数	年金現価係数
1年	1.020	0.980	1.000	1.020	1.000	0.980
2年	1.040	0.961	0.495	0.515	2.020	1.942
3年	1.061	0.942	0.327	0.347	3.060	2.884
4年	1.082	0.924	0.243	0.263	4.122	3.808
5年	1.104	0.906	0.192	0.212	5.204	4.713
6年	1.126	0.888	0.159	0.179	6.308	5.601
7年	1.149	0.871	0.135	0.155	7.434	6.472
8年	1.172	0.854	0.117	0.137	8.583	7.325
9年	1.195	0.837	0.103	0.123	9.755	8.162
10年	1.219	0.820	0.091	0.111	10.950	8.983

終価係数、**現価係数**、**減債基金係数**、**資本回収係数**、**年金終価係数**、**年金現価係数**という６つの係数があります。

例えば、終価係数は「現在の元金を複利運用したときの○年後の元利合計」を計算するときに用いる係数です。

100万円を年利２％で複利運用すると10年後の元利合計は、$100 \times (1 + 0.02)^{10} = 100 \times 1.2189944 \fallingdotseq 100 \times 1.219$ と計算しますが、係数表の「終価係数・10年→1.219」を使えば、「**100×1.219**」をすばやく計算できます。

次のページに紹介する「6つの係数と使い方」を覚えてください。

検定では係数早見表として数値が掲載されるので、覚えなくて大丈夫。

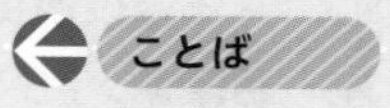

元利：元金（元本）と利息のこと。

元金：利子を除いた借りたお金のこと。

6つの係数と使い方

出る

【例】年利２％の係数は、前ページ〈係数早見表〉の「5年」の欄に掲載。

●終価係数

現在の元本（元金）を複利運用すると、**最終的にいくらになるか**を計算する。

【例】100万円を年利2％で複利運用すると5年後の元利合計はいくらか。
→100×**終価係数**1.104＝110.4万円

●現価係数

複利運用しながら目標額にするためには**現在いくら必要か**を計算する。

【例】年利2％で複利運用して5年後に100万円にするための元本はいくらか。
→100×**現価係数**0.906＝90.6万円

●減債基金係数

目標額にするために必要な**毎年の積立金額（積み立てる基金）**を計算する。

【例】毎年一定額を積み立てながら、年利2％で複利運用して5年後に100万円にしたい。毎年の積立金はいくら必要か。
→100×**減債基金係数**0.192＝19.2万円

●資本回収係数

現在の元本を複利運用しながら取り崩す場合の**毎年の受取額（資本の回収額）**を計算する。**利息を含めた毎年の元利均等返済額**を計算する際にも用いる。

【例】100万円を年利2％で複利運用して5年間で取り崩したい。毎年受け取れる年金はいくらか。
→100×**資本回収係数**0.212＝21.2万円

●年金終価係数

毎年の積立金を複利運用していくと、**最終的にいくらになるか**を計算する。

【例】毎年100万円積み立てて年利2％で複利運用する。5年後の元利合計はいくらか。
→100×**年金終価係数**5.204＝520.4万円

●年金現価係数

目標額の年金を毎年受け取るためには**現在いくら必要か**を計算する。

【例】年利2％で複利運用して5年間にわたって100万円ずつ年金を受け取りたいときに必要な元金はいくらか。
→100×**年金現価係数**4.713＝471.3万円

過去問トレーニング

適切なものには○、不適切なものには×をしなさい。また（　）内には適切な語句、数値を入れなさい。

問1 個人のライフプランニングにおけるキャッシュフロー表は、現在の収支状況や今後のライフプランをもとに、将来の収支状況や貯蓄残高などの推移を表形式にまとめたものである。 ◀2011年1月学科

問2 個人のライフプランニングにおいて、キャッシュフロー表に記載する金額は、物価変動等が予測されるものについては、通常、その変動等を加味した将来価値で計上する。 ◀2019年5月学科

問3 ファイナンシャル・プランナーが個人のバランスシートを作成する場合、バランスシートに計上する有価証券の価額については時価、生命保険については作成時点の解約返戻金相当額を使用する。 ◀2017年5月学科

問4 キャッシュフロー表の年間収入欄には可処分所得を記載する。可処分所得の金額は、一般に、年収から税金（所得税・住民税）と（　）を控除して求める。 ◀2023年9月学科

問5 毎年一定金額を積み立てながら、一定の利率で複利運用した場合の一定期間経過後の元利合計額を試算する際、毎年の積立額に乗じる係数は、（　）係数である。 ◀2022年5月学科

問6 Aさん（40歳）が、老後資金として2,000万円を準備するために、20年間、毎年均等に積み立て、利率（年率）1％で複利運用する場合、必要となる毎年の積立金額は（　）円である。なお、計算にあたっては下記の〈資料〉の係数を使用して算出するものとする。 ◀2020年1月学科

〈資料〉利率（年率）1％・期間20年の各種係数

現価係数	減債基金係数	年金現価係数
0.8195	0.0454	18.0455

問7 借入金額300万円、利率（年率・複利）３％、返済期間５年、元利均等返済でローンを組む場合、毎年の返済額は、下記の〈年率3%・５年の係数〉を使って算出すると（　）円となる。　◀2021年1月学科

終価係数：1.1593　　減債基金係数：0.1884　　資本回収係数：0.2184

問8 下記は、広尾家のキャッシュフロー表（一部抜粋）である。このキャッシュフロー表の空欄（ア）〜（ウ）に入る数値とその求め方として、最も適切なものはどれか。なお、計算に当たっては、キャッシュフロー表中に記載の整数を使用し、計算結果は万円未満を四捨五入すること。

◀2019年9月資産

❶ 空欄（ア）：「$176 \times (1 + 0.01)^2 \fallingdotseq 180$」

❷ 空欄（イ）：「377 − 450 = ▲73」

❸ 空欄（ウ）：「(327+51) × (1+0.01) ≒ 382」

〈広尾家のキャッシュフロー表〉(単位：万円)

経過年数			基準年	1年	2年	3年
西暦（年）			2024	2025	2026	2027
家族・年齢	広尾　優介	本人	38歳	39歳	40歳	41歳
	奈々子	妻	37歳	38歳	39歳	40歳
	凛太朗	長男	6歳	7歳	8歳	9歳
	友美	長女	3歳	4歳	5歳	6歳
ライフイベント		変動率		凛太朗 小学校入学	住宅購入	
収入	給与収入（夫）	1%	370			381
	給与収入（妻）	−	80	80	80	
	収入合計	−	450			
支出	基本生活費	1%	176		（ア）	
	住宅関連費	−	117	117		135
	教育費	−	42	45		
	保険料	−	32	32	32	32
	一時的支出	−			1.300	
	その他支出	−	10	10	10	10
	支出合計	−	377	382		410
年間収支		−	（イ）		▲1,237	51
金融資産残高		1%	1,462		327	（ウ）

※年齢および金融資産残高は各年12月31日現在のものとし、2024年を基準年とする。
※給与所得は可処分所得で記載している。
※記載されている数値は正しいものとする。
※問題作成の都合上、一部空欄にしてある。

答え

問1 ○　キャッシュフロー表は、現在の収支状況や今後のライフプランをもとにして、将来の収支状況や金融資産残高などの推移を表形式にまとめたもの。バランスシートとの違いを理解しておこう。

問2 ○　キャッシュフロー表には、物価変動、定期昇給などの変動率（変化の割合）を考えた将来価値で記入する。

問3 ○　個人のバランスシートを作成する場合、金融資産や自宅不動産は、取得価額ではなく作成時の時価で記入し、生命保険は作成時点の解約返戻金相当額で記入する。

問4 （社会保険料）

可処分所得＝年収－(所得税＋住民税＋社会保険料)

問5 （年金終価）

毎年の積立が最終的にいくらになるかを試算するのが年金終価係数。毎年お金を積み立てるので「年金」、終わりの価値で「終価」と覚えると良い。

問6 （908,000）

目標額にするために必要な毎年の積立金額（積み立てる基金）を計算するので、必要な係数は減債基金係数。

目標額2,000万円×減債基金係数0.0454＝90.8万円

問7 （655,200）

300万円を借り入れ、5年間年利3.0％で元利均等返済するということは、元金300万円を年利3.0％で複利運用しながら、毎年一定額を5年間取り崩すということなので、資本回収係数を使う。

300万円×資本回収係数0.2184＝65.52万円

問8 ❶

❶ ○　空欄（ア）は、2024年の基本生活費176万円を年利１％で複利計算した２年後の金額なので、「$176×(1+0.01)^2$=179.5376≒180」。

❷ ×　空欄(イ)は、2024年の収入合計450万円から、2024年の支出合計377万円を差し引いた金額なので、正しくは、「450－377＝73」。

❸ ×　空欄(ウ)は、2027年の金融資産残高を求めるので、2026年の金融資産残高327万円に、変動率1%の増加分と、2027年の年間収支51万円を加える。年間収支51万円に変動率1%を掛けてはいけない。正しくは、「327×(1＋0.01)＋51＝381.27≒381」。

3 住宅取得のプランニング

住宅ローンは毎回必ず出題される重要分野！

- 財形住宅融資とフラット35の特徴を覚える。
- ローン金利には固定金利、変動金利、固定金利選択型、返済方法には元利均等と元金均等がある。

1 住宅取得資金

住宅を買うには、物件価格の約２割の頭金、それに加えて登記費用、税金、引っ越し代金などの諸費用として物件価格の約１割、合計「物件価格の約３割」の自己資金を見込んでおくことが望ましいとされています。

住宅取得資金では、勤労者が住宅購入に必要な資金を貯める制度である**財形住宅貯蓄**を覚えておきましょう。

財形住宅貯蓄の出題ポイント

自分の住宅の取得、また、住宅の増改築のための資金を５年以上積み立てる制度。

- 申込時の年齢が55歳未満の勤労者で、１人１契約。
- 一定の要件を満たせば、財形年金貯蓄と合わせて、貯蓄残高550万円（元利合計）までの利息が非課税。
- 財形住宅貯蓄を目的以外で解約した場合は、過去５年間に生じた利息にさかのぼって課税される。

ことば

財形貯蓄：勤労者の給与から天引きされる貯蓄制度。
積立ての目的別に、
・財形住宅貯蓄←住宅の取得、増改築の資金
・一般財形貯蓄←教育資金等、制約なし
・財形年金貯蓄←老後の資金
の３種類がある。

スピード理解!!

「5年」「55歳未満」「550万円」
財形住宅貯蓄には「5」が多い！

例題

・**財形住宅貯蓄に関する次の記述の正誤を答えなさい。**

❶ 勤労者財産形成促進法上の勤労者で、契約申込み時の年齢が60歳未満であれば、利用することができる。

❷ 利用に当たっては、１人１契約とされている。

◀2014年1月資産

例題の答え

❶ ×
年齢は55歳未満。

❷ ○
財形住宅貯蓄と財形年金貯蓄は１人１契約。一般財形貯蓄は１人で複数契約可能。

2 住宅ローンの種類

住宅ローンには、**民間住宅ローン**、**財形住宅融資**、**フラット35**があります。以上は、すべて**併用**できます。

財形住宅融資とフラット35

●**財形住宅融資**：財形貯蓄を１年以上積み立てている人が対象の公的ローン。

融資条件	申込時の年齢が**70歳未満**。財形貯蓄残高が**50万円**以上
融資額	財形貯蓄残高の10倍以内で**最高4,000万円**まで。住宅、土地、整備、住宅の改良に要する費用など、所要額の**9割まで**
適用金利	**5年固定金利**（５年毎に適用金利を見直す）
融資対象	新築住宅、**中古住宅**、**増改築**。**借換えは対象外**

●**フラット35**：住宅金融支援機構が、民間金融機関と提携して提供している**最長35年の固定金利型住宅ローン**。省エネルギー性、耐震性など質の高い住宅での借入金利を一定期間引き下げる【フラット35】Sもある。

融資条件	申込者の年齢が**70歳未満**（親子リレー返済除く）。年収に占める借入金の年間合計返済額の割合（総返済負担率）が、**年収400万円未満なら30%以下、年収400万円以上なら35%以下**
融資額	100万円以上**8,000万円以下**で**融資率（借入額÷住宅の建設費または購入価額）100%まで**。保証料、**保証人不要**
適用金利	**金融機関ごとに金利を決めている**。**融資実行時点での金利**を適用。通常、**融資率90%を超える場合は金利が高く設定**されている。
融資期間	下限：15年（申込者が満60歳以上の場合は10年） 上限：申込者が80歳になるまでの年数と35年の、いずれか短い方
融資対象※	**新築**、**中古住宅**、**借換え**。**適合証明書が必要**。増改築は対象外
繰上返済	**手数料無料**。インターネットでは10万円以上から可能

※フラット35の融資対象となる新築は2023年4月設計検査申請分より省エネ基準を満たす必要がある。また、融資対象の住宅の購入価額の上限の規定はない。

3 住宅ローン金利

住宅ローンの金利には、**固定金利型**、**変動金利型**、**固定金利選択型**の３つがあります。

住宅ローン金利は3種類

●固定金利型住宅ローン

・当初決められた金利が返済終了まで一定なので、総返済金額が変わらない。
・金利が低いときは固定金利が有利とされている。

●変動金利型住宅ローン

・市場金利が変わればローン金利も変わるため、総返済金額が変わる。
・固定金利型より申込時の適用金利が低いが、金利変動のリスクを借り手が負う。
・金利の見直しは年２回（半年ごと）、返済額の見直しは５年ごと。

●固定金利選択型住宅ローン

・当初の一定期間は固定金利。その期間が過ぎると、固定金利か変動金利かを選択できる。固定金利期間が長いほど金利は高くなる。

例題

・正しければ○、誤っていれば×をつけなさい。

❶ フラット35（買取型）において、融資率（フラット35の借入額÷住宅の建設費または購入価額）が９割を超える場合は、融資率が９割以下の場合と比較して、取扱金融機関では、通常、借入額全体の金利が高く設定されている。

❷ 民間の金融機関が取り扱う変動金利型の住宅ローンでは、一般に、借入金利は半年ごとに、返済額は５年ごとに見直される。

◀2015年9月学科
2017年5月学科

例題の答え

❶ ○
❷ ○
変動金利型の金利は半年ごと、返済額は５年ごとに見直される。５年間は、金利が上がっても下がっても返済額が変わらないように、返済額に占める利息と元金の割合を調整する。

スピード理解!!
変動金利は金利が低い。
固定金利は長期ほど金利が高い。

4 住宅ローンの返済方法

住宅ローンの返済方法には、**元利均等返済**、**元金均等返済**の２つがあります。

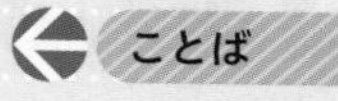

元利と元金:9ページ下部[ことば]参照

返済方法は元利均等と元金均等

元利均等返済

- **毎回の返済額が一定。**
- 当初は利息部分の返済額が多くて、後になるほど元金の返済部分が多くなる。

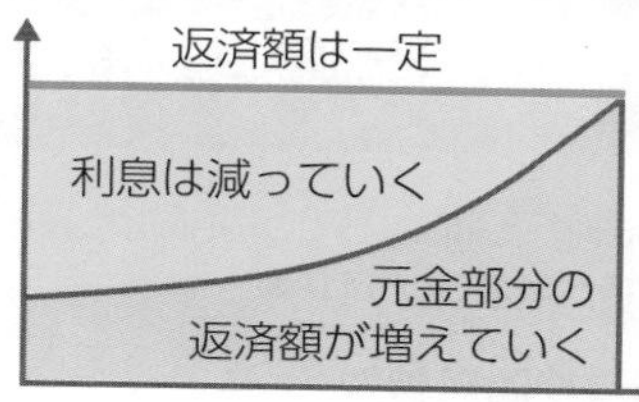

元金均等返済

- **元金の返済額だけが一定。**
- 利息は元金の残高に対してかかるので、**後になるほど利息と返済額が減っていく。**
- 元利均等返済に比べて、当初の返済額は多いが、**総返済金額（総支払利息）は少なくなる。**

返済額は減っていく
利息が減っていく
元金部分の返済額は一定
返済期間

元利均等より元金均等のほうが得だから「金が得」って覚えよう！

例題

・正しければ○、誤っていれば×をつけなさい。

❶ 住宅ローンの返済方法のうち、元利均等返済は、毎月の返済額が減少し、返済期間の経過とともに毎月の元金の返済額が増加する返済方法である。

❷ 住宅ローンの総返済額は、借入額、金利、借入期間等の条件が同一であれば、通常、元金均等返済よりも元利均等返済のほうが多くなる。

◀2021年5月学科
2021年9月学科

例題の答え

❶ ×
元利均等返済の毎月の返済金額は一定。

❷ ○
元金均等返済は元金が早く減る→利息も減る。

5 住宅ローンの繰上げ返済

繰上げ返済とは、通常の返済のほかに元金の全額または一部を返済することをいいます。繰上げ返済の回数や返済額の制限、繰上げ手数料は、**銀行によって異なります**。これには、**返済期間短縮型**と**返済額軽減型**の２つがあります。

返済期間短縮型と返済額軽減型

- 利息は元金に対してかかるため、**繰上げ返済時期が早いほど、元利金総返済額が減る**。

- **返済期間短縮型**

・毎回の返済額は変えずに、返済期間を短縮する方法。
・繰り上げした分の元金にかかる利息がなくなるので、返済額軽減型よりも**利息軽減効果が大きい**。

- **返済額軽減型**

・返済期間は変えずに、返済額を減らす方法。

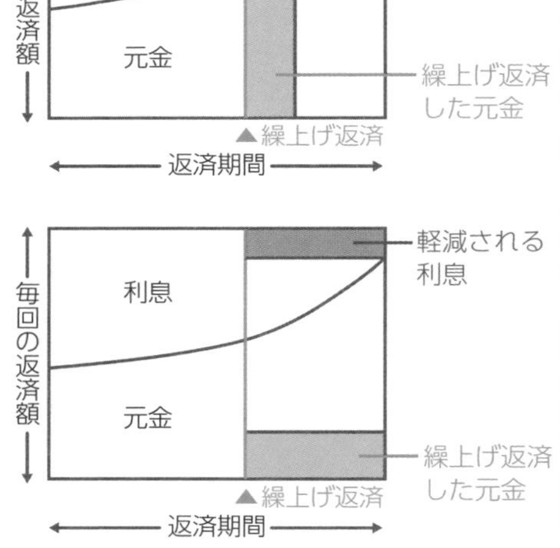

なお、住宅借入金等特別控除の適用を受けていて、一部繰上げ返済を行い、借入金の償還期間が当初の借入れの最初の償還月から**10年未満**となった場合、残りの控除期間について、**住宅借入金特別控除の適用は受けられなくなる**ので、注意が必要です。

6 住宅ローンの借換え

住宅ローンの**借換え**とは、現在のローンを一括返済して、金利が低いなど、より有利な条件の新規ローンに換えることをいいます。その際、新規ローンの諸費用が発生します。

他の民間住宅ローンやフラット35への借換えはできますが、**財形住宅融資への借換えはできません**。

7 団体信用生命保険

団体信用生命保険（団信）は、住宅ローンの返済途中で**死亡**するか、**高度障害**になった場合、ローン債務者に代わって生命保険会社が**住宅ローン残債**を債権者（銀行）に支払う保険です。**がん、脳卒中、心筋梗塞の３大疾病**にかかった場合にも保険金が支払われる特約つき団信もあります。

民間金融機関では、団体信用生命保険への加入を住宅ローン借入れの条件としているところがほとんどです。フラット35では、団体信用生命保険への加入は任意です。

例 題

・正しければ○、誤っていれば×をつけなさい。

❶ 民間金融機関の住宅ローンは、一般に、団体信用生命保険への加入を条件としており、住宅ローンの返済途中で契約者本人が死亡した場合には、団体信用生命保険の保険金によって残債が一括返済される。

◀ 2012年5月資産

❷ 民間金融機関の住宅ローンは、償還期日までの間に２回まで繰上げ返済をすることができ、１回当たりの繰上げ返済に係る上限額は、通常500万円とされている。

例題の答え

民間の住宅ローンでは、金融機関によって繰上げ返済の回数や返済額の制限が異なる。

過去問トレーニング

適切なものには○、不適切なものには×をしなさい。

問1 住宅ローンの返済方法のうち、元利均等返済は、毎月の返済額が一定で、返済期間の経過とともに毎月の元金部分の返済額が増加する返済方法であり、総返済金額は、他の条件が同一である場合、通常、元金均等返済よりも多い。 ◀2023年1月学科

問2 固定金利選択型の住宅ローンを利用して返済当初の一定期間を固定金利とする場合、一般に、選択する固定金利の期間が長いほど、返済当初に適用される金利水準が低い。 ◀2013年1月学科

問3 住宅を取得する際に長期固定金利住宅ローンのフラット35（買取型）を利用するためには、当該住宅の建設費または購入価額が消費税相当額を含めて1億円以下である必要がある。 ◀2020年9月学科

問4 住宅金融支援機構と民間金融機関が提携した住宅ローンであるフラット35の融資金利は、一律ではなく、取扱金融機関がそれぞれ独自に決定する。 ◀2018年5月学科

問5 長期固定金利住宅ローンのフラット35（買取型）を利用するためには、購入する住宅が中古マンションである場合に限り、住宅金融支援機構が定める技術基準に適合していることを示す適合証明書を取得する必要がある。 ◀2016年1月学科

問6 フラット35（買取型）の融資金利は固定金利であり、借入れをする際には、保証人が必要である。 ◀2022年5月学科

問7 逐次さんは、マンションを購入するに当たって、住宅ローンについての理解を深めておきたいと思い、FPの笹垣さんに質問をした。笹垣さんが説明の際に使用した次の図（住宅ローンの返済についての図）に関する次の記述の正誤を答えなさい。 ◀2011年9月資産

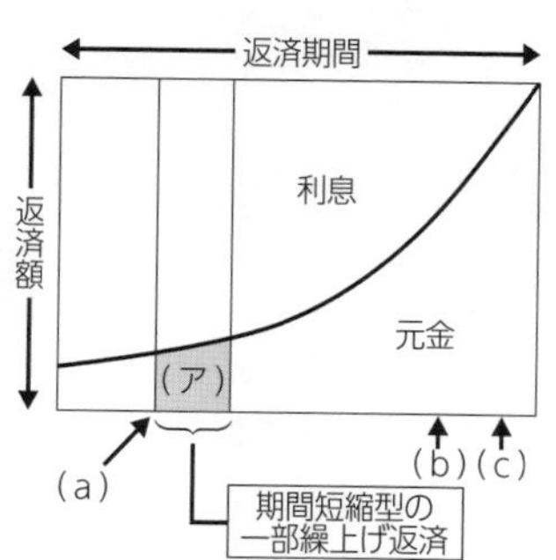

❶ 図の住宅ローンの返済方法は「元金均等返済」を表している。

❷ 図の（a）の時期に期間短縮型の一部繰上げ返済を行った場合、繰上げ返済額は（ア）の元金部分に充当される。

❸ 図の（b）の時期よりも（c）の時期に全部繰上げ返済を行った方が、繰上げ返済による利息軽減効果は大きくなる。

答え

問1 ○ 「元利均等返済」は元金と利息を合わせた毎回の返済額が一定の返済方法で、「元金均等返済」は元金の返済額だけが一定で、後になるほど利息と返済額が減っていく返済方法である。元利均等返済の総返済金額は、元金均等返済よりも多い。

問2 × 「固定金利選択型」は、借入当初から一定期間が固定金利で、その後変動と固定を選択できるローン。固定期間が長いほど、当初に適用される金利水準は高くなる。

問3 × フラット35の融資限度額は、100万円以上8,000万円以下（1万円単位）で、建設費や購入価額には金額の制限はない。

問4 ○ フラット35の借入金利は金融機関がそれぞれ独自に定めているため、利用する金融機関によって金利が異なることがある。

問5 × 新築・中古、一戸建て・マンションなどの区分に関わらず、住宅金融支援機構の技術基準に適合していることを示す適合証明書を取得する必要がある。

問6 × フラット35は保証人が不要。

問7 元利均等返済に関する問題。

❶ × 返済額が一定なので、「元金均等返済」ではなく「元利均等返済」。

❷ ○ 繰上げ返済は、利息ではなく元金を返済するもの。そのため、返済した元金にかかるはずの利息がなくなる。

❸ × 元金にかかるはずの利息がなくなるため、元金を返す繰上げ返済は、早く実行するほど利息軽減効果が大きくなる。

4 教育資金のプランニング

出題される内容は、毎回ほとんど同じ！

- 学資（こども）保険は、 契約者死亡時に保険料払込み免除。
- 教育一般貸付は保護者が申込人で世帯年収の制限あり。
- 日本学生支援機構の第一種奨学金は無利息。

1 学資（こども）保険

教育資金を準備する**学資（こども）保険**には、貯蓄性が高いものや保障が高いもの、15歳、17歳、18歳、22歳満期タイプがあります。また、子が出生する前であっても加入できる出生前加入特則があります。

タイプによっては、中途解約した場合の**解約返戻金が既払込保険料総額を下回る**こともあるので注意が必要です。この保険で、満期時の満期祝金や入学祝金を受け取ることができます。

「学資保険」と「こども保険」があるが、同じ内容の保険。このほか、検定では「こども（学資）保険」という名称でも出題されるよ。

出る

学資（こども）保険の特徴

契約者（親）が死亡、高度障害となった場合

- 契約者死亡以降の保険料払込みが免除されて、満期祝金や入学祝金は契約のとおりに受け取ることができる。
- 育英（養育）年金特約に入っていれば、契約者が死亡したとき、後継保険契約者等が育英（養育）年金や一時金を受け取ることができる。

被保険者（子）が死亡した場合

- 死亡保険金が受取人に支払われ、保険契約は消滅する。

スピード理解!!

親が死亡・高度障害→
払込み免除。契約継続
子が死亡→
死亡保険金。契約消滅

2 教育一般貸付（国の教育ローン）

教育一般貸付は**日本政策金融公庫**が行う教育ローンです。

教育一般貸付の特徴

条件：原則として、**保護者が申込人**となる。子の数に応じて**世帯年収の制限**あり。
融資限度額：中学校卒業以上の子１人に**350万円**（一定要件[※1]で**450万円**）。
金利と返済期間：**固定金利**で**18年以内**に返済。在学中は利息のみの返済が可能。
使途：受験費用、学校納付金のほか、**家賃、通学費用、教材費など**に使える。

※1 自宅外通学、修業年限5年以上の大学（昼間部）、大学院、海外留学など。

3 日本学生支援機構の奨学金

日本学生支援機構（JASSO（ジャッソ））の奨学金には、**給付型奨学金**、**第一種奨学金**、**第二種奨学金**があり、本人の学力と家計支持者の所得による判定があります。要件を満たせば、教育一般貸付と重複して利用できます。

奨学金制度の特徴

給付型奨学金：住民税非課税世帯、または児童養護施設退所者等の社会的養護が必要な者で一定の基準を満たす学生に給付。加えて、授業料・入学金の免除／減額制度あり。
第一種奨学金：学業優秀で経済的理由で修学困難な学生に貸与。**在学中・卒業後ともに無利息**。[※2]
第二種奨学金：在学中は無利息、**卒業後に利息**が付く。

第一種と第二種の違いに関する問題は、超頻出だよ。

※2 第一種奨学金の学力基準は、住民税非課税世帯については問われない。

4 幼児教育・保育の無償化

幼稚園、保育所、認定こども園等を利用する３歳から５歳までの子、また住民税非課税世帯の０歳から２歳までの子の利用料は無償化されています。[※3]

※3 認可外保育施設等は、3歳～5歳は月額3.7万円、0歳～2歳の住民税非課税世帯は月額4.2万円までの利用料が無償化。

過去問トレーニング

適切なものには○、不適切なものには×をしなさい。また（　）内には適切な語句、数値を入れなさい。

問1　国の教育ローンは日本政策金融公庫で取り扱う（❶）金利型の公的な融資制度である。一般的に子ども1人につき（❷）万円、海外留学などに該当する場合は（❸）万円まで借り入れることが可能である。

◀2021年5月資産（改）

問2　独立行政法人日本学生支援機構が取り扱う奨学金（貸与型）には、利息付（在学中は無利息）の第一種奨学金と無利息の第二種奨学金がある。

◀2019年5月学科

問3　学資（こども）保険の概要に関する次の説明の正誤を答えなさい。

◀2013年1月保険・2019年9月学科

❶　保険料払込期間中に契約者が死亡すると、以後の保険料の払込みは免除され、学資祝金や満期祝金は契約どおり受け取ることができます。

❷　子どもの年齢が18歳で満期となる商品しかありませんので、大学入学後の学費や生活費等は別途用意する必要があります。

❸　育英（養育）年金を付加した場合、契約者が死亡したときは、後継保険契約者等が、育英（養育）年金を受け取ることができます。

答え

問1　❶（固定）
❷（350）　一般的な限度額は350万円。
❸（450）　海外留学等で450万円。

問2　×　第一種奨学金が、在学中・卒業後ともに無利息。第二種奨学金が、利息付き（在学中は無利息）。

問3　学資（こども）保険に関する問題。

❶　○　契約者（親）の死亡時は、払込み免除。契約継続。

❷　×　15歳、17歳、18歳、22歳満期など、様々なタイプがある。

❸　○　育英年金特約は、契約者（親）が死亡したり所定の高度障害になってしまった場合に、育英（養育）年金を受け取ることができる特約。

5 社会保険の概要

FPの常識だが、検定での出題は少ない。

- 社会保険には５つの制度がある。
- 医療保険には３つの制度がある。
- 会社員は健康保険、自営業者は国民健康保険。

1 社会保険（公的保険）

公的な保険を**社会保険**といいます。

社会保険には、**医療保険**、**介護保険**、**労働者災害補償保険（労災保険）**、**雇用保険**、**年金保険**という５つの制度があります。

ことば

社会保険：「会社に勤めている人が加入する健康保険」の意味で使われる場合が多いが、本来の意味では、国や地方公共団体といった公の機関が管理・運営している保険をいう。

※健康保険を「社保」、国民健康保険を「国保」という場合があるが、検定では「社保」「国保」という語句は使われない。

2 医療保険の全体像

公的な医療保険には、**健康保険**、**国民健康保険**、※**後期高齢者医療制度**という３つの制度があります。

公的な医療保険

健康保険※ 協会けんぽ＆組合健保	国民健康保険	後期高齢者医療制度
企業の従業員・役員と、その家族が加入	農林水産業従事者、自営業者、無職者、学生などが加入	75歳以上の者、65歳以上の障害者が加入

※公務員や私立学校の教職員が加入する共済組合もあります。

3 健康保険の概要

健康保険には、全国健康保険協会が**保険者**となる**全国健康保険協会管掌健康保険（協会けんぽ）**と、健康保険組合が保険者となる**組合管掌健康保険（組合健保）**があります。

協会けんぽの**被保険者**は、主に中小企業の役員や従業員、組合健保の被保険者は、主に大企業の役員や従業員です。

健康保険の保険料は、被保険者の収入（月収と賞与）に保険料率を掛けて計算します。**協会けんぽ**では、企業と被保険者が半分ずつの負担（**労使折半**）となります。

健康保険には、被保険者の**被扶養者**も加入できます。被扶養者には、国内居住で、**年収130万円未満（60歳以上**または障害年金受給者は**180万円未満**）、同居の場合、被保険者の年収の**2分の1未満**という要件があります。※

※別居の場合の要件は、年収が援助額（仕送り額）より少ないこと。

4 国民健康保険の概要

国民健康保険は、健康保険の被保険者およびその被扶養者等を除いて、農林水産業従事者、自営業者、定年退職者など、すべての人が加入します。

国民健康保険には、都道府県・市町村（特別区）が共同保険者となるものと、国民健康保険組合が保険者となるものがあります。

健康保険と違って、国民健康保険には被扶養者という制度はありません。加入者全員が被保険者となります。

保険料は前年の所得に基づいて世帯単位で計算され、世帯主がその世帯の被保険者全員分の保険料の**納付義務者**となります。また、保険者によって保険料の計算方法、保険料が異なります。なお、国民健康保険の給付内容、医療費の一部負担（自己負担）割合は、健康保険とほぼ同じです。

ことば

保険者：保険制度を運用している主体。

被保険者：保険に加入している人。

被扶養者：被保険者の扶養家族のこと。被扶養者制度により被保険者の加入する健康保険に同時に加入できる。

▼被扶養者の範囲
主として被保険者に生計を維持されている国内居住者で、
1　被保険者の直系尊属、配偶者、子、孫、弟妹、兄姉（同居でなくてもかまわない）。
2　被保険者と同居している以下の人
① 被保険者の三親等以内の親族（1に該当する者を除く）
② 被保険者の配偶者で、戸籍上婚姻の届出はしていないが事実上婚姻関係と同様の人の父母および子
③ ②の配偶者が亡くなった後における父母および子
75歳以上は、後期高齢者医療制度の適用対象者なので、被扶養者になれない。

6 健康保険の給付内容

よく出る問題は、次の３つ！

- 高額療養費の計算（実技試験「資産」）。
- 傷病手当金の支給条件、支給期間、支給額。
- 出産時の手当金と一時金に関する問題。

健康保険の主な給付には、**療養の給付**、**高額療養費**、**傷病手当金**、**出産手当金**、**出産育児一時金**、**埋葬料**の６つがあります。

1 療養の給付

療養の給付とは、日常生活での病気やケガの医療費に対しての給付（労災保険から給付がある業務災害以外の病気、ケガに給付）をいいます。健康保険では、被保険者の扶養家族も同様の給付を受けることができます。

医療機関の窓口で医療費を支払うときは、健康保険の一部負担（自己負担）割合の分を支払うことになります。国民健康保険も同じ割合です。

ことば

療養：病気やケガの手当てをし、体を休めて健康の回復をはかること。

医療費の一部負担（自己負担）割合

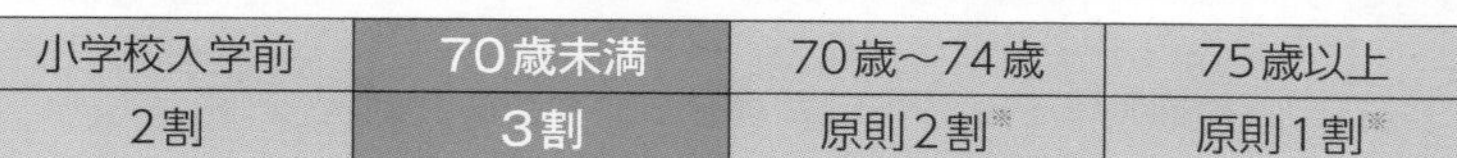

小学校入学前	70歳未満	70歳～74歳	75歳以上
2割	3割	原則２割※	原則１割※

※70歳以上の現役並み所得者は3割負担。また、75歳以上の人で、一定以上の所得者（課税所得が28万円以上、かつ「年金収入＋その他の合計所得金額」が単身世帯で200万円以上、複数世帯で合計320万円以上）は2割負担。

2 高額療養費

医療機関の窓口では、健康保険の自己負担割合に応じた金額を支払います。同一の医療機関等で支払った1カ月当たりの支払額が**自己負担限度額を超えた場合**、支払った金額から自己負担限度額を引いた金額が**高額療養費**として給付されます。

自己負担限度額の計算式や数値（率）は、検定の問題の中で提示されるので、覚える必要はないよ。

〈70歳未満の者／医療費の自己負担限度額（1カ月当たり）〉

標準報酬月額	自己負担限度額	多数該当※
83万円以上 (報酬月額では、81万円以上)	252,600円+(総医療費−842,000円)×1%	140,100円
53〜79万円 (51万5千円以上〜81万円未満)	167,400円+(総医療費−558,000円)×1%	93,000円
28〜50万円 (27万円以上〜51万5千円未満)	80,100円+(総医療費−267,000円)×1%	44,400円
26万円以下 (27万円未満)	57,600円	44,400円
低所得者 (市区町村民税の非課税者等)	35,400円	24,600円

※多数該当：高額負担が直近12カ月で3月以上ある場合の4月目以降の自己負担限度額。

例題

・(　) 内に適切な金額を入れなさい。

康介さんは、会社の定期健康診断で異常を指摘され、2024年5月に3週間ほど入院をして治療を受けた。その際の病院への支払いが高額であったため、康介さんは健康保険の高額療養費制度によって払戻しを受けたいと考え、FPの安井さんに相談をした。康介さんの2024年5月の保険診療に係る総医療費が100万円（自己負担額30万円）であった場合、高額療養費制度により払戻しを受けることができる金額は（　）である。なお、康介さんは全国健康保険協会管掌健康保険の被保険者で、標準報酬月額は「50万円」である。

※1カ月当たりの医療費の自己負担額は、上記の表参照。

◀2015年9月資産（改）

例題の答え

(212,570円)

自己負担限度額は、80,100＋(1,000,000－267,000)×1%＝80,100＋7,330＝87,430円

高額療養費は、自己負担額30万円から自己負担限度額を引く。300,000－87,430＝212,570円

3 傷病手当金

傷病手当金は、**業務外の事由**による病気やケガの療養のため仕事を休んだ日から連続して3日間（待期）の後、**休業4日目以降の給与の支払いがない日**に対して支給されます。待期には、有給休暇、土日・祝日等の公休日も含まれるため、給与の支払いがあったかどうかは関係ありません。

なお、国民健康保険では傷病手当金はありません。※1

3級では、傷病手当金の支給期間1年6カ月を問う問題が頻出。

※1 国民健康保険でも傷病手当金という制度自体はあるが、任意給付で実際に実施している市区町村はない。

※2 傷病手当金の1日当たりの支給額の計算方法（出産手当金と同様）。
支給開始日以前の継続した12カ月間の各月の標準報酬月額の平均額÷30日×2/3

傷病手当金の支給

支給条件：病気やケガで会社を連続3日間（待期）休んだ後、**休業4日目以降の給与の支払いがない日に対して支給**
支給期間：支給開始日から**通算して1年6カ月**
支給額：休業1日に対して**1日当たりの額の3分の2**※2

例題

・（　）内に適切な語句、数値を入れなさい。

❶ 健康保険の被保険者に係る傷病手当金の支給期間は、同一の疾病または負傷およびこれにより発した疾病に関しては、その支給開始日から起算して通算（　）である。

❷ 全国健康保険協会管掌健康保険の被保険者に支給される傷病手当金の額は、1日につき、原則として、「支給開始日以前の継続した12カ月間の各月の標準報酬月額の平均額÷30日」の額の（　）相当額である。

◀2012年1月・2015年9月・2016年1月学科

例題の答え
❶（1年6カ月）または（1年半、18カ月）
❷（3分の2）

4 出産育児一時金

被保険者（企業の従業員や役員）、または被扶養者（妻）が出産した場合に、**出産育児一時金**が支給されます。

出産育児一時金の支給

支給額：1児につき50万円（産科医療補償制度に加入している病院で出産した場合）。
産科医療補償制度に加入していない病院で出産した場合は、1児につき48.8万円。

5 出産手当金

被保険者（従業員や役員）が、出産のために会社を休んで、給与が支給されない場合に、**出産手当金**が支給されます。[※1] 国民健康保険では出産手当金はありません。[※2]

なお、**産前産後休業期間**と**育児休業期間**は、事業主が申出をすれば、**健康保険・厚生年金保険の保険料（被保険者分と事業主分とも）が免除**されます。

出産手当金の給付

支給対象期間：出産前の42日間＋出産後の56日間
▲合計98日間のうち仕事を休んだ日数分について支給
支給額：休業1日に対して1日当たりの額の3分の2[※3]

6 埋葬料

被保険者や被扶養者が死亡した場合に、**埋葬料**として5万円を限度に実費額が支給されます。

※1 出産手当金と傷病手当金が併給される場合は、出産手当金は全額支給、傷病手当金は出産手当金の額を超える部分だけが支給される。

※2 国民健康保険でも出産手当金という制度自体はあるが、任意給付で、実際に実施している市区町村はない。

※3 出産手当金の1日当たりの支給額の計算方法（傷病手当金と同様）。
支給開始日以前の継続した12カ月間の各月の標準報酬月額の平均額÷30日×2/3

過去問トレーニング

適切なものには○、不適切なものには×をしなさい。また（　）内には適切な語句、数値を入れなさい。

問1 退職後、国民健康保険の被保険者となった場合、医療費の自己負担割合は、70歳に達する日の属する月までは、原則として、かかった費用の3割である。

◀2012年5月個人

問2 会社員のAさん（36歳：厚生年金保険・全国健康保険協会管掌健康保険に加入）に係る医療費の一部負担金の割合は、原則として、入院・外来を問わず、実際にかかった費用の1割である。

◀2023年9月個人

問3 健康保険の被保険者が同一月内に同一の医療機関等で支払った医療費の一部負担金等の額が、その者に係る自己負担限度額を超えた場合、その支払った一部負担金等の全額が、高額療養費として支給される。

◀2021年1月学科

問4 浩一さんは、会社の定期健康診断で異常を指摘され、2024年6月に2週間ほど入院をして治療を受けた。その際の病院への支払いが高額であったため、浩一さんは健康保険の高額療養費制度によって払戻しを受けたいと考え、FPの神山さんに相談をした。浩一さんの2024年6月の保険診療に係る総医療費が80万円であった場合、高額療養費制度により払戻しを受けることができる金額は（　　）である。なお、浩一さんは全国健康保険協会管掌健康保険（協会けんぽ）の被保険者で、標準報酬月額は「38万円」である。

◀2016年1月資産（改）

〈70歳未満の者／医療費の自己負担限度額（1カ月当たり）〉

標準報酬月額	自己負担限度額
83万円以上	252,600円＋（総医療費－842,000円）×1％
53～79万円	167,400円＋（総医療費－558,000円）×1％
28～50万円	80,100円＋（総医療費－267,000円）×1％
26万円以下	57,600円
市町村民税非課税者等	35,400円

※多数該当および世帯合算については考慮しない。

問5 涼介さんは、2024年1月の入院を機に健康保険の傷病手当金制度について理解を深めたいと思い、FPの村瀬さんに質問をした。傷病手当金に関する村瀬さんの次の説明の正誤を答えなさい。

◀2017年5月資産（改）

❶ 「傷病手当金は、健康保険の被保険者（任意継続被保険者を除く）が業務外の病気やケガのために働けない場合に受け取ることができます。」

❷ 「傷病手当金は、療養のために労務不能である場合に支給され、入院でなく自宅療養であっても受け取ることができます。」

❸ 「傷病手当金は、療養のために連続して4日間仕事を休んだ場合に、5日目以降の休んだ日について受け取ることができます。」

問6 Aさんは、夫Bさんと同様に民間企業に勤める会社員である。第1子出産予定のAさんは、出産休暇後に育児休業を取得するつもりであり、出産や育児休業期間に係る社会保険からの保険給付について知りたいと思っている。そこで、懇意にしているファイナンシャル・プランナーに相談することにした。保険給付について、ファイナンシャル・プランナーが説明した次の記述の正誤を答えなさい。

Aさん：満36歳。雇用保険、全国健康保険協会管掌健康保険、厚生年金保険に加入中。大学卒業後に就職した会社で働き続けている。

◀2012年1月個人（改）

❶ 産科医療補償制度に加入する病院等において2024年9月に出産した場合に支給される出産育児一時金の金額は、1児につき50万円である。

❷ Aさんが出産したときは、原則として、出産の日以前42日から出産の日後56日までの間において労務に服さなかった期間、出産手当金が支給される。

❸ Aさんが出産休暇（産前産後休暇）中、事業主から報酬を受けることができなかった場合は、出産手当金として、1日につき「支給開始日以前の継続した12カ月間の各月の標準報酬月額の平均額÷30日」が支給される。

答え

問1 ○ 健康保険も国民健康保険も70歳未満は3割負担。

問2 × 医療費の一部負担金の割合は、6歳未満（義務教育就学前）の者が2割で、6歳～69歳の者が3割。

問3 × 支払った自己負担額の全額ではなく、限度額を超過した部分が払い戻される。

問4 **154,570円**

解答するのは、自己負担限度額ではなくて払戻し金額であることに注意。 総医療費800,000円のうち、浩一さんが支払ったのは健康保険での自己負担分3割なので、800,000×0.3 = 240,000円。表より、標準報酬月額「38万円」の欄の自己負担の限度額は、

80,100 +（800,000−267,000）×0.01 = 80,100 + 5,330 = 85,430円

したがって、払戻しを受けることができる金額は、

240,000−85,430 = 154,570円

問5 健康保険の傷病手当金に関する問題。

❶ ○ 傷病手当金は、業務外の事由による病気やケガで働けない（給与が支給されない）場合に支給される。

❷ ○ 傷病手当金は、療養のために労務不能である場合（自宅療養を含む）に支給される。

❸ × 傷病手当金は、病気やケガで会社を連続3日間（待機）休んだ後、休業4日目以降の給与の支払いがない日に対して支給される。

問6 出産育児一時金、出産手当金に関する問題。

❶ ○ 産科医療補償制度に加入する病院等において出産した場合に支給される出産育児一時金は1児につき50万円。

❷ ○ 出産手当金は、産前42日、産後56日の合計98日間が対象。なお、出産日が予定日より遅れた場合には遅れた日数分が加算され、予定日より早まった場合には早まった日数分が減算される。

❸ × 出産手当金は、傷病手当金と同じく、休業1日につき1日当たりの報酬額の3分の2が支給される。

7 後期高齢者医療制度と公的介護保険

任意継続被保険者と公的介護保険が出る！

- 退職後の任意継続被保険者の申請期限は20日以内。
- 後期高齢者医療制度は75歳以上の者が対象。
- 公的介護保険の第1号被保険者は、65歳以上。

ここでは、退職後と高齢者の保険について学習します。

1 退職後の公的医療保険

退職後にも公的医療保険に入らなければいけません。その際は、次の３つの方法があります。

❶ 健康保険の**任意継続被保険者**となる。

❷ 都道府県・市町村が実施する**国民健康保険**に加入する。

❸ 子や配偶者の健康保険の**被扶養者**となる。

出る

健康保険の任意継続被保険者

退職後に任意継続被保険者となるための条件

- 被保険者期間が継続して２カ月以上あること。
- 退職日の翌日（資格喪失日）から20日以内に申請。

加入期間：最長で２年間。

保険料：全額自己負担（退職前は労使折半）。

なお、任意継続被保険者の場合は、国民健康保険と同じく、資格喪失後の継続給付を除き、傷病手当金や出産手当金は支給されません。

任意継続被保険者：
「任意」は「意思に任せること」。被保険者でいることを継続するかどうか自由に選べる制度という意味。

スピード理解!!
２カ月、20日、２年間。
「任意は２」と覚える。

2 後期高齢者医療制度

75歳になると、健康保険や国民健康保険から脱退して、**後期高齢者医療制度**に加入することになります。

後期高齢者医療制度の出題ポイント

対象者	①75歳以上の人 ②65歳以上75歳未満で一定の障害認定を受けた人
自己負担割合	1割（現役並み所得者は3割。一定以上の収入があれば2割）

3 公的介護保険

介護保険は、介護が必要になった場合に市町村（または特別区）から**認定**を受けることで給付が受けられます。

介護保険には第1号と第2号がある

	第1号被保険者	第2号被保険者
保険者	市町村（または特別区）	
対象者	65歳以上の人	40歳以上65歳未満の人
受給に必要な認定	●要介護者（1～5段階） ●要支援者（1～2段階） 原因を問わず支給	加齢を原因とする特定疾病によって要介護者、要支援者と認定された場合に限り支給（原因が交通事故は不可）
保険料	●所得に応じて決定 ●原則として、年金から天引き（特別徴収）	健康保険（国民健康保険）の保険料と合わせて徴収
自己負担割合	1割。第1号被保険者で、合計所得160万円以上、かつ前年の年金収入等が280万円以上の人は2割、340万円以上の人は3割※ ●ケアプラン作成費は無料（ケアプランは自分で作ってもよい）	

居宅介護住宅改修費：要介護者が、介護生活に支障がないように、手すり等の一定の住宅改修を行った場合は、一定の限度額内で**改修費用の9割**が支給される。

※自己負担額の合計が同月に一定の金額を超えると、「高額介護サービス費制度」によって、超過分が支給される。

過去問トレーニング

適切なものには○、不適切なものには×をしなさい。また（　）内には適切な語句、数値を入れなさい。

問1　宗一郎さんは、60歳で勤務先を退職した後も、任意継続被保険者として健康保険の被保険者の資格を継続したいと考えている。全国健康保険協会管掌健康保険の任意継続被保険者に関する次の記述の正誤を答えなさい。　◀2012年1月資産、2021年5月・9月学科、2021年5月個人

❶　通算して6カ月以上被保険者であった人は、資格喪失日から起算して20日以内に申出をすることにより、

❷　退職後も引き続き、3年間、健康保険の被保険者になることができる。

❸　なお、保険料は全額自己負担となる。

問2　後期高齢者医療制度の被保険者は、後期高齢者医療広域連合の区域内に住所を有する（❶）歳以上の者、または当該連合の区域内に住所を有する（❷）歳以上（❸）歳未満の者であって所定の障害の状態にある旨の当該連合の認定を受けたものである。　◀2023年5月学科

問3　公的介護保険において要介護認定を受けた被保険者が、居宅で生活するために必要な住宅改修を行った場合は、所定の手続により、改修に要した費用の全額が居宅介護住宅改修費として支給される。

◀2018年5月学科

問4　公的介護保険について、ファイナンシャル・プランナーが説明した次の記述の正誤を答えなさい。　◀2020年9月保険（改）

❶「介護保険の被保険者は、60歳以上の第1号被保険者と40歳以上60歳未満の医療保険加入者である第2号被保険者に区分されます」

❷「介護保険の保険給付を受けるためには、市町村（特別区を含む）から要介護認定または要支援認定を受ける必要があります」

❸「介護保険の第２号被保険者が、介護サービスの提供を受けた場合、原則として、実際にかかった費用の３割を自己負担する必要があります」

答え

問1 任意継続被保険者に関する問題。

❶ × 任意継続被保険者になるには、通算で６カ月以上ではなく、「継続して２カ月以上」の被保険者期間が必要。「資格喪失日から起算して20日以内に申出をする」は正しい。

❷ × 加入できる期間は、最長２年間。

❸ ○ 保険料は全額自己負担（退職前は労使折半）。

問2 後期高齢者医療制度に関する問題。

❶ （75）

❷ （65）

❸ （75） 後期高齢者医療制度の対象者は、75歳以上の者。または、65歳以上75歳未満で障害の認定を受けた者。

問3 × 要介護者が、介護生活に支障がないよう、手すり等の一定の住宅改修を行った場合は、一定の限度額内で改修費用の９割が支給される。

問4 公的介護保険に関する問題。

❶ × 介護保険の被保険者は、65歳以上の第１号被保険者と、40歳以上65歳未満の第２号被保険者に区分される。

❷ ○ 介護保険は、保険者である市町村（または特別区）から、要介護認定または要支援認定を受けることによって給付が受けられる。

❸ × 第１号被保険者も第２号被保険者も、介護保険の自己負担は原則として１割（100分の10）。ただし、第１号被保険者（65歳以上）で、合計所得160万円以上、かつ前年の年金収入等が280万円以上の人は２割、340万円以上の人は３割となる。

8 労災保険と雇用保険

「受給資格」を問う問題が出る！

- 労災保険は「業務災害」と「通勤災害」が対象。
- 自己都合退職の場合、雇用保険の最長給付日数は150日。
- 高年齢雇用継続給付、育児休業給付の受給資格が頻出。

労働者災害補償保険（労災保険）と**雇用保険**は、覚えておきたい数字や規則がたくさん出てきます。ここでは、基本常識に加えて、検定に出題された知識を学習します。

1 労働者災害補償保険（労災保険）

労災保険は、全事業所が加入する制度で、経営者や役員を除くすべての労働者が対象になります。

保険料は**全額が事業主負担**です。また、治療費は全額が労災保険から支給され、自己負担はありません。

スピード理解!!
労災は全労働者の味方。
全額事業主が負担！

2 労災保険の特別加入制度

経営者や役員は労災保険の対象になりませんが、次の人は任意に加入できます。これを**特別加入制度**といいます。

- 常時使用する労働者数が一定数以下の事業主
- 個人タクシー業者や大工など（いわゆる一人親方）
- 日本国内の事業主から派遣されて海外の事業所で働く者
- 芸能関係作業従事者／アニメーション制作作業従事者／柔道整復師／創業支援等措置に基づき事業を行う者
- 自転車を使用して貨物運送事業を行う者／ITフリーランス

3 労災保険の給付対象

労災保険の給付対象は、業務災害、および通勤災害です。また、病気やケガで休業して賃金が払われない場合には休業補償給付が支給されます。

労災保険の出題ポイント

● **業務災害**

業務上のケガ、障害、病気、死亡は業務災害となる。

○出張中の事故はすべて業務災害。

● **通勤災害**

通勤途中のケガ、障害、病気、死亡は通勤災害となる。

×通勤と関係ない逸脱・中断後は「通勤」とならない。

○日常生活上必要な行為ならば、逸脱・中断があっても、合理的な通勤経路に戻れば再び「通勤」となる。

● **休業補償給付**

病気やケガで休業して賃金が支払われなくなった場合、休業４日目から１日につき給付基礎日額の60％を給付。

● **障害補償給付**

業務上の負傷等で障害が残った場合、障害等級に応じた額を給付。

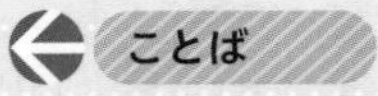

給付基礎日額：労災が起きた日の、直前の3カ月間の１日当たりの賃金額。ボーナスは含まない。

傷病手当金は連続3日休まないと支給されないが、休業補償給付は通算で3日休んで、4日目から支給される。

例題

・**正しければ○、誤っていれば×をつけなさい。**

❶ 労働者災害補償保険（労災保険）は、労働者の業務災害に対して必要な保険給付を行うものであり、通勤災害については保険給付の対象とならない。

❷ 労働者災害補償保険の保険料は、労働者と事業主が折半で負担する。

◀2011年5月・2019年9月学科

例題の答え

❶ ×
通勤災害も対象。

❷ ×
事業主が全額を負担する。

4 雇用保険の概要

雇用保険は、全事業所が加入する制度で、原則、法人の役員や個人事業主とその家族を除くすべての労働者が対象になります。保険料は**事業主と労働者で負担**し、負担割合は業種によって異なります。失業等給付および育児休業給付にかかる保険料は事業主と労働者が折半して負担します。

雇用保険：政府が管掌する強制保険制度。労働者を雇用する事業は、原則として強制的に適用される。

雇用保険の概要と給付の種類

対象者

常用、パートタイマー、派遣社員など、名称にかかわらず、次の要件を満たす労働者。

- 1週間の所定労働時間が**20時間以上**であること。
- 同一の事業主の適用事業に継続して**31日以上**雇用される見込みがあること。
- 65歳以上の労働者は「高年齢被保険者」として新規で雇用保険に加入できる。

保険料

事業主と労働者で負担し、負担割合は業種によって異なる。

雇用保険の給付

基本手当（求職者給付）	失業者の求職活動中に支給される。いわゆる失業保険
就職促進給付	基本手当支給期間に再就職した場合に支給される
教育訓練給付	厚生労働大臣指定の教育訓練を受ける際に支給される
雇用継続給付	高齢者や育児休業取得者に支給される

スピード理解!!

労災保険の保険料→全額を事業主が負担
雇用保険の保険料→事業主と労働者が負担

5 雇用保険の基本手当

雇用保険の**基本手当**は、働く意思と能力があるが就業できない**失業の状態**にある場合に給付されます。

また、65歳未満の者が雇用保険の**基本手当**を受給する場合は、**特別支給の老齢厚生年金は支給停止**となります。

雇用保険の基本手当の出題ポイント

受給資格

離職の日以前2年間に被保険者期間が通算して12カ月以上（倒産・解雇では離職の日以前1年間に6カ月以上）あること。

給付日数（基本手当がもらえる日数）：被保険者期間によって異なる。

被保険者期間	1年未満	1年以上 10年未満	10年以上 20年未満	20年以上
一般受給資格者 （自己都合・定年退職）	支給なし	90日	120日	150日
特定受給資格者 （会社都合：倒産・解雇）	90日	90～270日※		最長で 330日※

※給付日数（90～330日）は、年齢と被保険者期間によって異なる。

雇用保険の基本手当は、「退職後7日間の待期期間」の経過後に給付されます。正当な理由のない自己都合退職の場合には、「**退職後7日間の待期期間＋原則2カ月（最長3カ月）間の給付制限期間**」の経過後に給付されます。※

※ 正当な理由がない自己都合退職については、5年間のうち2回までの退職時の給付制限期間が2カ月で、3回目の退職時から3カ月となる。

例 題

・正しければ○、誤っていれば×をつけなさい。

雇用保険の一般被保険者が38年間勤めた勤務先を60歳で定年退職し、退職後に基本手当を受給する場合の所定給付日数は、その者が就職困難者に該当する場合を除き、最長で150日である。

◀ 2016年9月学科

例題の答え

○

定年退職は150日。

6 雇用保険の就職促進給付

就職促進給付は、雇用保険の基本手当支給期間に再就職した場合に支給されます。

7 雇用保険の教育訓練給付

教育訓練給付は、厚生労働大臣指定の教育訓練講座を受講、修了した場合に、受講者が支払った訓練経費の一定割合の金額が支給される制度で、**一般教育訓練**と**特定一般教育訓練**、**専門実践教育訓練**があります。[※1]

※1 簿記検定、ホームヘルパー、社会保険労務士資格をめざす講座など、職業能力アップを支援する多彩な講座が指定されている。

教育訓練給付の出題ポイント

	一般教育訓練	専門実践教育訓練
支給額	訓練経費の**20%**（特定一般教育訓練は40%）	訓練経費の**50%**（修了後に資格取得等をし、1年以内に被保険者として雇用された場合は20%を追加支給→**最大70%**）[※2]
支給額の上限	**10万円**（特定一般教育訓練は20万円）	1年40万円→2年80万円→3年120万円（上記20%追加支給の場合は56万円/年）
支給期間	最長1年	最長3年
対象になる被保険者期間	**3年（初回は1年）以上**	3年（初回は2年）以上
申請期限	受講修了日の翌日から**1カ月以内**に、本人の住所を管轄する公共職業安定所（ハローワーク）所長に申請書を提出	

※2 2024年10月から最大80%。

スピード理解!!
一般教育訓練の給付金は、
「一般20パ10マン」
（経費の20%,上限10万円）

8 雇用保険の雇用継続給付

雇用継続給付は、雇用の継続を促すことを目的とする給付で、**高年齢雇用継続給付金**、**育児休業給付金**、**出生時育児休業給付金**、**介護休業給付金**があります。

雇用継続給付の出題ポイント

●高年齢雇用継続給付金

① **高年齢雇用継続基本給付金**…60歳到達時の賃金より75%未満の賃金で働いている60歳以上65歳未満の一般被保険者（被保険者期間が通算5年以上必要）に支給。

支給額：60歳以後の賃金×15%相当額（上限）

② **高年齢再就職給付金**…雇用保険の基本手当を受給後、受給日数を100日以上残して60歳到達月から65歳到達月までに再就職した一般被保険者に支給[※1]。

●育児休業給付金

育児休業を取った一定要件を満たす被保険者に支給。

子の年齢：原則は満1歳未満。▶パパママ育休プラス制度を利用すると1歳2カ月未満。▶支給対象期間延長に該当する場合は1歳6カ月または2歳未満

原則 満1歳未満	▶	パパママ育休プラス 1歳2カ月未満	▶	支給対象期間延長 最長2歳未満

支給額：休業開始6カ月間（180日目まで）は、原則として休業開始時賃金日額×支給日数（原則30日）の67%[※2]、それ以降は50%。なお、休業開始時賃金日額には上限額と下限額がある。

●出生時育児休業給付金

出生時育児休業（産後パパ育休：子の出生後8週間内に4週間分を限度とする）を取った一定要件を満たす被保険者に支給。支給額は、育児休業給付金と同様。

育児休業も出生時育児休業も2回まで分割取得可能。

●介護休業給付金

家族を介護するために休業した場合、休業開始時賃金日額の67%を通算93日分支給（3回まで分割申請可能）。

※1　1年を超える雇用、収入（賃金月額）が75%未満に低下等の要件がある。

※2　政府は180日目までの支給率を67%から80%に引き上げる方向で見直しを検討中（2024年4月現在）。

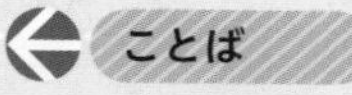

パパママ育休プラス制度：父母がともに育児休業を取得する場合は、休業を取れる期間を延長するという制度。

支給対象期間延長：預けられる保育所がないなどの場合に延長が認められる。

みなし被保険者期間：基本給の支払日数（賃金支払基礎日数）が11日以上ある月。

過去問トレーニング

適切なものには○、不適切なものには×をしなさい。また選択肢があるものは正しい記号を答えなさい。（　）内には適切な語句、数値を入れなさい。

問1 労働者災害補償保険の適用を受ける労働者には、１週間の所定労働時間が20時間未満のアルバイトやパートタイマーは含まれない。

◀2022年9月学科

問2 休日に家族とドライブに出掛けた際に、会社の取引先の親しい担当者へのお土産を買うことを思いついて立ち寄った店の自動ドアに手を挟まれてケガをした場合、労災保険の保険給付を受けることができる。

◀2011年1月個人

問3 雇用保険の基本手当を受給するためには、倒産、解雇、雇止めなどの場合を除き、原則として、離職の日以前（❶）に被保険者期間が通算して（❷）以上あることなどの要件を満たす必要がある。 ◀2021年1月学科

ア（❶）1年間（❷）6か月
イ（❶）2年間（❷）6か月
ウ（❶）2年間（❷）12か月

問4 短時間就労者が雇用保険の被保険者となるには、同一の事業主の適用事業に継続して（❶）日以上雇用される見込みがあること、１週間の所定労働時間が（❷）時間以上であることなどの要件を満たす必要がある。

◀2011年1月個人

問5 雇用保険の教育訓練給付金のうち、一般教育訓練に係る教育訓練給付金の額は、教育訓練施設に支払った教育訓練経費の20％相当額であるが、その額が10万円を超える場合の支給額は10万円となる。◀2020年1月学科

問6 雇用保険の高年齢雇用継続基本給付金は、原則として、算定基礎期間を満たす60歳以上65歳未満の被保険者が、60歳到達時点に比べて賃金が85％未満に低下した状態で就労している場合に、被保険者に対して支給される。

◀2018年1月学科

問7 正当な理由がなく自己の都合により離職した者に対する雇用保険の基本手当は、待期期間の満了後4カ月間は支給されない。 ◀2021年9月学科

答え

問1 × 労災保険はアルバイト、パートタイマーも対象。1週間の所定労働時間が20時間未満の労働者が対象外となるのは雇用保険。

問2 × 取引先へのお土産購入でも、私用中は労災の対象にはならない。

問3 ウ

❶ (2年間) 離職の日以前2年間。

❷ (12カ月) 被保険者期間が通算して12カ月以上。

問4 雇用保険の対象者に関する問題。

❶ (31)

❷ (20) 継続して31日以上、1週間の所定労働時間が20時間以上。

問5 ○ 一般教育訓練に係る給付金の額は、教育訓練経費の20%相当額で上限10万円。特定一般教育訓練に係る給付金の額は、教育訓練経費の40%相当額で上限20万円。

問6 × 高年齢雇用継続給付は、60歳到達時等の時点に比べて賃金が75%未満に低下した、60歳以上65歳未満の一般被保険者に支給される。

問7 × 自己都合退職者の給付制限期間は原則2カ月間(最長3カ月)。「4カ月間」は誤り。

9 公的年金制度の概要

公的年金の基礎知識。出題は少ない。

- 第２号、第３号被保険者から第１号被保険者になるには種別変更の手続きが必要。
- 学生は本人の年収額が一定以下なら納付が猶予される。

年金制度には、**公的年金（国民年金・厚生年金・共済年金）**と、**私的年金**（会社が任意で加入する企業年金・個人が任意で加入する個人年金）があります。

1 公的年金制度

日本国内に住所がある20歳以上60歳未満の人は、すべて**国民年金（基礎年金制度）**に強制加入となります。

企業の従業員は、国民年金に加えて、**厚生年金（被用者年金制度）**に加入します。これを「２階建て」の構造といいます。厚生年金に加えて**企業年金**に入ることもあり、企業年金を含めた場合は「３階建て」の構造といいます。

なお、2015年10月から、**被用者年金一元化**によって共済年金は厚生年金に統一されました。

3階	企業年金 ▲会社が任意で加入	
2階	厚生年金（被用者年金制度） ▲第２号被保険者	公的年金
1階	国民年金（基礎年金制度） ▲第１号・第２号・第３号被保険者	公的年金

ことば

国民年金：国内に居住している20歳以上60歳未満の者が国籍に関係なく加入する。

厚生年金：法人は、従業員がいない場合でも常勤の社長が１人いれば強制適用。個人事業所は、厚生年金保険法に定める業種で常時５人以上の従業員を使用していれば強制適用。厚生年金加入者は国民年金に自動的に加入。

共済年金：常勤の国家公務員、地方公務員や私立学校教職員などを加入対象とした年金制度。「被用者年金一元化」によって、「共済年金」の名称や組合がなくなったわけではない。

2 国民年金の被保険者

国民年金の被保険者には、第１号〜第３号まであります。

国民年金の被保険者資格

	第１号被保険者	第２号被保険者	第３号被保険者
対象者	20歳以上60歳未満で第２号、第３号以外の者※1	厚生年金保険の加入者※2	**20歳以上60歳未満**で第２号被保険者の被扶養配偶者

※1　60歳以上でも任意加入（次ページ参照）あり。

※2　ただし、65歳以上で老齢年金受給権がある人は第２号被保険者としない。なお、厚生年金の年齢制限は70歳未満だが、70歳以上で老齢年金の受給資格期間を満たせない在職者は、期間を満たすまで高齢任意加入被保険者（第2号被保険者）として厚生年金に任意加入できる。

●**種別変更**（第2号から第1号に変更など）

会社員等の第２号被保険者が、退職などによって第１号被保険者になる場合、住所地の市区町村の窓口で**種別変更の手続きが必要**。また、退職者に扶養されていた配偶者は国民年金の第３号被保険者資格を喪失するため、同様に第１号被保険者への種別変更の手続きが必要。**国民年金保険料は翌月末日までに納める**ことになる。なお、再雇用等によって厚生年金保険に加入を続けている第２号被保険者に扶養されている配偶者は、第３号被保険者のままである。

●**第３号被保険者となるための要件**

原則、国内居住。**年間収入130万円未満**で、被保険者と同居なら年収が被保険者の**年収の半分未満**。別居の場合は年収が被保険者の援助額（仕送り額）未満。

例 題

・（　）内に適切な語句、数値を入れなさい。

◀2014年1月個人

会社員のＡさん（55歳）は、退職により厚生年金保険の被保険者資格を喪失し、国民年金に（ ❶ ）被保険者として加入することになります。また、妻Ｂさん（専業主婦）は、Ａさんの退職後に国民年金の（ ❷ ）被保険者から（ ❶ ）被保険者への種別変更の手続きを行う必要があります。

例題の答え

❶　第１号
❷　第３号

3 国民年金の保険料

国民年金の保険料は、本人の所得にかかわらず定額（2024年度は月額16,980円）です。

出る

国民年金保険料の出題ポイント

納付期限：第１号被保険者となった月の翌月末日。

納付方法：口座振替、納付書での支払い（現金、電子納付、Pay-easy（ペイジー））、クレジットカード納付が可能。

割引制度：前納（最大２年分）、早割（納付期限より１カ月早く口座振替）などにより、割引される。

滞納と後納：保険料を滞納した場合、原則として過去２年分の後納が可能。

任意加入：保険料納付済期間が（国民年金が満額になる）480月に満たない者は、60歳以降65歳になるまで任意加入できる。また、受給資格期間を満たしていない場合は、60歳以降70歳になるまで任意加入できる。

第３号被保険者（第２号被保険者の被扶養配偶者）は、国民年金保険料を納付しなくても保険料を払ったものとみなされて、老齢基礎年金を受給できる。第２号被保険者の配偶者でも、雇用されていて条件を満たせば第２号被保険者となる。

4 保険料の免除と猶予

第１号被保険者で、国民年金保険料の納付が困難な人のために、次のような保険料の免除や猶予があります。

- **法定免除**：障害年金受給者や生活保護受給者などに対する制度で、保険料の全額が免除される。
- **申請免除**：所得が一定以下で保険料の納付が困難な場合などは、申請により**４分の１～全額が免除**される。※
- **納付猶予制度**：20歳以上50歳未満で本人・配偶者の所得が一定以下の場合に、保険料の納付が猶予される。
- **学生納付特例制度**：20歳以上の学生で、**本人の所得**が一定以下の場合に、保険料納付が猶予される。

※本人・世帯主・配偶者の前年所得（1月から6月までに申請する場合は前々年所得）が一定額以下の場合や失業した場合、申請書を提出し、承認されると免除となる。免除額は、全額、4分の3、半額、4分の1の4種類。

学生納付特例制度の出題ポイント

条件：第１号被保険者で、本人の前年の所得が一定以下。

追納：納付が猶予された保険料は、所定の手続きにより、10年前まで遡って納付（追納）することができる。

追納がない場合：保険料を追納しなかった場合、納付が猶予された期間は、

- 老齢基礎年金の受給資格期間には算入される。
- 老齢基礎年金の年金額（の計算の基礎となる期間）には算入されない。

- **産前産後期間の免除制度**：出産予定日または出産日が属する月の前月から**４カ月間の保険料が免除**される。[※1] この免除期間は、**保険料納付済期間に算入**される。

※１ 国民年金保険料だけでなく、国民健康保険料も免除される。

5 厚生年金保険の概要

厚生年金・健康保険は、労働時間・労働日数が常時雇用者の**４分の３以上**なら、パートタイマー、アルバイトを問わず加入対象です。[※2]

厚生年金保険の保険料は、標準報酬月額×**保険料率18.3%**で算出されます。70歳以上になると厚生年金保険の被保険者ではなくなるので保険料負担はなくなります。

協会けんぽの保険料は、事業主と被保険者（被用者）が**労使折半（半分ずつ）**で負担し、標準報酬月額（上限は第32級の65万円）と標準賞与額（１カ月あたり上限150万円）を用いて算出されます。なお、第3号被保険者の主婦・主夫が就職して、勤め先の厚生年金制度などに加入した場合は、第2号被保険者となります。届出などの手続は事業所で行われるため、自分で届出を行う必要はありません。

※２ ４分の３未満でも、勤務先が厚生年金保険の適用事務所で以下の要件を満たせば被保険者となる。
・短時間労働者を除く被保険者の総数が101人以上（2024年10月から51人以上）の特定適用事業所
・週の所定労働時間が20時間以上
・２か月を超える雇用期間が見込まれること
・賃金月額が8.8万円以上
・学生でないこと

過去問トレーニング

正しいものまたは適切なものには○、誤っているものまたは不適切なものには×をしなさい。また（　）内には適切な語句、数値を入れなさい。

問1　会社員のAさん（30歳）が退職して、自営業者になった後の国民年金について、ファイナンシャル・プランナーが説明した次の記述の正誤を答えなさい。

◀2012年9月個人

❶　Aさんは国民年金の第1号被保険者として保険料を納付することになりますが、専業主婦の妻Bさんは、収入がないままであれば引き続き第3号被保険者として国民年金に加入します。

❷　国民年金の保険料は、納付書を用いて納める方法のほか、口座振替やクレジットカードによる納付方法があります。

❸　国民年金の保険料は、翌月末までに納付しなければなりませんが、希望すれば将来の一定期間の保険料を前納することもできます。

問2　佳奈子さん（32歳）の年収は100万円未満で、会社員である夫の涼介さん（33歳）の年収の2分の1未満である。パート先において厚生年金の被保険者とならない場合、佳奈子さんは国民年金の（　　）被保険者とされる。

◀2017年5月資産（改）

問3　国民年金の第1号被保険者は、日本国内に住所を有する20歳以上60歳未満の自営業者や学生などのうち、日本国籍を有する者のみが該当する。

◀2023年9月学科

問4　国民年金の学生納付特例制度は、国民年金の第1号被保険者で大学等の所定の学校に在籍する学生について、（❶）の前年所得が一定額以下の場合、被保険者等からの申請に基づき、国民年金保険料の納付を猶予する制度である。なお、本制度の適用を受けた期間は、老齢基礎年金の（❷）には反映されない。本制度の適用を受けた期間の保険料は（❸）年以内であれば、追納することができる。

◀2021年9月保険（改）

問5 国内に住所を有する60歳以上75歳未満の者は、厚生年金保険の被保険者である者を除き、国民年金の任意加入被保険者となることができる。

◀2019年9月保険

答え

問1 退職後の国民年金の納付に関する問題。

❶ × 民間会社員や公務員など国民年金の第２号被保険者が、自営業者等の第１号被保険者になる場合、第２号被保険者に扶養されていた配偶者は国民年金の第３号被保険者資格を喪失するため、国民年金の第１号被保険者となり、国民年金保険料の納付が必要となる。

❷ ○

❸ ○ 国民年金の保険料は、月払いで、翌月末までに納付する必要があるが、最大２年分の保険料の前納が可能で、一定額が割引される（国民年金前納割引制度）。また、口座振替による翌月末引き落としではなく、当月末引き落としにすることでも割引がある（口座振替早割）。

問2 **（第3号）** 第２号被保険者（会社員）に扶養されている配偶者（主婦・主夫）は、収入要件を満たすことで第３号被保険者となる。第３号被保険者となる収入要件は、年収130万円未満、かつ被保険者と同居の場合は年収が被保険者の年収の半分未満、別居の場合は年収が被保険者の仕送り額未満であること。

問3 × 「日本国籍を有する者のみ」が誤り。国民年金は原則、日本国内に住所のある20歳以上60歳未満の者が国籍に関係なく加入する制度。ただし、外国人は日本から住所がなくなると、加入できなくなる。

問4 学生納付特例に関する問題。

❶ **（本人）** 被保険者である学生の世帯主の所得は無関係。

❷ **（年金額）** 実際の検定では「年金額」と「受給資格期間」の二択問題。

❸ **（10）** 猶予を受けた月から10年以内であれば追納可能。

問5 × 原則、国民年金の納付期間は20歳以上60歳未満で、加入期間が480月で年金額が満額となる。加入期間が480月に満たない（老齢基礎年金の年金額を増やしたい）者は65歳になるまで、受給資格期間10年を満たしていない者は70歳になるまで、国民年金に任意で加入できる。

10 老齢給付①
老齢基礎年金

老齢基礎年金の受給資格と計算式が頻出。

- 公的年金の給付は、老齢、障害、遺族の３種類。
- 「年金額の計算」に用いる月数に、保険料免除期間は入るが、追納していない猶予期間や未納期間は入らない。

1 公的年金の給付概要

公的年金の給付には、次の３つがあります。

● **老齢給付**

65歳になったときに給付される年金です。国民(基礎)年金の給付は、**老齢基礎年金**です。

会社員は、国民年金と厚生年金に同時加入しているため、老齢基礎年金と**老齢厚生年金**の２つを受給できます。

年金の受給には、**年金請求**という手続きが必要です。

年金は、受給権が発生した月の翌月から**２カ月に１回**給付されます。

● **障害給付**

障害の状態になったときに給付される年金です。国民年金の給付は、**障害基礎年金**です。

会社員の場合は、障害基礎年金に加えて、**障害厚生年金**が給付されます。

● **遺族給付**

遺族に給付される年金です。国民年金の給付は、**遺族基礎年金**です。

会社員の場合は、遺族基礎年金に加えて、**遺族厚生年金**が給付されます。

国民年金の給付は、
基礎年金。
厚生年金の給付は、
厚生年金。

公的年金給付の出題ポイント

年金請求：受給権が発生する年齢になる３カ月前に日本年金機構から送られてくる「年金請求書」と年金の請求手続きの案内にそって手続きを行う。

支給時期：老齢基礎年金は、**65歳から２カ月に１回、年６回（偶数月）**に分けて支給される（老齢厚生年金、障害年金、遺族年金も同様）。

2 老齢基礎年金の受給資格期間

老齢基礎年金は、原則、受給資格期間が**10年以上**の人が**65歳**になったときから支給される終身型の年金です。

なお、本人が国民年金保険料を納付しない第3号被保険者だった期間でも、納付済期間にカウントされます。

スピード理解!!
受給資格期間は受給資格があるかどうかの判定。年金額の計算とは無関係。

受給資格期間の計算

保険料納付済期間		保険料免除期間		合算対象期間（カラ期間）
第１号～第３号被保険者として保険料を納付した期間	＋	第１号被保険者で保険料を免除されていた期間	＋	受給資格期間には入るが、年金額の計算には入らない

保険料免除期間：法定免除と申請免除の期間。
合算対象期間：任意加入時期の未加入（保険料は未納）期間。

※学生納付特例制度などで、猶予されていた期間（49ページ）も受給資格期間に入る。

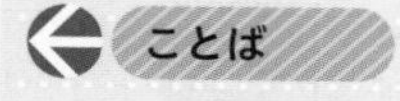

任意加入時期：昔は国民年金が任意加入だった時期があった。その時期の未加入期間は合算対象になる。

3 老齢基礎年金の年金額の計算

老齢基礎年金の保険料納付済月数が**480月（40年）**を満たしていれば、年金額は満額の**816,000円**（2024年度：月額68,000円）※になります。納付期間が480月に満たない場合には、年金額は次の計算式によって算出されます。

年金額の計算式

$$816{,}000円 \times \frac{保険料納付済月数 + 全額免除月数 \times \frac{1}{3}}{480月}$$

※上記は2009年３月以前の期間分の計算式。2009年４月以降の期間分では、1/3が1/2に変わる。

保険料納付済月数：
保険料を納付した月数。追納、後納を済ませた月数を含む。

※67歳以下の新規裁定者の場合の金額。68歳以上の既裁定者の2024年度の満額は813,700円（月額67,808円）。

納付済期間が480月に満たない場合は、60歳から65歳まで国民年金に任意加入できるよ。

例題

Aさん（50歳：個人事業主）が原則として65歳から受給することができる老齢基礎年金の年金額を算出する計算式は、次のうちどれか。なお、老齢基礎年金の年金額は、2024度価額に基づいて計算するものとする。

◀ 2014年5月個人（改）

〈Aさんの公的年金の加入歴〉（見込みを含む）

厚生年金保険 120月	国民年金 納付済期間　：204月 全額免除期間：　60月（2002年7月～2007年6月）	国民年金 （納付予定） 120月

18歳　28歳　50歳　60歳

ア　$816{,}000円 \times \frac{324月 + 60月 \times \frac{1}{3}}{480月}$

イ　$816{,}000円 \times \frac{420月 + 60月 \times \frac{1}{3}}{480月}$

ウ　$816{,}000円 \times \frac{420月 + 60月 \times \frac{1}{2}}{480月}$

4 繰上げ受給と繰下げ受給

老齢基礎年金の受給開始年齢は65歳ですが、受給年齢の繰上げ（早くもらう）、繰下げ（遅くもらう）ができます。

● **繰上げ受給**：**60歳～64歳**に受給を開始することです。「繰上げ月数×0.4%」の額だけ減額されます。老齢基礎年金と老齢厚生年金は**一緒に繰上げ**しなければいけません。

● **繰下げ受給**：**66歳～75歳**に受給を開始することです。「繰下げ月数×0.7%」の額だけ増額されます。老齢基礎年金と老齢厚生年金の**一方だけの繰下げ**もできます。

繰上げ受給と繰下げ受給

60歳　65歳　75歳

繰上げ受給	繰下げ受給
月数×0.4%減額	月数×0.7%増額
最大60月×0.4＝24%	最大120月×0.7＝84%

● 繰上げ受給：昭和37年4月1日以前生まれの人は**0.5%の減額**となる。

● 繰下げ受給：昭和27年4月1日以前生まれ、または平成29年3月31日以前に老齢基礎（厚生）年金を受け取る権利が発生している人の繰下げできる**上限年齢は70歳**まで。

5 付加年金

付加年金は第1号被保険者だけの制度です。国民年金保険料に上乗せして付加年金として月額**400円**を納付すると、「付加年金納付月数×**200円**」が老齢基礎年金に増額されます。対象者が老齢基礎年金の繰上げ・繰り下げをした場合、同様の増額率によって増減されます。なお、**国民年金基金**の加入員は、付加年金が利用できません（75ページ）。

例題の答え

イ

厚生年金保険加入期間は国民年金も払っていたことになる。Aさんの保険料納付済月数は「20歳以上60歳未満までの480月」から、全額免除期間60月を引いた420月。20歳未満の期間は保険料納付済月数には含まれない。全額免除期間60月は2009年3月以前なので3分の1を掛ける。

例えば、68歳に繰下げ受給をすれば、3×12×0.7 = 25.2%

ことば

国民年金基金：国民年金第1号被保険者を対象に老齢基礎年金に上乗せできる年金制度。掛金は給付形式、口数、年齢・性別で異なり、上限は月額68,000円。全額が社会保険料控除の対象となる。公的な法人が掛金を運用する。自己都合で任意に脱退はできない。

過去問トレーニング

正しいものまたは適切なものには○、誤っているものまたは不適切なものには×をしなさい。また選択肢があるものは正しい記号を答えなさい。

問1 老齢基礎年金を実際に受け取るためには、受給権者は裁定請求手続きをする必要がある。 ◀2014年1月資産

問2 秀一さん（59歳）は、通常65歳から支給される老齢基礎年金を繰り上げて受給できることを知り、FPの大下さんに質問をした。老齢基礎年金の繰上げ受給に関する次の記述の正誤を答えなさい。 ◀2014年5月資産

❶ 老齢基礎年金は、60歳以上65歳未満の間に繰り上げて受給することができる。

❷ 老齢基礎年金を繰り上げて受給した場合、年金額は減額され、減額された額が一生涯支給されることになる。

❸ 老齢基礎年金を繰り上げて受給した場合の年金額の減額率は、繰上げ月数1月当たり0.7%とされている。

問3 老齢厚生年金の繰上げ支給の請求は、老齢基礎年金の繰上げ支給の請求と同時に行わなければならない。 ◀2021年1月学科

問4 国民年金の付加保険料納付済期間を有する者が、老齢基礎年金の繰下げ支給の申出をした場合、付加年金は、老齢基礎年金と同様の増額率によって増額される。 ◀2022年1月学科

問5 Mさんは、Aさん（56歳）が原則として65歳から受給することができる老齢基礎年金および付加年金の年金額を試算した。Mさんが試算した老齢基礎年金および付加年金の年金額の計算式として、次のうち最も適切なものはどれか。なお、Aさんは65歳になるまで厚生年金保険に加入し続けるものとし、老齢基礎年金の年金額は、2024年6月時点の価額に基づいて計算するものとする。 ◀2014年5月保険（改）

〈Aさんの公的年金加入歴〉(見込みを含む)

国民年金保険料(付加保険料を含む)納付済期間　35月	厚生年金保険被保険者期間 398月	厚生年金保険被保険者期間 107月（加入見込み）
(20歳)〜(22歳)	(22歳)〜(56歳) 2024年6月	(56歳)〜(65歳)

ア　$816{,}000\text{円} \times \dfrac{35\text{月}}{480\text{月}} + 400\text{円} \times 35\text{月}$

イ　$816{,}000\text{円} \times \dfrac{480\text{月}}{480\text{月}} + 200\text{円} \times 35\text{月}$

ウ　$816{,}000\text{円} \times \dfrac{480\text{月}}{480\text{月}} + 400\text{円} \times 35\text{月}$

答え

問1　○　年金受給資格があっても、年金を受け取るには、年金事務所に裁定請求手続きをすることが必要。請求しないと受給権は5年で消滅する。

問2　年金の繰上げ受給に関する問題。

❶　○　老齢基礎年金の支給開始年齢は原則65歳だが、受給開始年齢を60歳から65歳になるまでの間で早めることができる。

❷　○　老齢基礎年金を繰上げ受給する場合は、減額された年金額が生涯支給される。

❸　×　老齢基礎年金を繰上げ受給すると、繰上げ月数×0.4%減額。なお、繰下げ受給では年金額が繰下げ月数×0.7%増額。

問3　○　繰上げは同時。繰下げはどちらか一方でもよい。

問4　○　老齢基礎年金を繰上げ・繰下げ支給した場合、付加年金も同じ割合で増減額される。

問5　イ　Aさんの老齢基礎年金の保険料納付済月数は上限の480月(40年)を満たすので、年金額は満額の816,000円（2024年度：月額68,000円）になる。国民年金の付加年金は、月額400円の付加保険料で、「200円×付加保険料納付済月数」分の年金額が老齢基礎年金に加算される。Aさんの付加年金額は、「200円×35月」なので、イが正解。

※老齢厚生年金（報酬比例部分）の年金額計算の場合には、保険料納付済月数の上限がないので全期間が反映される。

11 老齢給付②
老齢厚生年金

老齢厚生年金の受給資格が頻出！

- 特別支給の老齢厚生年金は60歳～64歳に支給。
- 男性「1961年4月2日生まれ」から特別支給なし。
- 加給年金は配偶者の振替加算へ切り替わる。

1 老齢厚生年金とは

厚生年金保険から支給される年金を**老齢厚生年金**といいます。老齢厚生年金は、65歳から国民年金の老齢基礎年金に加えて支給され、65歳到達時における厚生年金保険の被保険者記録を基に計算されます※。以前は60歳から支給されていましたが、65歳まで引き上げたことによる経過措置として、60歳～64歳までを対象に**特別支給の老齢厚生年金**があります。 特別支給の老齢厚生年金は、**老齢基礎年金の受給資格期間10年**を満たし、かつ、**厚生年金保険の被保険者期間が1年以上**あることなどが受給要件です。

※65歳以上70歳未満の就業者の場合は、在職定時改定により、毎年10月に老齢厚生年金の額が改定され、それまでに納めた保険料が年金額に反映されていく。

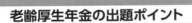

老齢厚生年金の出題ポイント

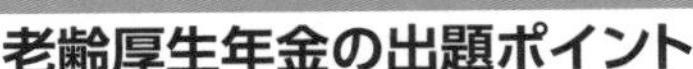

	60歳～65歳	65歳～死亡時
	特別支給の老齢厚生年金	老齢厚生年金
支給時期→	60歳～64歳まで支給	65歳から死亡時まで支給
受給資格→	厚生年金加入期間１年以上	厚生年金加入期間１カ月以上
	老齢基礎年金の受給資格期間10年を満たしていること	

2 特別支給の老齢厚生年金

特別支給の老齢厚生年金※は、加入期間によって計算される**定額部分**と、平均標準報酬額によって計算される**報酬比例部分**の２つから構成されます。

生年月日によって支給開始年齢が以下のように段階的に引き上げられています。

●定額部分の男性の支給開始年齢（女性は各５年遅れ）

・1941年4月1日以前の生まれ……60歳
・1941年4月2日～1943年4月1日生まれ……61歳
・1943年4月2日～1945年4月1日生まれ……62歳
・1945年4月2日～1947年4月1日生まれ……63歳
・1947年4月2日～1949年4月1日生まれ……64歳

※男性は1949年4月2日、女性は1954年4月2日以降の生まれは定額部分がなくなり、報酬比例部分のみとなる。

●報酬比例部分の男性の支給開始年齢（女性は各５年遅れ）

・1953年4月1日以前の生まれ……60歳
・1953年4月2日～1955年4月1日生まれ……61歳
・1955年4月2日～1957年4月1日生まれ……62歳
・**1957年4月2日～1959年4月1日生まれ……63歳**
・**1959年4月2日～1961年4月1日生まれ……64歳**

※**男性は1961年4月2日以降、女性は1966年4月2日以降の生まれ**から、特別支給の老齢厚生年金がなくなる。

※特別支給の老齢厚生年金の開始と終了
開始：特別支給の老齢厚生年金の支給開始年齢になると、日本年金機構から年金請求書が送付される。年金請求書を提出することで、年金を受け取ることができる。
終了：対象者が65歳に達すると、特別支給の老齢厚生年金の受給権は消滅し、老齢基礎年金および老齢厚生年金の受給権が発生する。

検定に出題されるのは、男性1953年以降の生まれがほとんど。1961年4月1日生まれまでが64歳支給は、必ず覚えておこう。

スピード理解!!
男性は、1961年4月2日以降の生まれから、特別支給の老齢厚生年金なし。
特別支給なくなり苦（9）労（6）する人（1）。

例題

・(　) 内に適切な語句、数値を入れなさい。

❶ 特別支給の老齢厚生年金の受給要件は、老齢基礎年金の受給資格期間（　　）年を満たしていること、厚生年金保険の被保険者期間が（　　）年以上あること、支給開始年齢に達していることである。

❷ 特別支給の老齢厚生年金は、原則として、（　　）年４月２日以後に生まれた男性には支給されない。

◀2019年9月個人（改）
2021年5月個人（改）

3 65歳からの年金

65歳になると、「特別支給の老齢厚生年金」はなくなり、報酬比例部分が老齢厚生年金に切り替わります。

また、定額部分をもらっていた世代では、65歳からの老齢基礎年金の額がそれまでもらっていた定額部分の額より少なくなることがあります。この減少分を補うために**経過的加算**という処置がされて、年金が減ることがないようになっています。

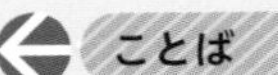

経過的加算：厚生年金加入期間が480月に満たない場合、20歳未満、および60歳以上の厚生年金加入期間を加味して、厚生年金の額に加算されることがある。これも経過的加算という。3級では経過的加算は考慮しない問題、または金額が提示されている問題しか出ない。

4 加給年金と振替加算

加給年金は、扶養手当のようなもので、厚生年金の加入期間が**20年以上ある加入者**に生計を維持されている**65歳未満の配偶者**または一定の子※がいると給付されるものです。

加給年金は、65歳以降の老齢厚生年金の支給開始時（または特別支給の老齢厚生年金の定額部分の開始時）に、**加入者本人**の老齢厚生年金に支給されます。

配偶者が65歳になって老齢基礎年金が支給されるようになると、加給年金は終わり、今度は**配偶者**の老齢基礎年金に**振替加算**が給付されます。振替加算額は、老齢基礎年金の加入者である**配偶者**の生年月日に応じた額となります。

※18歳到達年度の末日(3月31日)を経過していない子。もしくは、20歳未満で障害等級1級または2級の子。

例題の答え

❶（10）　（1）
❷（1961）

加給年金と振替加算

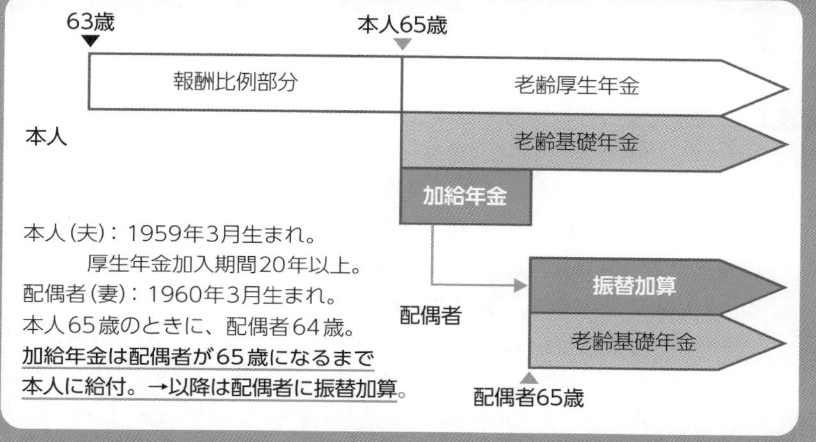

5 在職老齢年金

在職老齢年金は、**60歳以降**も企業（厚生年金適用事業所）で働いている人の**老齢厚生年金**のことをいいます。※

60歳以上の就労者は、**「年金の基本月額と総報酬月額相当額との合計額」が50万円**（2024年度）を越えると、**老齢厚生年金の一部または全部が支給停止**になります。なお、老齢基礎年金は、在職老齢年金の支給停止の対象ではありません。

※　65歳未満の場合、「特別支給の老齢厚生年金」が在職老齢年金の対象となる。

6 離婚時の年金分割制度

離婚した場合には、婚姻期間中の厚生年金の保険料納付記録を按分（分割）することができます。

- **合意分割**：対象は2007年4月1日以後の離婚。按分割合は離婚当事者双方の合意、または裁判手続きによる。
- **3号分割**：対象は2008年5月1日以後の離婚。第3号被保険者の請求で、厚生年金の2分の1が分割できる。

過去問トレーニング

正しいものまたは適切なものには○、誤っているものまたは不適切なものには×をしなさい。

問1 食品販売会社に勤務するAさん（64歳：1960年10月10日生まれ、厚生年金の被保険者期間398月）は、妻（60歳・18歳からAさんと結婚するまでの８年間、厚生年金保険に加入。結婚後は国民年金に第３号被保険者として加入）と長男（22歳）との３人暮らしである。Aさんが勤務する会社は65歳定年制を採用しており、Aさんは65歳まで働き続けたいと考えている。次の説明の正誤を答えなさい。

※妻Bさんは、現在および将来においても、Aさんと同居し、生計維持関係にあるものとする。

※家族全員、現在および将来においても、公的年金制度における障害等級に該当する障害の状態にないものとする。 ◀2014年5月保険（改）

❶ Aさんが受給することができる特別支給の老齢厚生年金は、Aさんが厚生年金保険の被保険者である間、在職老齢年金の仕組みにより、年金額の一部または全部が支給停止となる場合がある。

❷ Aさんが65歳から受給することができる老齢厚生年金には、妻Bさんが65歳になるまでの間、加給年金額の加算が行われる。

❸ Aさんが65歳から受給することができる老齢厚生年金は、老齢基礎年金とは異なり、支給開始を66歳以降に繰り下げることはできない。

問2 X株式会社に勤務するAさん（60歳：1964年10月13日生まれ）は、長女Cさん（20歳）との２人暮らしである。Aさんは、長女Cさんが３歳のときに長女Cさんの父親Bさんと離婚している。Aさんに結婚の予定はなく、家族全員、現在および将来においても、障害等級に該当する障害の状態にないものとする。 次の説明の正誤を答えなさい。◀2021年9月個人（改）

❶ 1961年4月2日以後に生まれた男性の場合、報酬比例部分のみの特別支給の老齢厚生年金の支給はないが、女性の支給開始年齢は5年遅れで引き上げられているので、Aさんは60歳から特別支給の老齢厚生年金を受け取ることができる。

❷ Aさんが65歳に達すると、特別支給の老齢厚生年金の受給権は消滅し、新たに老齢基礎年金および老齢厚生年金の受給権が発生する。Aさんが65歳から受給する老齢厚生年金は、65歳到達時における厚生年金保険の被保険者記録を基に計算される。

❸ Aさんの厚生年金保険の被保険者期間が、65歳到達時に20年以上ある場合、Aさんが65歳から受給することができる老齢厚生年金の年金額には加給年金額が加算される。

答え

問1 老齢厚生年金に関する問題。

❶ ○ Aさんは1961年4月1日以前の生まれなので、特別支給の老齢厚生年金（報酬比例部分）が支給される。年金の基本月額と総報酬月額相当額（月額換算の賃金）の合計が50万円を超える場合には、在職老齢年金の仕組みにより、年金額の一部または全部が支給停止となる。

❷ ○ 厚生年金の被保険者期間が20年以上で、65歳未満の配偶者がいるので、加給年金が加算される。

❸ × 老齢厚生年金も繰下げ受給ができる。老齢基礎年金と老齢厚生年金の一方だけの繰下げもできる。

問2

❶ × 女性は、1966年（昭和41年）4月1日以前の生まれなら、特別支給の老齢厚生年金を受給できる。受給開始年齢は生年月日で異なっており、Aさん（1964年4月2日～1966年4月1日生まれ）は、64歳から受給できる。

❷ ○ 65歳から受給する老齢厚生年金の額は、65歳到達時における厚生年金保険料の納付記録に基づいて決定される。なお、65歳以上70歳未満の就業者の場合には、毎年10月に老齢厚生年金の額が改定されて、それまでに納めた保険料が年金額に反映されていく（在職定時改定）。

❸ × 加給年金の主な受給要件は以下の①および②を満たすこと。
①厚生年金加入期間が20年以上
②受給権者によって生計を維持されている65歳未満の配偶者、または一定の子（18歳到達年度以下の子、または1級・2級の障害の状態にいる20歳未満の子）がいること
Aさんに配偶者はなく、長女Cさんは既に18歳到達年度を超えているのでAさんは加給年金の対象者ではない。

12 障害給付

障害基礎年金の受給要件と年金額が出る！

- 障害基礎年金は保険料納付（免除）期間が３分の２以上必要。
- 障害基礎年金２級は816,000円＋子の加算額。
- 障害基礎年金１級は816,000円×1.25倍＋子の加算額。

1 障害基礎年金

障害基礎年金は、国民年金の被保険者が障害者となった場合に支給されます。

受給には一定の要件があります。

障害基礎年金の出題ポイント

受給要件

- 初診日に国民年金の被保険者であること。または年金に加入していない期間（20歳未満、60歳〜65歳）にあって、国内に住んでいる間に初診日があること。
  - 初診日前日において、前々月までの被保険者期間のうち「保険料納付済期間＋保険料免除期間」が３分の２以上あること。あるいは、初診日に65歳未満で、前々月までの１年間に保険料の未納がないこと。
- 障害認定日に、障害等級１級か２級に該当すること。

年金額

- 扶養している子がいると、年金受給額に加算がある。

２級→816,000円＋子の加算額※

１級→816,000円×1.25倍＋子の加算額

※816,000円は、満額の老齢基礎年金と同額。子の加算額は、第１子と第２子は各234,800円、第３子以降は各78,300円。

2 障害厚生年金

障害厚生年金は、厚生年金の被保険者が障害者となった場合に支給されます。

受給には障害基礎年金同様、次のような要件があります。

・初診日に厚生年金の被保険者であること。

・初診日前日において、前々月までの被保険者期間のうち「保険料納付済期間＋保険料免除期間」が３分の２以上あること。あるいは、初診日に65歳未満で、前々月までの1年間に保険料の未納がないこと。

障害厚生年金には、３級、２級、１級と障害手当金があり、それぞれ年金額が異なります。※

〈障害厚生年金の年金額〉

3級	老齢厚生年金の報酬比例部分と同額
2級	報酬比例部分＋配偶者の加給年金額
1級	報酬比例部分×1.25倍＋配偶者の加給年金額
障害手当金	障害の状態が3級よりも軽い場合、報酬比例部分の2倍の額を一時金として支給

なお、障害基礎年金も障害厚生年金も、**障害認定日**に、障害等級に該当することが受給要件となっています。

障害認定日

- 障害認定日とは、原則として障害の原因となった傷病の**初診日から起算して1年6カ月**を経過した日をいう。
- 1年6カ月以内に傷病が治った場合には、傷病が治って障害が残った日が障害認定日となる。

障害厚生年金は、過去14年間、3級では出題されていないよ。

※2級、または1級となった場合、障害基礎年金と障害厚生年金が併せて支給される。障害等級3級は、障害厚生年金が支給されるが、障害基礎年金は支給されない。

過去問トレーニング

正しいものまたは適切なものには○、誤っているものまたは不適切なものには×をしなさい。また（　）内には適切な語句、数値を入れなさい。

問1　子のいない独身者が障害基礎年金の受給要件を満たしている場合、受給できる障害基礎年金の額（2024年度価額）は、障害の程度が障害等級の２級に該当する場合は816,000円である。　◀2012年1月個人（改）

問2　子のいない障害等級１級に該当する者に支給される障害基礎年金の額は、子のいない障害等級２級に該当する者に支給される障害基礎年金の額の1.25倍に相当する額である。　◀2022年5月学科

問3　障害基礎年金の支給要件の一つである保険料納付要件とは、原則として、初診日の前日において、初診日の属する月の前々月までの国民年金の被保険者期間のうち、保険料納付済期間と保険料免除期間とを合算した期間が（　）以上あることである。　◀2011年9月学科

問4　障害基礎年金について、ファイナンシャル・プランナーが説明した次の記述の正誤を答えなさい。なお、障害等級とは、国民年金法に規定する障害等級をいう。　◀2011年9月個人

❶ 障害基礎年金は、原則として、国民年金の被保険者期間中に初診日のある傷病により、障害認定日において障害等級に該当する程度の障害の状態にある者に支給され、保険料納付要件は問われない。

❷ 障害認定日は、原則として、障害の原因となった傷病の初診日から起算して１年６カ月を経過した日とされている。

❸ 障害基礎年金の受給権者によって生計を維持している一定の要件を満たす子がいる場合には、障害基礎年金の額に一定の額が加算される。

問5　障害基礎年金の受給権者が、生計維持関係にある65歳未満の配偶者を有する場合、その受給権者に支給される障害基礎年金には、配偶者に係る加算額が加算される。　◀2023年5月学科

答え

問1 ○

障害基礎年金の本人分支給額（子の加算がない場合）は、障害等級２級では満額の老齢基礎年金と同額（2024年度の満額の老齢基礎年金は816,000円）。

※2012年の問題だが、満額は2024年度の最新数値に改定してある。試験年度の満額の老齢基礎年金額は必ず覚えておくこと。

問2 ○

障害基礎年金１級の本人分支給額は、２級（満額の老齢基礎年金）の1.25倍。

問3 （3分の２）

初診日の前日の時点で、前々月までの国民年金の被保険者期間のうち「保険料納付済期間＋保険料免除期間」が３分の２以上必要。

問4 障害基礎年金に関する問題。

❶ ×

障害基礎年金を受けるには、問３のとおり、保険料納付要件が問われる。

❷ ○

障害認定日は、原則として原因となった「傷病の初診」から１年６カ月経過時。または１年６カ月以内に傷病が治った場合には傷病が治った日。

❸ ○

障害基礎年金は、生計維持関係のある子の人数に応じて加算される。

問5 ×

障害基礎年金では、前問の通り、生計維持関係のある子がいる場合に年金額に「子の加算額」がプラスされるが、「配偶者の加算額」はない。

13 遺族給付

夫死亡時の妻への遺族給付の種類を問う問題が頻出！

- 遺族基礎年金は子が18歳の3月31日まで支給される。
- 遺族厚生年金は子がいなくても支給される。
- 寡婦年金と死亡一時金はどちらかを選択する。

1 遺族基礎年金

遺族基礎年金は、国民年金の被保険者が死亡した場合に、子のある配偶者（妻または夫）、または子に支給されます。

遺族基礎年金の出題ポイント

受給要件	①保険料納付済期間（保険料免除期間を含む）が**加入期間の3分の2以上ある国民年金の被保険者**が死亡。ただし、65歳未満の死亡の場合には、死亡日の月の前々月までの1年間に保険料の滞納がなければ受給できる（2026年4月1日以前）。 ②受給資格期間が25年以上ある老齢基礎年金の受給権者が死亡。
対象者	死亡した者に生計を維持されていた**子のある配偶者**（妻または夫）、または子。配偶者（親）と子が生計同一の場合は配偶者が受給。生計同一でない場合は子が受給。条件を満たす妻や子が結婚したり、子が養子※になったりした場合は受給資格を失う。子とは、 ①**18歳到達年度の末日（3月31日）まで**の子 ②**20歳未満で障害等級1級、2級該当者**。 ●年収850万円以上（所得655.5万円以上）の者は受給できない。受給権確定後に年収850万円を超えた場合は失権しない。
年金額	**816,000円（満額の老齢基礎年金と同額）**＋子の加算額 子の加算額 → **第1子と第2子は各234,800円** 第3子以降は各78,300円

※ただし、直系血族や直系姻族の養子になった場合には失権しない。例えば、子が親の再婚相手の養子や祖父母の養子になった場合、子の遺族年金の受給権は継続する。

2 寡婦年金と死亡一時金

遺族への給付に、**寡婦年金**と**死亡一時金**があります。どちらの受給条件も満たしているとき、**両方受給することはできない**ため、どちらか一方を選ばないといけません。※

※寡婦年金は妻が60歳から65歳になるまでの間、夫の基礎年金の4分の3の額を受給できる。死亡一時金は夫の死後2年以内に一度だけ受給できる。一般的に寡婦年金の方が合計受給金額は高くなる。

寡婦年金と死亡一時金

寡婦年金：夫が死亡した妻に支給。

国民年金の第1号被保険者としての「保険料納付済期間＋保険料免除期間」が10年以上ある夫が、**年金を受け取らずに死亡**した場合、10年以上婚姻関係（事実婚含む）があった妻に60歳から65歳に達するまで支給される。

・受給者の年収が850万円未満であることが必要。

死亡一時金：遺族基礎年金を受給できない遺族に支給。

国民年金の第1号被保険者としての納付済期間が**36月（3年）以上**ある者が年金を受給しないで死亡したとき、遺族基礎年金を受給できない遺族（**子のない妻**など）に支給される。

スピード理解!!

国民年金の遺族給付は、

- 遺族基礎年金→子のある「配偶者」、または子
- 寡婦年金→60以上65歳未満の「妻」
- 死亡一時金→遺族基礎年金がない場合の「遺族」

ただし、寡婦年金と死亡一時金はどちらか一方だけ。

3 遺族厚生年金

遺族厚生年金は、厚生年金加入者が死亡した時、一定の要件を満たしている遺族に支給される年金で、**遺族基礎年金に上乗せ**して支給されます。

なお、**子がない配偶者**には遺族基礎年金は支給されませんが、**遺族厚生年金は支給**されます。※

※子のない30歳未満の妻は、5年間のみの有期給付。

遺族厚生年金の出題ポイント

受給要件	①保険料納付済期間（保険料免除期間を含む）が加入期間の**3分の2以上ある厚生年金の被保険者**が死亡。ただし、65歳未満の死亡の場合には、死亡日の月の前々月までの1年間に**保険料の滞納がなければ受給**できる（2026年4月1日以前）。 ②1級・2級の障害厚生（共済）年金の受給権者が死亡。 ③受給資格期間が25年以上ある老齢厚生年金の受給権者が死亡。
対象者	死亡した者によって生計を維持されていた次の者のうち、受給順位が最も高い者にだけ支給される。 受給順位…① 妻・夫※1・子※2　② 父母※1　③ 孫※2　④ 祖父母※1 ※1 夫、父母、祖父母は55歳以上に限る。また支給は60歳から（ただし、夫は遺族基礎年金を受給中ならば、遺族厚生年金も合わせて受給できる）。 ※2 子、孫は18歳到達年度の末日（3月31日）を経過していない者。または20歳未満の障害等級1級、2級該当者。 ・受給者の年収が850万円未満であることが必要。
年金額	年金額は、死亡した者の**老齢厚生年金の報酬比例部分の4分の3**。死亡した者の被保険者期間の月数が300月に満たない場合は、一定の要件の下に**300月として計算**する。

4 中高齢寡婦加算

夫の死亡時に子※がない妻は、遺族基礎年金が支給されません。その救済として、**40歳以上65歳未満の子のない妻**の遺族厚生年金に**中高齢寡婦加算**が上乗せされます。

※18歳到達年度の末日（3月31日）を経過していない子。または20歳未満で障害等級1級か2級に該当する子。

妻が65歳になると自分の老齢基礎年金が支給されるよ

うになります。そこで中高齢寡婦加算は打ち切られますが、1956年4月1日以前生まれの妻の場合、年金水準を維持するため、**65歳以降は経過的寡婦加算**が加算されます。

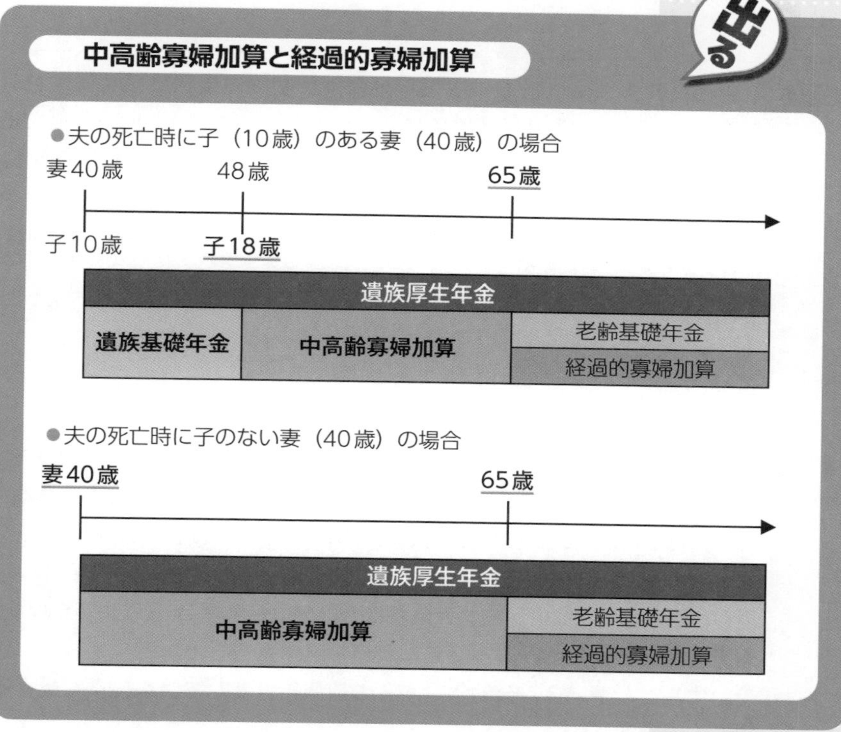

5 公的年金への課税制度

公的年金で支払う保険料は、保険料を支払った人の**社会保険料控除**の対象※（213ページ）になります。

老齢給付など、受給した**公的年金**は**公的年金控除**の対象（202ページ）で、所定の額以上のときに雑所得として課税対象になります。

ただし、**障害年金、遺族年金は非課税**となっています。

※納税者本人が扶養する配偶者や親族の社会保険料を支払った場合でも、支払った納税者本人の所得控除の対象になる。

過去問トレーニング

下記の設問に答えなさい。

問1 会社員のAさん（44歳：厚生年金保険・全国健康保険協会管掌健康保険に加入）は、生計維持関係にある妻Bさん（42歳）、同一生計である長女Cさん（10歳）および長男Dさん（7歳）との4人暮らしである。Aさんが死亡した場合、妻Bさんに支給される遺族基礎年金の年金額（2024年度価額）の計算式は、次のうちどれか。 ◀2019年9月個人（改）

ア 816,000円
イ 816,000円＋234,800円＋78,300円
ウ 816,000円＋234,800円＋234,800円

※2024年度価額での計算。

問2 不動産会社に勤務するAさん（59歳）は、妻Bさん（55歳、専業主婦、国民年金第3号被保険者）と長男Cさん（24歳）との3人家族である。Aさんは20歳から22歳までの大学生の間（32月）は、国民年金に任意加入し、保険料を納付していた。23歳に現在の勤務先に入社してから現在に至るまで、健康保険（保険者は全国健康保険協会）、厚生年金保険、雇用保険に加入している。Aさんが現時点で死亡した場合、妻Bさんが受給することができる公的年金からの遺族給付として、次のうち最も適切なものはどれか。 ◀2013年9月保険

ア 「遺族厚生年金」
イ 「遺族厚生年金」および「遺族基礎年金」
ウ 「遺族厚生年金」および「死亡一時金」

問3 会社員のAさん（43歳）が死亡した。Aさんは、妻Bさん（40歳）、長男Cさん（17歳）および二男Dさん（14歳）との4人家族であった。遺族給付に関する次のアドバイスの正誤を答えなさい。

◀2012年9月保険

❶ 国民年金法に規定されている死亡一時金は、原則として、遺族基礎年金を受給できる遺族がいる場合は支給されません。

❷ 遺族基礎年金の受給資格を失った後、40歳の妻に支給されている遺族厚生年金には、妻が60歳に達するまでの間に限り、中高齢寡婦加算が加算されます。

❸ 遺族基礎年金および遺族厚生年金の受給権者であるお子さんが、一定の期間内に障害等級１級または２級に該当する障害の状態になった場合は、所定の届出が必要となります。

問4 遺族厚生年金の額（中高齢寡婦加算額および経過的寡婦加算額を除く）は、原則として、死亡した者の厚生年金保険の被保険者記録を基礎として計算した老齢厚生年金の報酬比例部分の額の（　）に相当する額である。

◀2022年1月学科

ア 2分の1　**イ** 3分の2　**ウ** 4分の3

答え

問1 **ウ** 遺族基礎年金（満額の老齢基礎年金と同額＋子の加算額）は、子や子のいる妻が支給対象。第１子と第２子が234,800円の**ウ**が正解。

問2 **ア** 遺族厚生年金は、死亡した被保険者によって生計を維持されていた配偶者・子、父母、孫、祖父母（←支給順位順）に支給されるので、妻Ｂさんに遺族厚生年金が支給される。

遺族基礎年金は、妻Ｂさんに18歳未満の子がいないため、支給されない。死亡一時金は、国民年金の第１号被保険者としての納付済期間が36月以上ある者が年金を受給しないで死亡したとき、遺族基礎年金を受給できない遺族（子のない妻など）に支給される。Ａさんは納付済期間が32月のため、死亡一時金は支給されない。

問3 遺族給付に関する問題。

❶ ○ 国民年金の死亡一時金は、遺族が遺族基礎年金を受給できない場合に受け取ることができる。

❷ × 「60歳に達するまで」ではなく「65歳に達するまで」。中高齢寡婦加算は、40〜65歳未満の子のない妻、または子が18歳到達年度の末日に達した（障害の状態にある場合は20歳に達した）ために遺族基礎年金を受給できなくなった妻の遺族厚生年金に上乗せされる。

❸ ○ 遺族基礎年金や遺族厚生年金の受給権がある子（18歳到達年度末まで）が、障害等級１級か２級の障害状態になったときは、年金機構に届出をすることで、20歳まで遺族年金を受ける権利が延長される。

問4 **ウ** 遺族厚生年金の額は、被保険者の老齢厚生年金の報酬比例部分の額の４分の３。

14 企業年金

確定拠出年金の個人型年金（iDeCo）が頻出！

- 一定の企業年金では事業主の掛金は経費として全額損金算入。
- 個人型年金の掛金は全額が小規模企業共済等掛金控除の対象。
- 確定拠出年金は、加入者が運用指図を行い運用リスクを負う。

1 企業年金の概要

企業年金には、**確定給付型**と**確定拠出型**があります。いずれも、事業主の掛金は経費として**全額損金算入**できます。

2 確定給付型企業年金

確定給付型企業年金には、次の２つがあります。

- **厚生年金基金**：2014年の法改正[※1]で財政難の厚生年金基金は５年以内に廃止となりました。新設も認められません。
- **確定給付企業年金**：企業が独自に設定する企業年金です。掛金は事業主が負担しますが、規約に定めれば加入者（従業員）も負担できます。掛金は**生命保険料控除**の対象です。

3 確定拠出年金

企業型年金（企業型DC）では、事業主の掛金[※2]は全額が**損金算入**できます。加入者が拠出した掛金は全額が**小規模企業共済等掛金控除**の対象です。**個人型年金（iDeCo**(イデコ)**）**の掛金[※2]は全額が**小規模企業共済等掛金控除**の対象で、運用益も非課税、給付金も控除対象です。[※3]

ことば

確定拠出型：「拠出」とは「ある目的のために金品を出しあうこと」。保険では掛金を出すことをいい、掛金のことを拠出金ともいう。

※1「公的年金制度の健全性及び信頼性の確保のための厚生年金保険法等の一部を改正する法律」

※2 企業型年金の掛金は、規約によって異なる。個人型年金の掛金は、最低月額5,000円から千円単位。

※3 給付金が一時金なら退職所得控除、年金なら公的年金等控除。

確定拠出年金の出題ポイント

	企業型年金（企業型DC）	個人型年金（iDeCo）
加入者	原則70歳未満の全従業員 ・加入条件は企業により異なる	原則65歳未満の国民年金被保険者※
掛金の年額上限（月額） ・年間計画届出のうえ、12カ月を区分した期間ごとに拠出できる。契約途中の掛金の変更もできる。	企業型DCのみの加入企業 … 66万円（5.5万円） 企業型DCと確定給付型年金に同時に加入している企業…33万円（2.75万円） ・従業員が上乗せできるマッチング拠出の上限も同じ。	国民年金第1号被保険者 …81.6万円（6.8万円） 企業年金がない厚生年金保険の被保険者、国民年金第3号被保険者 …27.6万円（2.3万円） 企業型DC加入者…24万円（2万円） 確定給付型企業年金加入者、公務員 …14.4万円（1.2万円）
拠出者	事業主（従業員が上乗せ可）	本人（一定の中小事業主が上乗せ可）
運営主体	事業主	国民年金基金連合会

- 加入者が運用指図を行い運用リスクを負う。60歳まで原則引出し、脱退不可。
- 老齢給付金は、60歳到達時点で通算加入者期間が10年以上ある場合、60歳から一時金または年金で受け取ることができる。受取総額に最低保証はない。

※iDeCoに65歳まで加入できるのは国民年金第2号被保険者（会社員・公務員）。ただし、1号・3号被保険者でも任意加入被保険者であれば65歳まで加入可能。

4 自営業者の年金制度

確定拠出年金の個人型年金のほかに、自営業者などの第1号被保険者が国民年金に上乗せできるのが、**国民年金基金**、**付加年金**（55ページ）、**小規模企業共済**です。

第1号被保険者の個人型年金の拠出限度額は、**国民年金基金または付加年金と合算**で**年額81.6万円**です。

小規模企業共済：
小規模企業の個人事業主や役員のための退職金制度。掛金全額が小規模企業共済等掛金控除の対象。

小規模企業共済の出題ポイント

- 掛金は月額1,000円から7万円の範囲内（500円単位）で選択可能。
- 共済金の受取方法は「一括受取り」、「分割受取り」、「併用」の3種類。
- 共済金一括受取りは退職所得扱い、分割受取りは公的年金等の雑所得扱い。

過去問トレーニング

正しいものまたは適切なものには○、誤っているものまたは不適切なものには×をしなさい。また選択肢があるものは正しい記号を答えなさい。

問1 国民年金の第３号被保険者は、確定拠出年金の個人型年金の加入者となることはできない。 ◀2019年9月学科

問2 国民年金基金は、加入員自身で掛金を運用するため、その運用実績により将来受け取ることができる年金額が増減する。 ◀2021年9月学科

問3

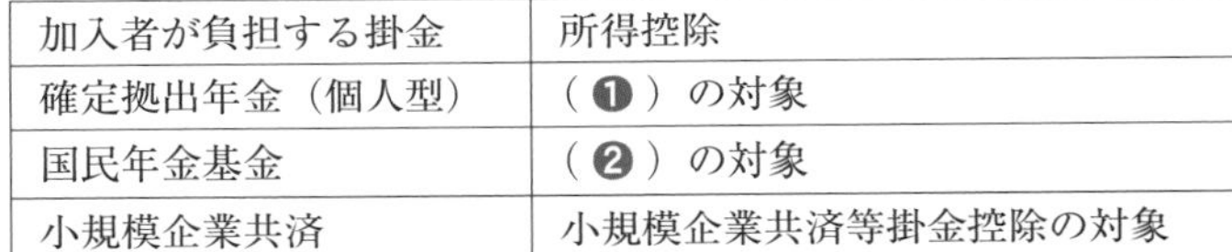

加入者が負担する掛金	所得控除
確定拠出年金（個人型）	（❶）の対象
国民年金基金	（❷）の対象
小規模企業共済	小規模企業共済等掛金控除の対象

ア（❶）小規模企業共済等掛金控除（❷）社会保険料控除
イ（❶）社会保険料控除（❷）小規模企業共済等掛金控除
ウ（❶）生命保険料控除（❷）生命保険料控除 ◀2014年9月資産

問4 国民年金基金（以下、「基金」という）に加入して掛金を納付することにより、基金から老齢年金を受け取ることができる。ただし、基金の加入員となった場合は、国民年金の付加保険料を納付することができない。 ◀2014年5月個人

答え

問1 × 確定拠出年金の個人型年金には、20歳以上60歳未満（国民年金保険料の免除者除く）であれば加入できる。

問2 × 国民年金基金は厚生労働大臣の認可を受けた公的な法人が掛金の運用を行い、将来受け取れる年金額は加入時点の年齢と給付の型、加入口数によって決まっている（55ページ）。問題文は確定拠出年金の説明。

問3 ア 確定拠出年金の掛金は「小規模企業共済等掛金控除」の対象。国民年金基金は自営業者等の公的年金に上乗せする年金制度なので、国民年金や国民健康保険の保険料と同様に「社会保険料控除」の対象。

問4 ○ 付加年金と国民年金基金は同時に加入することはできない。

Part 2

リスクク管理

赤い下線と赤い囲みに
注目して覚えていけば
必ず合格できるよ!!

Contents ここで学習すること

1 保険の基礎知識

出題問題は、ほとんど決まっている！

- ソルベンシー・マージン比率200％以上で健全性が高い。
- 生命保険契約者保護機構は責任準備金の90％まで補償。
- クーリング・オフは８日以内に書面で行う。

1 公的保険と私的保険

保険には、国の制度である公的保険（Part 1で学習）と、民間が行う私的保険があります。

私的保険は、次の３つに分類されます。

第一分野	第二分野	第三分野
生命保険 終身保険、 定期保険、 養老保険など	**損害保険** 火災保険、 自動車保険など	**第一分野、第二分野に属さない保険** 医療保険、がん保険、傷害保険など

ことば

第三分野：生命保険会社、損害保険会社のどちらも扱える保険。病気、ケガ、介護などに備えるためのもので「入院」「手術」等を対象とする。

2 ソルベンシー・マージン比率

大災害など、通常の予測を超えるリスクに対する保険会社の支払能力を見る指標を**ソルベンシー・マージン比率**といいます。

ソルベンシー・マージン比率が**200％以上**であれば、**健全性が高い**とされており、200％未満になると金融庁から早期是正措置が発動されます。

3 保険契約者保護機構

銀行の窓口で契約した保険でも、保険契約者保護機構が補償する。最近よく出題されるよ。

保険会社が破綻したときに契約者を保護する法人が**保険契約者保護機構**です。保険契約者保護機構には、**生命保険契約者保護機構**と**損害保険契約者保護機構**があります。

保険契約者保護機構の補償内容

生命保険契約者保護機構	損害保険契約者保護機構
破綻時点での責任準備金の90%まで補償	保険金の80%～100%を補償

保険会社は、保護機構の加入が義務づけられています。ただし、**少額短期保険業者**（保険金額が少額、短期、掛捨てで保険金上限**1,000万円**）や共済（都道府県民共済など）は保護機構に未加入のため、補償の対象となりません。

ことば

責任準備金：保険会社が保険金や給付金の支払いのために積み立てている準備金。責任準備金－保険会社のコスト＝解約返戻金。

4 クーリング・オフ制度

クーリング・オフ[※1]は、消費者から契約の撤回、解除ができる制度です。「契約の申込日」か「契約申込みの撤回等に関する事項を記載した書面を受け取った日」の**遅い**方の日から**8日以内**に書面（電磁的記録含む）で行います。

※1 法人契約や保険期間1年以下の保険契約、通信販売は、一般的にクーリング・オフの適用対象外。

5 保険業法

保険業法によって、生命保険募集人（保険会社等）が契約者や被保険者に**不利益となる事実を告げず**に現在の保険を解約して新契約に加入させること、顧客に**虚偽の告知を勧める**こと、**保険料の割引**など特別の利益の提供を約束することなどが禁止されています。[※2]

ことば

保険業法：保険会社に対する監督（免許の内容、業務の内容の規制、罰則等）について定めるもの。保険法は契約当事者間の契約ルールについて定めるもの。

※2 そのほか、募集の際の顧客への情報提供義務、意向把握義務が課されている。

過去問トレーニング

適切なものには○、不適切なものには×をしなさい。また（　）内には、適切な語句、数値を入れなさい。

問1　国内銀行の支店において加入した一時払終身保険は、生命保険契約者保護機構による補償の対象である。　◀2020年9月学科

問2　少額短期保険業者が取り扱うことができる生命保険商品は「少額・短期・掛捨て」に限定され、1人の被保険者から引き受ける保険金額の総額は、原則として（　）万円を超えてはならない。　◀2013年5月学科

問3　生命保険会社のソルベンシー・マージン比率が（　）%を下回ると、監督当局による早期是正措置の対象となる。　◀2021年5月学科

問4　生命保険契約を申し込んだ者は、保険業法上、原則として、契約の申込日から8日以内であれば、口頭により申込みの撤回等をすることができる。　◀2020年1月学科

問5　保険業法の規定によれば、保険会社等が、保険契約者や被保険者に対して不利益となるべき事実を告げずに、すでに成立している保険契約を消滅させて、新たな保険契約の申込みをさせる行為を禁止している。　◀2015年9月学科

答え

問1　○　銀行等の保険窓口販売による保険では、銀行は代理店であり、引受責任は保険会社が負うため、保護機構の補償対象となる。

問2　（1,000）　少額短期保険の保険金上限は1,000万円。

問3　（200）　200%以上であれば健全性が高いとされており、200%未満になると金融庁から早期是正措置が発動される。

問4　×　消費者から契約の撤回、解除ができる制度をクーリング・オフといい、「契約の申込日」か「契約申込みの撤回等に関する事項を記載した書面を受け取った日（交付日）」のいずれか遅い方の日から8日以内に書面または電子的記録で行うことになっている。

問5　○　契約者や被保険者に不益となる事実を告げずに現在の保険を解約して新契約に加入させること、顧客に虚偽の告知を勧めること、保険料の割引など特別の利益の提供を約束することを禁止。

生命保険の保険料

FP検定での出題は少ない。

- 予定基礎率は「予定利率」「予定死亡率」「予定事業費率」。
- 保険料は、予定利率が高いほど安くなる。
- 保険料は、純保険料と付加保険料に分けられる。

1 生命保険の基本用語

最初に、生命保険の基本用語を覚えておきましょう。

契約者	契約を結ぶ人。保険料を支払う人
受取人	保険金や給付金、年金などを受け取る人
保険料	契約者が保険会社に払い込むお金
被保険者	その人の生死・病気・ケガなどが保険の対象となっている人
保険者	保険金を支払う者。主に保険会社
保険金	被保険者の死亡、高度障害、または満期までの生存によって、保険会社から受取人に支払われるお金
解約返戻金（へんれい）	保険を中途解約したとき、保険会社から契約者に払い戻されるお金
給付金	病気やケガで入院や手術した時に、保険会社から支払われるお金
特約	主契約（基本となる契約）に付加して契約する保険
生存保険	被保険者が満期まで生きていたときに支払われる保険。年金保険など
生死混合保険	死亡や高度障害では死亡保険金が、満期まで生存していたときは生存保険金が支払われる保険。**養老保険**など
金融サービス提供法※	金融サービスの提供に関する法律。**保険商品の販売に当たって、元本欠損のリスク等の重要事項の説明を義務づけた法律**（143ページ）
媒介	保険募集人が保険契約の勧誘を行い、保険契約の成立は保険会社の承諾による形態。保険募集人は保険会社と契約者の媒介をする
代理	保険募集人が承諾をすれば、その保険契約が成立する形態。保険募集人は保険会社の代理となって、契約できる

※「金融サービス提供法（金融サービスの提供に関する法律）」は2024年2月に「金融サービス提供法（金融サービスの提供及び利用環境整備等に関する法律）」に改称された。

2 生命保険料算定の原則

生命保険の保険料は、**大数の法則**と**収支相等の原則**に基づき、３つの予定基礎率（予定利率、予定死亡率、予定事業費率）で算出されます。

- **大数の法則**：少ないケースでは見いだせないが、数多くのケースを見れば一定の法則があること。
- **収支相等の原則**：保険会社の収入（保険料総額）と、保険会社の支出（保険金総額）が等しくなるように保険料が算定されていること。

ことば

大数の法則：例えばサイコロを数多くふれば１～6が均等に出る法則が見いだせる。男女別死亡率、年代別死亡率などを大数の法則で予測して保険料を算定する。

保険料算出に用いる予定基礎率

予定死亡率	過去の統計に基づく男女別、年齢別の死亡率。**予定死亡率が高いほど、保険料は高くなる**※
予定利率	保険会社が見込んでいる運用利回り。その分を割り引くため、**予定利率が高いほど、保険料は安くなる**
予定事業費率	保険会社が事業を運営するのに必要な費用の保険料に対する割合。**予定事業費率が高いほど、保険料は高くなる**

※一般的に死亡率は男性の方が女性より高いため、死亡保険の場合は、男性の方が保険料が高くなっている。

3 配当金

保険会社では保険料の収入が実際の支出を上回った場合、下表のような**3つの差益（3利源）**が出ることがあります。これを契約者に還元するのが**配当金**です。

死差益	実際の死亡率が、予定死亡率より低くなった場合に生じる利益
利差益	運用による**実際の運用収益が、予定利率に基づく収益より多くなった場合に生じる利益**
費差益	実際の事業費が、予定事業費率によって見込まれた事業費を下回った場合に生じる利益

配当の有無で分類すると、保険は、

- **有配当保険**：死差益、利差益、費差益から配当が支払われる。
- **準有配当保険**：利差益のみから５年ごとに配当が支払われる。
- **無配当保険**：配当金が支払われない。

という３種類に分けられます。

4 保険料の構成

保険料は、**純保険料**と**付加保険料**に分けられます。また、純保険料には、**死亡保険料**と**生存保険料**があります。

保険料の構成

保険料

純保険料	付加保険料
保険金を支払う財源 ▲予定死亡率、予定利率をもとに算定	保険の運営・維持費用 ▲予定事業費率をもとに算定

死亡保険料	生存保険料
死亡保険金を支払う財源	満期保険金を支払う財源

スピード理解!!

予定死亡率が高いほど→純保険料が高くなる！
予定利率が高いほど→純保険料が安くなる！
予定事業費率が高いほど→付加保険料が高くなる！

過去問トレーニング

（　）内に、適切な語句を入れなさい。

問1　生命保険の保険料は、予定死亡率、（　）、予定事業費率の3つの予定基礎率に基づいて計算される。　◀2019年9月学科

問2　生命保険の保険料の計算において、一般に、予定基礎率のうちの（　）を高く見積もるほど、保険料が低くなる。　◀2012年5月学科

問3　生命保険の契約者が払い込む保険料は、主として将来の保険金を支払うための財源となる（❶）と、生命保険会社が保険契約を維持、管理していくために必要な費用である（❷）とに大別することができる。
◀2014年1月学科

問4　生命保険の付加保険料は（　）に基づいて算出される。
◀2021年9月学科

問5　金融商品の販売にあたって、金利、通貨の価格、金融商品市場における相場その他の指標に係る変動を直接の原因として元本欠損が生ずるおそれがあるときは、その旨および当該指標等について顧客に説明することが、（　）で義務付けられている。　◀2019年5月学科

答え

問1　**（予定利率）**

問2　**（予定利率）**　予定利率は保険会社の運用予定利回りなので、これが高いほど保険料は安くなる。

問3　❶**（純保険料）**
❷**（付加保険料）**

問4　**（予定事業費率）**　純保険料は予定死亡率、予定利率に基づいて算出され、付加保険料は予定事業費率に基づいて算出される。

問5　**（金融サービス提供法）**
変額個人年金のように金利や通貨価格、相場変動などによって元本が目減りすることがある金融商品を販売するとき、金融サービス提供法で、リスクについて顧客に説明するよう義務付けられている（81・143ページ）。

3 生命保険の契約

払済保険と延長（定期）保険の違いが頻出！

- 保険会社が告知義務違反を知って１カ月で解除権は消滅。
- 払済保険と延長（定期）保険は解約返戻金で契約が継続できる。
- 契約転換制度で保険内容を総合的に変更できる。

1 保険契約の手続きと責任開始期

保険契約を結ぶとき、契約者や被保険者は病歴や健康状態などの重大な事実について、保険会社の質問に答える必要があります。これを**告知義務**といいます。

告知義務と契約解除

- 保険契約者等が故意または重大な過失により告知義務に違反した場合、保険会社は契約を解除できる。ただし、保険会社が**告知義務違反を知ってから１カ月を経過しても解除をしなかったとき**、または**契約締結から５年を経過したとき**は保険契約を解除することができない。
- **生命保険募集人が契約者や被保険者の告知を妨害した場合や契約者に事実でない告知をすることを勧めた場合**、保険会社は保険契約を解除することができない。

保険会社に生命保険契約上の履行義務（保険金・給付金の支払等）が発生する時期を**責任開始期（日）**といいます。責任開始期は、保険会社の承諾を前提として、**申込み、告知（診査）、第１回保険料（充当金）払込み**の３つがすべて完了したときとされています。

ことば

告知義務：告知義務は、自発的申告ではなく質疑応答義務。保険会社が質問しなかったことは告知しなくてよい。告知受領権は生命保険募集人にはないので、口頭ではなく告知書の記入や健康診断書の提出など、所定の方法で行う必要がある。

解除権：契約当事者が、その一方的な意思表示によって契約を解除できる権利。保険契約の告知義務や解除については、保険法に定められている。

2 保険料の払込み

保険料の払込みには、前納払い、一時払い、年払い、月払い等があります。

前納払いは支払い期日より前に何カ月分かをまとめて払うこと、**一時払い**は全期間の保険料を契約時に一括で払うことです。一般に節税効果は前納払いの方が有利で、保険料は一時払いの方が安くなります。

前納払いと一時払い

	解約返戻金	生命保険控除
前納払い	中途解約時、払込期日が来ていない保険料は返還される	毎年、生命保険料控除の対象になる
一時払い	中途解約すると、解約返戻金額が一時払保険料を下回る場合がある	保険料を払った年の１回だけ、生命保険料控除の対象になる

保険料の払込みには一定の**猶予期間**（ゆうよ）があり、猶予期間内に発生した保険事故に対する保険金は支払われることになっています。

保険料払込猶予期間

払込方法	猶予期間（保険金は支払われる）
月払い	払込日の翌月初日～翌月末 払込日が4/25なら5/1～5/31
半年・年払い	払込日の翌月初日～翌々月の応当日※ 払込日が4/25なら5/1～6/25

※応当日とは、各月・半年ごとの契約日に当たる日付。

スピード理解!!
年払いの猶予は翌々月の契約日！

3 生命保険の貸付制度

解約返戻金の一定範囲内で、保険会社から**利息付き**で貸付を受けられる制度があります。

生命保険の貸付制度

自動振替貸付制度	払込猶予期間に払込みがなかった場合、保険会社が**自動的に保険料を立て替えて契約を持続**させる制度
契約者貸付制度※	**解約返戻金の最大90%まで**保険会社から**貸付を受けられる**。契約期間内**いつでも返済可能**。法人契約では**経理処理が必要**

※被保険者が死亡した場合、死亡保険金等の金額から**未返済の貸付元利金を差し引いた額**が保険金受取人に支払われる。

4 保険継続のための制度

保険料の払込みを中止して、**解約返戻金をもとに契約を継続**できる制度があります。ただし、**特約は消滅**します。

払済保険と延長(定期)保険

払済保険	解約返戻金をもとに一時払保険（一時払養老保険）に変更する。**保険期間を変えずに、保険金額を下げる**
延長(定期)保険	解約返戻金をもとに一時払いの定期保険に変更する。**保険金額を変えずに、保険期間を短くする**

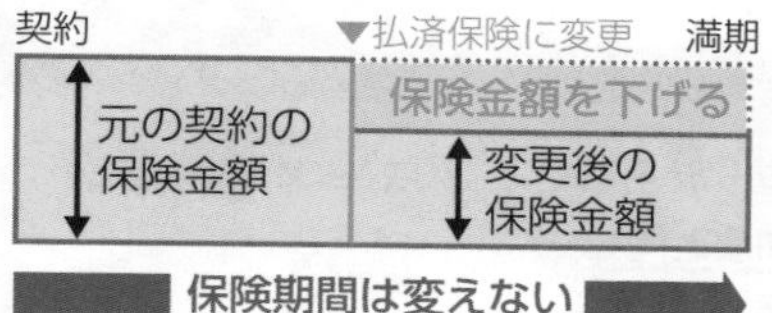

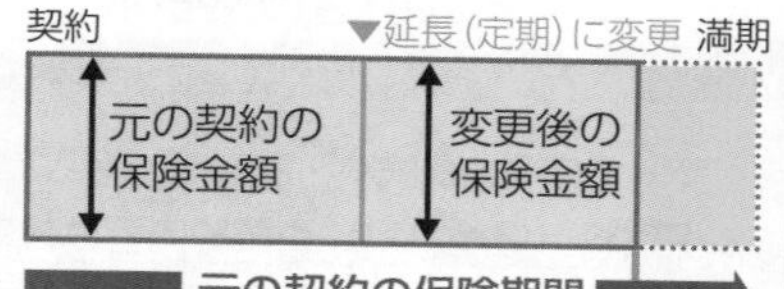

5 保険契約の見直し

ライフサイクルの変化や経済状況により、保険内容を見直したい場合に利用できる制度があります。

契約転換制度と保険金減額制度

契約転換制度	現在契約している保険の責任準備金※と積立配当金を「転換（下取り）価格」として、新しい契約の一部に充てる方法。保険料は転換時の年齢・保険料率により新たに計算される。契約転換には医師の診査・告知が必要。契約転換後の保険もクーリング・オフ制度の対象となる
保険金減額制度	保険金を減額して、保険料を減らす。減額部分は解約扱いになり、解約返戻金があれば受け取ることができる

※責任準備金は、保険会社が保険金や給付金の支払いのために積み立てている準備金。責任準備金から保険会社のコスト等を差し引いたものが解約返戻金として契約者に払い戻されることになる。

6 保険契約の失効と復活

猶予期間を過ぎても、保険料払込みがなく、自動振替貸付もできない場合は、保険契約が失効します。

ただし、失効しても一定の期間内に、所定の手続きを行うことで契約を復活できます。

保険契約復活の出題ポイント

- 契約失効中の保険料・利息を一括して払い込むことで、保険契約を継続できる。
- 保険料（保険料率）や契約内容は失効前と同じ。
- 契約復活には医師の診査・告知が必要。
- 保険契約を解約してしまった場合には復活はできない。

過去問トレーニング

次の各文章の（　）内にあてはまる最も適切な文章、語句、数字またはそれらの組み合わせをア～ウの中から選びなさい。

問1　保険法の規定によれば、保険契約者や被保険者に告知義務違反があった場合、保険者の保険契約の解除権は、保険者が解除の原因があることを知った時から（❶）行使しないとき、または保険契約の締結の時から（❷）を経過したときに消滅する。

◀2020年1月学科

ア　❶ 1カ月　❷ 5年
イ　❶ 2カ月　❷ 10年
ウ　❶ 3カ月　❷ 15年

問2　生命保険会社に生命保険契約上の履行義務（保険金・給付金の支払等）が発生する時期を（❶）というが、（❶）は、保険会社の承諾を前提として、申込み、告知（診査）、（❷）の3つがすべて完了したときとされている。

◀2011年1月学科

ア　❶ 責任開始期（日）　❷ 第1回保険料（充当金）払込み
イ　❶ 契約期（日）　❷ ご契約のしおりの交付
ウ　❶ 義務発生期（日）　❷ 契約確認

問3　生命保険の継続した保険料の払込みには一定の猶予期間があり、月払いの場合には保険料払込期月の翌月初日から（　）末日までとなっている。

◀2017年1月学科

ア　翌月　イ　翌々月　ウ　3カ月後

問4　生命保険契約において、保険料の払込みがないまま払込猶予期間を経過した場合に、その契約の（❶）の一定範囲内で保険会社が自動的に保険料を立て替えて契約を有効に継続させる制度を（❷）という。

◀2011年1月学科

ア　❶ 責任準備金　❷ 復活
イ　❶ 責任準備金　❷ 自動振替貸付
ウ　❶ 解約返戻金　❷ 自動振替貸付

問5　生命保険契約の契約者は、契約者貸付制度を利用することにより、契約している生命保険の（　　）の一定の範囲内で保険会社から貸付を受けることができる。　◀2021年1月学科

ア　既払込保険料総額　　**イ**　解約返戻金　　**ウ**　死亡保険金

問6　一般に、現在契約している生命保険の以後の保険料の払込みを中止して、その時点での解約返戻金相当額をもとに、元の契約の保険期間を変えずに、保障額の少ない保険（元の主契約と同じ種類の保険または養老保険）に変更するものを（　）という。　◀2019年1月学科

ア　延長保険　　**イ**　継続保険　　**ウ**　払済保険

問7　生命保険においては、従来どおりの保険料を払い続けることが困難になった場合に、解約をせずに保険契約を継続する方法がある。

下記の（❶）～（❸）はこれらの方法の仕組みを図で表したものである。（❶）～（❸）の図に関する次の記述のうち、最も適切なものはどれか。　◀2012年5月資産

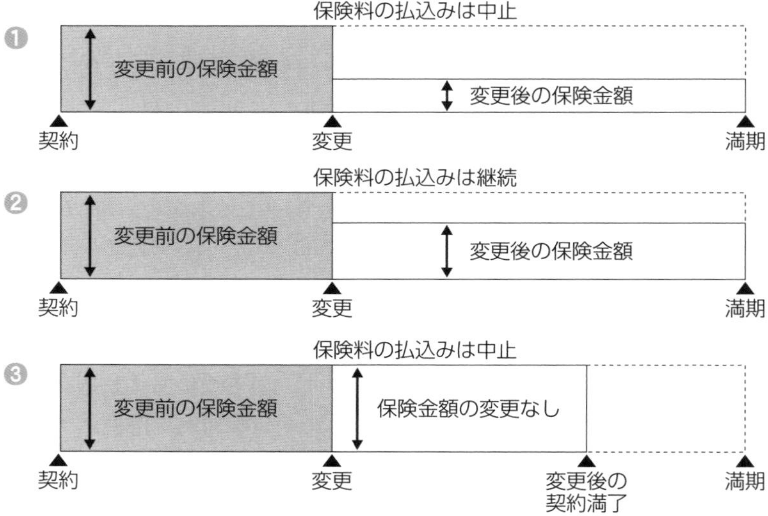

ア　（❶）は、「延長（定期）保険」について示したものである。
イ　（❷）は、「減額」について示したものである。
ウ　（❸）は、「自動振替貸付」について示したものである。

問8　現在加入している生命保険契約を、契約転換制度を利用して新たな契約に転換する場合、転換後の保険料は（ ❶ ）の保険料率が適用され、一般に、転換する際には（ ❷ ）である。　◀2019年5月学科

ア　❶ 転換時　　　　　❷ 告知および診査は不要
イ　❶ 転換時　　　　　❷ 告知または診査が必要
ウ　❶ 転換前の契約時　❷ 告知および診査は不要

答え

問1　ア　（❶ 1カ月　❷ 5年）

保険会社は、告知義務違反を知ってから1カ月を経過しても解除をしなかったとき、または契約締結から5年を経過したときは保険契約を解除することができない。

問2　ア　（❶ 責任開始期（日）　❷ 第1回保険料（充当金）払込み）

問3　ア　（翌月）

例：契約応当日が2月20日 → 3月1日から3月31日までが猶予期間。翌々月が猶予期間となるのは半年・年払いの保険契約。

問4　ウ　（❶ 解約返戻金　❷ 自動振替貸付）

問5　イ　（解約返戻金）

問6　ウ　（払済保険）

問7　イ　（❷ は、「減額」について示したものである。）

❶ は、生命保険の保険料の払込みを中止し、解約返戻金をもとに、保険期間は変えないで保険金額の少ない保険に変更しているので、払済保険。

❸ は、生命保険の保険料の払込みを中止し、解約返戻金をもとに、保険金額を変えないで定期保険に変更しているので、延長（定期）保険。

問8　イ

契約転換は、現在契約している保険の責任準備金と積立配当金を「転換（下取り）価格」として、新しい契約の一部に充てる方法。保険料は、転換時の年齢・保険料率により計算され、告知・診査が必要となる。

4 生命保険の種類

基本的な保険の種類と保障内容が頻出！

- 終身保険、定期保険、養老保険の特徴が出る。
- 個人年金保険の種類別の特徴が出る。
- 特定疾病は、脳卒中・がん・急性心筋梗塞。

生命保険を大きく分けると、**終身保険**・**定期保険**・**養老保険**の３つに分類されます。

1 終身保険

終身保険は、保障が一生涯続く保険で、払込期間が終わると保険料負担なしで保障が続きます。死亡または高度障害状態になった場合に保険金が支払われます。また、**解約返戻金**は、期間の経過に従って一定額まで増えていきます。

2 定期保険

定期保険は、定められた期間中に死亡または高度障害状態になった場合に保険金が支払われる保険です。

いわゆる**掛捨ての保険**で、一般に解約返戻金は少なく、※満期保険金（保険期間終了まで生存した場合の保険金）の支払いはありません。

※例外として、長期平準定期保険や逓増定期保険では、解約時期によっては解約返戻金が多くなることがある。

定期保険には、次の３タイプがあります。

- 保険金が一定の**平準**（へいじゅん）**定期保険**
- 保険金が増えていく**逓増**（ていぞう）**定期保険**
- 保険金が減っていく**逓減**（ていげん）**定期保険**

支払保険料は増減なし！

3 養老保険

養老保険は、保険期間中に被保険者が死亡すると死亡保険金が、保険期間満了まで生存すると満期保険金が支払われる保険です。死亡保険金が支払われた場合には契約は終了するため、満期保険金は支払われません。このタイプの保険を**生死混合保険**といいます。

期間の経過に従って、**解約返戻金が満期・死亡保険金と同額**まで増えていくため、貯蓄性の高い保険といえます。

生命保険の3つのタイプ

終身保険

- **保障が一生涯続く**ので更新・満期がない。保険料が上がらない。
- 保険料払込期間終了後は保険料の負担なしで保障が続く。
- 期間の経過に従って、**解約返戻金は一定額まで増えていく**。

定期保険

- 保障が一定期間続く。
- **掛捨て**で満期保険金は支払われない。
- **解約返戻金は少ない**。
- 保険料が安い。満期まで保険料は変わらない。同じ条件で更新すると一般的に高くなる。

養老保険

- 保障が一定期間続く。
- 保険期間満了後は死亡保険金と同額の満期保険金が支払われる。
- **解約返戻金は満期・死亡保険金と同額まで増えていく**。

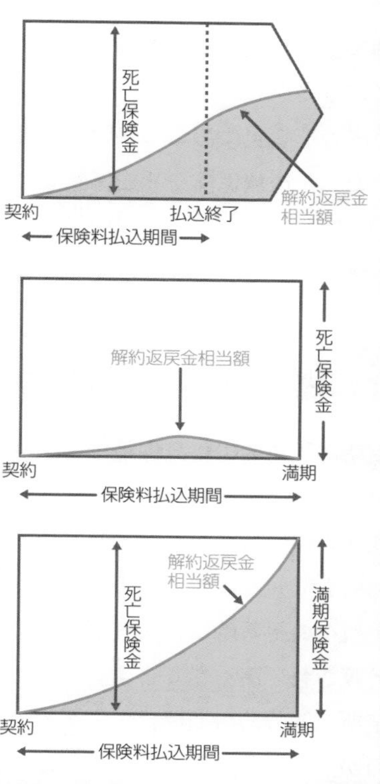

4 収入保障保険

収入保障保険（生活保障保険、家族収入保険の名称もある）や**収入保障特約**は、生命保険会社が販売する掛捨ての定期保険の一種です。世帯主などの被保険者が**死亡・高度障害状態**となった時点から満期まで、その家族に**年金**として毎月（または毎年）、定額の給付金が支払われる保険（一時金として一括受取も可能※）です。保険期間の経過とともに年金受取期間が短くなって、年金受取総額が減少していくので、通常の定期保険より**保険料が割安**となっています。

※保険金を死亡時に一括で受け取る場合の受取額は、将来の利子分が割り引かれるので年金形式より少なくなる。

5 利率変動型積立終身保険

利率変動型積立終身保険（アカウント型保険）では、契約者が積立金部分を口座（アカウント）から引き出したり、保障内容を変更する際の保険料に充てることができます。

ただし、医療保障や死亡保障など、保障に関する部分はすべて特約で、更新のたびに保険料が上がっていき、積立金も減っていきますから、注意が必要です。

6 定期保険特約付終身保険

定期保険特約付終身保険は、定期保険特約を付けて保障を厚くした終身保険です。定期保険期間を主契約である終身保険の保険料払込期間と同じにした全期型と、保険料払込期間より短く設定して更新していく更新型があります。

更新型の更新時に、**診査や告知は不要**ですが、保険料は**再計算されて高く**なります。

定期保険特約の期間は、主契約の終身保険の保険料払込期間が上限で、それ以降の更新はできません。

スピード理解!!
定期保険特約は、子どもの独立までは保障を厚くするときなどに最適。

7 変額保険

変額保険は、保険料が**特別勘定（ファンド）**で運用される保険です。株式や債券など、保険会社の運用実績によって、死亡保険金や解約返戻金、あるいは年金額が変動することが特徴です。

一般に、死亡、または高度障害の場合に支払われる保険金や給付金には**基本保険金額が最低保証**されています。解約返戻金や満期保険金に最低保証はありません。

スピード理解!!

死亡保険金、高度障害給付金	最低保証あり
解約返戻金、満期保険金	最低保証なし

ことば

特別勘定：運用実績に応じて給付が変動するタイプの保険商品の資産を管理・運用する勘定。対して、運用実績にかかわらず一定の給付が保証されるタイプの保険商品の資産を管理・運用するための勘定のことを一般勘定という。

最低保証：基本保険金額（契約時に取り決めた保険金額）が最低保証される。「死亡日の積立金額で、払い込んだ保険料分を最低保証する」というタイプが一般的。

例題

・次の文章の（　）内にあてはまる最も適切な語句の組み合わせを選びなさい。

◀2014年9月学科

一時払変額個人年金保険は、（❶）の運用実績に基づいて保険金額等が変動するが、一般に、（❷）については最低保証がある。

ア　❶ 一般勘定　❷ 解約返戻金
イ　❶ 特別勘定　❷ 死亡給付金
ウ　❶ 特別勘定　❷ 解約返戻金

例題の答え

イ

8 個人年金保険

個人年金保険は、契約時に定めた年齢に達すると年金の支払いが開始される保険です。[※1] 契約時に種類を選択しますが、受取開始時になってからでも、一時金で受け取ったり、夫婦年金にしたりするなど、年金の種類や受取り方法は変更可能です。被保険者が年金受取開始前に死亡すると、遺族には、すでに払い込んだ保険料相当額の死亡給付金が支払われます。

年金の受取り方法によって次のような種類に分かれます。

❶ **終身年金**：被保険者が生きている限り年金が続く。被保険者が死亡した場合、その後の年金の支払いはない。

❷ **保証期間付終身年金**：被保険者が生きている限り年金が続く。**保証期間中**であれば、**遺族にも年金**が支払われる。

❸ **確定年金**：10年、20年など契約時に定めた年金受取期間中、被保険者の生死にかかわらず**年金**が支払われる。

❹ **有期年金**：契約時に定めた年金受取期間中、生存中の**被保険者に年金**が支払われる。被保険者が死亡した場合、その後の年金の支払いはない。

❺ **保証期間付有期年金**：契約時に定めた年金受取期間中、生存中の被保険者に年金が支払われる。**保証期間中**であれば、被保険者が死亡しても**遺族に年金**が支払われる。

❻ **夫婦年金**：夫婦どちらかが生きていれば年金が続く。

※1 個人年金保険の「契約者・被保険者・保険金受取人」は、一般的には、「夫・夫・夫」か「妻・妻・妻」か「夫・妻・夫」になる（契約者と受取人が異なると、年金受取開始時に贈与税が課税される）。
終身年金の場合は、被保険者が生存している限り年金が支払われるため、被保険者を寿命の長い妻にする方が良いとされている。ただし、女性の方が受け取る年金の総額が大きくなる可能性が大きいため、一般的に終身年金の保険料は男性より女性の方が高い。

9 変額個人年金保険

変額個人年金保険は、個人年金保険の変額保険（前ページ）です。保険会社の運用実績によって、死亡保険金や解約返戻金、あるいは**年金額が変動**することが特徴です。

一般に、**死亡給付金には最低保証**がありますが、[※2] 解約返戻金に最低保証はありません。

※2 死亡給付金に払込保険料相当額を最低保証しないタイプもあるが、主流は払込保険料相当額を最低保証するタイプ。

個人年金保険のイメージ

❶ 終身年金

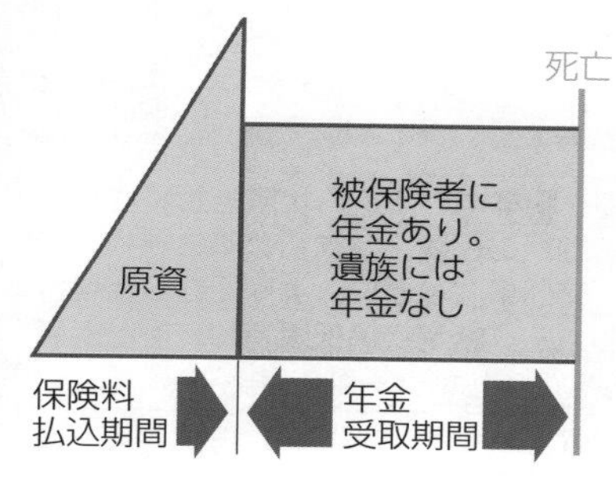

❷ 保証期間付終身年金

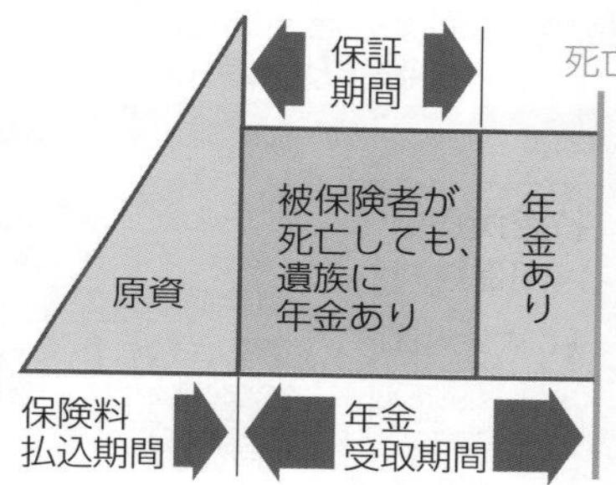

❸ 確定年金

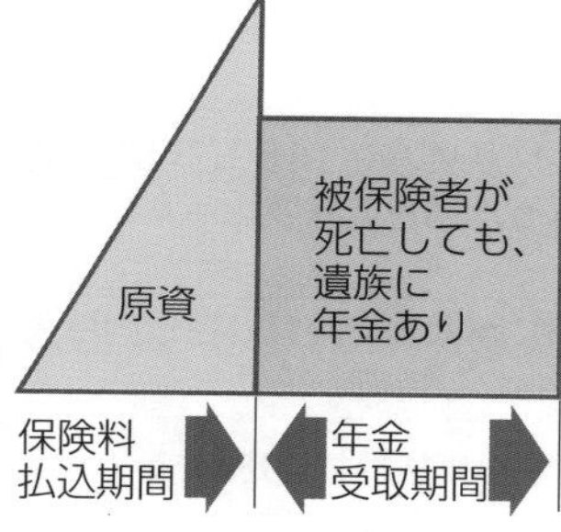

❹ 有期年金

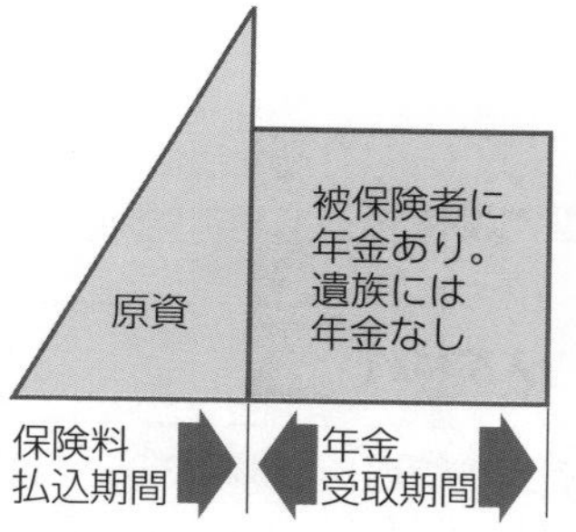

❺ 保証期間付有期年金

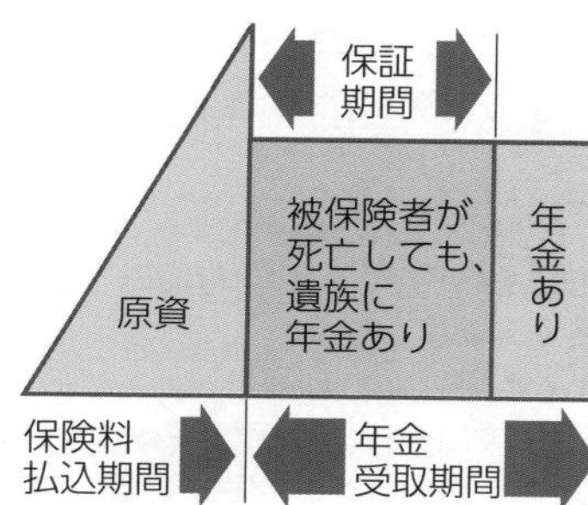

スピード理解!!

確定年金と保証期間付年金の保証期間中は、被保険者の生死に関係なく年金あり！

10 生命保険の主な特約

特約は、主契約に付加して契約するもので、単独では加入できません。主契約を解約すると**特約も解約**となります。

特約の出題ポイント

特定疾病保障(定期保険)特約 (3大疾病保障定期保険特約)	**がん・急性心筋梗塞・脳卒中**で所定の状態と診断された場合に死亡保険金と同額の保険金が支払われる特約。**特定疾病以外の事由(交通事故など)により死亡した場合でも保険金が支払われる。特定疾病保障特約、重度疾病保障特約による保険金の支払いは一度だけ**
重度疾病保障特約	特定疾病(がん・急性心筋梗塞・脳卒中)に加えて、慢性疾患である肝臓病・腎臓病・糖尿病・高血圧症になったときに保険金(給付金)が支払われる特約
傷害特約	不慮の事故(交通事故含む)が原因で、**180日以内に死亡または後遺障害**が生じた場合に保険金(給付金)が支払われる特約
災害割増特約	災害や事故(交通事故含む)が原因で、**180日以内に死亡または高度障害状態**になった場合に保険金が支払われる特約
災害入院特約	災害や事故(交通事故含む)が原因で、**180日以内に入院**した場合に給付金が支払われる特約
疾病入院特約	病気で入院した場合に給付金が支払われる特約
先進医療特約	**先進医療の技術料は全額自己負担**だが、この特約は特定の病院や医療施設で行われる、厚生労働大臣が認可した先進医療治療を受けた場合に限り給付金が支払われる。療養時、**保険契約後に認可された治療も対象**になる
総合医療特約	**病気または不慮の事故による入院・手術**などを対象とする特約
リビング・ニーズ特約	**余命6カ月以内**と診断(判断)された場合に、保険金を生前に受け取ることができる特約で、**無料で付加**できる。通常、受け取った保険金は非課税となる
指定代理請求特約	被保険者(受取人)が請求できない所定の事情がある場合、指定代理請求人が、給付金や保険金等を請求できる特約で、無料で付加できる。**保険金や給付金への課税・非課税は被保険者が受け取る場合と変わらない。**

過去問トレーニング

適切なものには○、不適切なものには×をしなさい。また（　）内には、適切な語句、数値を入れなさい。

問1　生命保険は、保険期間や保障の内容により、大きくは、終身保険・定期保険・養老保険の3つに分類される。この3つの生命保険の主な特徴に関する次の記述の正誤を答えなさい。

〈3つの生命保険の主な特徴〉　◀2011年5月・2015年5月資産

（**ア**）定められた保険期間中に死亡または高度障害状態になった場合に保険金が支払われ、満期まで生存していれば、死亡保険金と同額の満期保険金が支払われる。

（**イ**）定められた保険期間中に死亡または高度障害状態になった場合に保険金が支払われる。満期保険金はない。

（**ウ**）一生涯の保障が続き、死亡または高度障害状態になった場合に保険金が支払われる。満期保険金はないが、途中で解約した場合には、期間の経過に応じた解約返戻金を受け取ることもできる。

❶ 空欄（**ア**）に入る語句は、「定期保険」である。

❷ 空欄（**イ**）に入る語句は、「養老保険」である。

❸ 空欄（**ウ**）に入る語句は、「終身保険」である。

問2　収入保障保険の死亡保険金を年金形式で受け取る場合の受取総額は、一般に、一時金で受け取る場合の受取額よりも少なくなる。

◀2022年1月・9月学科

問3　利率変動型積立終身保険（アカウント型保険）の積立部分は、必要に応じて所定の範囲内で引き出したり、あるいは保障部分の保険料に充当して保障内容を充実させる等の活用をすることができる。

◀2012年1月保険

問4　逓減定期保険では、保険期間の経過に従って、保険金の額が逓減する。

◀2012年1月学科

問5　養老保険は、一般に満期保険金の額と死亡・高度障害保険金の額が同額であり、生死混合保険に分類される。　◀2013年1月学科

問6　一時払終身保険は、早期に解約した場合であっても、解約返戻金額が一時払保険料相当額を下回ることはない。　◀2016年1月・2021年1月学科

問7　定額個人年金保険（保証期間付終身年金）では、保証期間中については被保険者の生死にかかわらず年金を受け取ることができ、保証期間経過後については被保険者が生存している限り年金を受け取ることができる。　◀2018年9月学科

問8　変額個人年金保険は、特別勘定による運用実績によって、将来受け取る年金額や解約返戻金額が変動する。　◀2023年1月学科

問9　特定疾病保障定期保険特約は、一般に、被保険者が保険期間中に特定疾病による所定の状態に該当した場合、何度でも保険金が支払われる。　◀2014年1月学科

問10　特定疾病保障定期保険では、被保険者が、がん・（　）・脳卒中により所定の状態に該当したとき、特定疾病保険金が支払われる。　◀2013年9月学科

問11　生命保険の災害割増特約では、被保険者が不慮の事故による傷害を直接の原因として、その事故の日から起算して240日以内に死亡または高度障害状態となった場合、災害割増保険金が支払われる。　◀2014年9月学科

問12　ファイナンシャル・プランナーのAさんは、「先進医療の治療を受けた場合、診察料や投薬料等に係る費用は公的医療保険の対象となりますが、技術料に係る費用は全額自己負担となりますので、先進医療特約の付加をご検討ください」と説明した。　◀2021年1月保険

問13　リビング・ニーズ特約による保険金は、指定した保険金額から対応する（　）分の利息および保険料相当額を控除した額になる。　◀2018年1月学科

問14　生命保険契約にリビング・ニーズ特約を付加する場合、特約保険料を別途負担する必要がある。　◀2013年5月学科

答え

問1 終身保険・定期保険・養老保険に関する問題。

❶ × 「満期まで生存していれば、死亡保険金と同額の満期保険金が支払われる」とあるので、（ア）は養老保険。

❷ × 「定められた期間」「満期保険金はない」とあるので、（イ）は定期保険。

❸ 〇 「一生涯の保障」なので終身保険。

問2 × 収入保障保険では、年金形式でもらうと保険会社が保険金を運用する期間で増やすことができるため、一時金で受け取るよりも最終的な受取総額は一般的に多くなる。

問3 〇

問4 〇 逓減定期保険とは、期間の経過に従って「保険金」が逓減する（だんだん少なくなる）保険。

問5 〇 被保険者の死亡でのみ支払われるのが死亡保険、一定期間の生存後にのみ支払われるのが生存保険、一定期間内の死亡と期間満了後の生存で支払われるのが生死混合保険。

問6 × 一時払終身保険は、契約時に保険期間全体の保険料を１回で払い込む終身保険。一時払いを中途解約すると、解約返戻金が払込保険料を下回り、元本割れすることがある（86ページ）。

問7 〇 保証期間付終身年金は、保証期間中は被保険者の生死に関係なく、本人・遺族に年金が支払われ、保証期間経過後は被保険者が生存している限り、年金が支払われる個人年金である。

問8 〇 変額保険は、保険料が特別勘定（ファンド）で運用される保険で、運用実績によって将来受け取る保険金額、年金額や解約返戻金が変動する投資性の強い保険。

問9 × 特定疾病保障定期保険特約での保険金支払いは一度だけ。

問10 （急性心筋梗塞）

問11 × 事故の日から起算して「180日以内」が正しい。

問12 〇 先進医療による治療を受けた場合、通常の治療と共通する診察料、投薬料などは公的医療保険が適用されるが、技術料については全額自己負担なので、先進医療特約の付加が検討に値する。

問13 （６カ月） リビング・ニーズ特約は、余命６カ月以内と診断された場合、死亡保険金の範囲内で特約保険金を請求できる特約で、保険金から６カ月分の利息と６カ月分の保険料相当額が差し引かれる。

問14 × リビング・ニーズ特約は、無料で付加することができる。

5 生命保険と税金

生命保険料控除の最高額40,000円が頻出！

- 個人年金保険は条件を満たせば別枠で控除できる。
- 夫が契約者、妻が受取人の死亡保険金は相続税。
- リビング・ニーズ特約の保険金は非課税。

契約者が払い込む保険料に対する控除と、受取人に支払われる保険金に対する税金について出題されます。

実技検定では、控除限度額に満たない場合の控除額を計算する問題も出るが、計算式が提示されている簡単な問題なので大丈夫。

1 生命保険料を支払ったときの控除

生命保険料の控除は、契約時期が2011年以前か2012年以降かで、区分と控除額が異なります。

検定試験では、**2012年以降**の年間の払込保険料**8万円超**の場合の所得税の**控除限度額各40,000円（控除合計上限120,000円）**が頻出です。2012年以降の生命保険料は、保障内容ごとに3つの保険料控除に分類されます。

保険料控除の種類

一般の生命保険料控除	生存・死亡に基因した保険金・給付金に係る保険料	終身保険、定期保険特約、特定疾病保障特約、収入保障特約など
個人年金保険料控除	個人で加入している年金保険に係る保険料	終身年金、確定年金、保証期間付有期年金、夫婦年金など
介護医療保険料控除	介護と医療（入院･通院等の給付部分）に係る保険料	入院特約、先進医療特約、就業不能サポート特約、医療・介護保険など

保険料控除の区分と控除額

●2011年12月31日以前の契約（旧契約）の控除限度額

	各払込保険料	一般の生命保険	個人年金保険	介護医療保険	控除合計上限
所得税	10万円超	50,000円	50,000円	—	100,000円
住民税	7万円超	35,000円	35,000円	—	70,000円

●2012年1月1日以降の契約（新契約）の控除限度額

	各払込保険料	一般の生命保険	個人年金保険	介護医療保険	控除合計上限
所得税	**8万円超**	40,000円	40,000円	40,000円	120,000円
住民税	5.6万円超	28,000円	28,000円	28,000円	70,000円

※各払込保険料は各保険の年間保険料。例えば、2012年1月1日以降の契約の個人年金保険の年間払込保険料が８万円超なら、所得税の控除額は４万円。

※新契約では、身体の傷害のみに基因して保険金が支払われる**傷害特約や災害割増特約などの保険料は、生命保険料控除の対象とはならない。**

2 個人年金保険料控除の要件

個人年金保険料は、要件を満たせば一般の生命保険とは別枠で**個人年金保険料控除**が受けられます。ただし、**変額個人年金保険は一般の生命保険料控除の対象**です。

個人年金保険料控除の要件

・年金受取人が契約者、または配偶者であること。

・年金受取人が被保険者であること。

・**保険料の払込期間が10年以上**あること。
一時払いの年金保険は控除対象にならない。

・**終身年金**、または被保険者の**年金受取開始時の年齢が60歳以上**で、かつ年金**受取り期間が10年以上**の**確定年金・有期年金**であること。

●以上を満たすと**個人年金保険料税制適格特約**が付く。

3 保険金を受け取ったときの税金

保険金の種類や契約者と保険金受取人（以下、受取人）の関係によって、課税される税金が異なります。

●**満期保険金**

契約者が受取人と同じときは所得税・住民税が課税、契約者が受取人と違うときは贈与税が課税されます。

●**個人年金**

毎年の年金に所得税・住民税が課税されます。契約者と受取人が異なる場合、年金受取開始時には贈与税が課税されます（2年目以降は所得税・住民税が課税）。

●**死亡保険金**

契約者、被保険者、受取人の関係によって、相続税、所得税・住民税、贈与税のいずれかが課税されます。

●**解約返戻金**

払込保険料と解約返戻金との差益が一時所得の対象です。解約返戻金が払込保険料より少なければ課税されません。

●**非課税になるもの**

通院・手術・入院給付金など、**身体の傷害に基因して支払を受ける給付金・保険金**は**非課税**となります。

スピード理解!!
身体の傷害に対する給付金・保険金は非課税！

非課税となる給付金・保険金

●**非課税の給付金**

入院給付金、手術給付金、通院給付金、疾病（災害）療養給付金、がん診断給付金、障害給付金、先進医療給付金、**介護給付金（介護一時金特約の一時金、年金）**など

●**非課税の保険金**

高度障害保険金、特定疾病保険金、**リビング・ニーズ特約保険金**、**介護保険金（民間の介護保険の一時金、年金）**、**火災・傷害・自動車保険の保険金**など

4 満期保険金への課税

満期保険金には、所得税・住民税、または贈与税が課税されます。

	契約者	被保険者	受取人	税金の種類
満期保険金	Aさん	誰でも	Aさん	所得税・住民税
	Aさん	誰でも	Aさん以外	贈与税

所得税がかかる満期保険金や解約返戻金のうち、保険期間が**5年以下**（５年以内に解約した場合も含む）の一時払いの養老保険、損害保険、個人年金保険の差益については、**金融類似商品**の収益とみなされて**20.315%**（所得税15%＋復興特別所得税0.315%＋住民税5%）の**源泉分離課税**となります。

5 死亡保険金への課税

死亡保険金は、次のように課税されます。

	契約者	被保険者	受取人	税金の種類
死亡保険金	Aさん	Aさん	Aさん以外	相続税
	Aさん	Bさん	Aさん	所得税・住民税
	Aさん	Bさん	Cさん	贈与税

契約者と死亡した被保険者が同一で、保険金の受取人が法定相続人（配偶者や子）の場合、**500万円×法定相続人の数**の金額が**非課税**となります。

相続人以外の者が受け取った場合は、死亡保険金の非課税金額の規定の適用を受けることはできません。

ことば

金融類似商品：預貯金ではないが、預貯金と同じように利用される商品。

源泉分離課税：他の所得と分離した所得を支払う者によって一定の税率で所得税が源泉徴収され、それだけで所得税の納税が完結する。保険では、生命保険会社によって保険金から税金を差し引いた金額が受取人に支払われる。

復興特別所得税：2013年1月1日から2037年12月31日まで、基準所得税額の2.1%分の金額が復興特別所得税として課税される。
復興特別所得税は、所得税×0.021。
所得税15%の場合は、15×0.021=0.315が復興特別所得税分。

6 保険契約者が夫の場合の課税

保険金を受け取ったときの税金（104ページ）について試験で出題されるのは、保険契約者が夫の場合がほとんどです。下に挙げた頻出パターンを覚えておきましょう。

契約者が夫の場合の保険金の課税問題が超頻出！
出る

保険契約者が夫の場合の課税

例

	契約者（保険料負担者）	被保険者	受取人		税金の種類
満期保険金	夫	夫	夫	→	**所得税・住民税**（一時所得として総合課税もしくは源泉分離課税）●契約者（夫）が受取人
満期保険金	夫	妻	妻または子	→	**贈与税** ●妻または子が受取人
死亡保険金	夫	妻	夫	→	**所得税・住民税**（一時所得として総合課税）●契約者が受取人
死亡保険金	夫	夫	妻または子	→	**相続税** ●契約者＝被保険者で、受取人が妻か子
死亡保険金	夫	妻	子	→	**贈与税** ●契約者、被保険者、受取人がそれぞれ異なる
年金	夫	夫	夫	→	**年金…所得税・住民税**（雑所得として総合課税）●契約者が受取人
年金	夫	妻	妻	→	**年金開始時だけ…贈与税** **年金…所得税・住民税**（雑所得として総合課税）●妻が受取人

過去問トレーニング

適切なものには○、不適切なものには×をしなさい。また（　）内には、適切な語句、数値を入れなさい。

問1　生命保険（2024年契約）の生命保険料控除について説明した次の説明の正誤を答えなさい。

◀2014年1月保険

❶ 生命保険料控除は、一般の生命保険料控除、介護医療保険料控除、個人年金保険料控除からなり、所得税の場合、各控除額の上限は５万円、各控除額の合計額の上限は15万円となっています。

❷ 終身保険、定期保険特約、特定疾病保障定期保険特約の保険料は、一般の生命保険料控除として生命保険料控除の対象となります。

❸ 傷害特約、災害割増特約、入院特約、先進医療特約の保険料は、介護医療保険料控除として生命保険料控除の対象となります。

問2　Aさんは、2024年分の所得税の年末調整に当たり、同年中に新たに契約した生命保険に係る年間保険料の支払金額が200,000円であったことを証明する「一般の生命保険料控除証明書」を勤務先X社に提出している。X社が年末調整を行った結果として、源泉徴収票の「生命保険料の控除額」に入る金額は、（　　）円である。

◀2013年1月個人

問3　一時払養老保険（10年満期）の満期保険金に係る保険差益は、源泉分離課税の対象となる。

◀2021年9月個人

問4　生命保険契約において、契約者（＝保険料負担者）が夫、被保険者が妻、死亡保険金受取人が子である場合、子が受け取る死亡保険金は、（　　）の課税対象となる。

◀2019年9月学科

問5　公的介護保険制度の要介護２以上と認定された場合、または保険会社所定の要介護状態になった場合に支払われる介護一時金特約から受け取った一時金は、一時所得の収入金額として総合課税の対象となる。

◀2019年9月保険

問6　医師によって余命６カ月以内と診断確定され、リビング・ニーズ特約に基づく保険金を受け取った場合、当該保険金は非課税となる。

◀2013年9月保険

問7　北川さん夫妻（いずれも会社員）が加入している生命保険は下表のとおりである。下表の契約Ａ～Ｃについて、保険金・給付金が支払われた場合の課税関係に関する次の記述の正誤を答えなさい。

◀2014年9月資産

	保険種類	保険料払込方法	保険契約者（保険料負担者）	被保険者	死亡保険金受取人	満期保険金受取人
契約A	終身保険	月払い	夫	夫	妻	―
契約B	医療保険	月払い	妻	妻	夫	―
契約C	養老保険	月払い	妻	夫	妻	妻

❶　契約Ａについて、妻が受け取った死亡保険金は、相続税の課税対象となる。

❷　契約Ｂについて、妻が受け取った入院給付金は、一時所得として所得税・住民税の課税対象となる。

❸　契約Ｃについて、妻が受け取った満期保険金は、贈与税の課税対象となる。

問8　個人年金保険の払込保険料に関する税制について説明した次のアドバイスの正誤を答えなさい。

◀2012年9月保険

❶　60歳年金受取開始の５年確定年金に加入する場合、個人年金保険料税制適格特約を付加することができ、一般の生命保険料控除とは別に個人年金保険料控除の適用対象となります。

❷　保険料の払込方法が一時払いの場合、個人年金保険料控除の対象となる他の条件を満たしていても、個人年金保険料控除の適用対象とはなりません。

❸　2012年１月１日以後に新たに契約した保険契約等に係る保険料では、個人年金保険料控除の控除適用限度額は、所得税で４万円となります。

答え

問1 生命保険料控除に関する問題。

❶ × 生命保険料控除限度額は、2012年以降の契約では、一般・個人年金・介護医療それぞれで、所得税4万円、住民税2万8千円。一般・個人年金・介護医療合計で所得税12万円、住民税7万円。

❷ ○ 終身保険、定期保険特約、特定疾病保障定期保険特約は、生存・死亡に基因して保険金・給付金を支払うものなので、一般の生命保険料控除。

❸ × 傷害特約や災害割増特約のように、傷害のみに基因して保険金が支払われる保障は、入院、通院を対象とする介護医療保険料控除の対象外。

問2 （**40,000**） 2012年1月1日以降の契約（新契約）で、支払保険料が8万円超なので、控除額は一般の生命保険料控除の上限4万円。

問3 × 保険期間が5年を超える一時払養老保険の満期保険金は一時所得として総合課税の対象となる。源泉分離課税となるのは保険期間が5年以下の場合。

問4 （**贈与税**） 契約者、被保険者、受取人がそれぞれ異なる保険の死亡保険金は、贈与税の対象となる。

問5 × 通院・手術・入院など、身体の傷害に基因して支払を受ける給付金・保険金と同じく、民間の介護保険の介護給付金も非課税となる。

問6 ○ リビング・ニーズ特約の保険金は非課税。

問7 保険金・給付金が支払われた場合の課税関係に関する問題。

❶ ○ 契約者と被保険者が夫で、妻が保険金を受け取るので相続税の対象。

❷ × 入院給付金は非課税。

❸ × 契約者と受取人が同じ場合の満期保険金なので、所得税・住民税の課税対象。

問8 個人年金保険料控除に関する問題。

❶ × 個人年金保険料控除が適用される確定年金の場合、年金受取人が満60歳以後で、年金を10年以上受け取るものであることが必要。

❷ ○ 保険料の払込期間が10年以上であることが必要なので、一時払いは対象外。

❸ ○ 2012年1月1日以後に契約した生命保険では、一般・個人年金・介護医療それぞれで、所得税4万円、住民税2万8千円の控除枠。

法人契約の生命保険

「保険顧客資産相談業務」（金財）だけの出題分野。

- 終身保険の保険料は保険料積立金として資産計上。
- 定期保険の保険料は定期保険料として損金算入。
- 保険差益＝保険金－これまでに資産計上した保険料

1 事業保障資金

法人（会社）が契約者となる生命保険は、役員・従業員の退職金の準備、遺族への保障、事業保障資金の確保などが目的となります。※

※法人の受け取る保険金や解約返戻金は、退職金や事業資金として活用できる。

事業保障資金の額を求める計算式

短期債務額（短期借入金＋買掛金＋支払手形）＋全従業員の１年分の給与総額

2 保険に関する経理処理（仕訳）

- **法人の支払った保険料**：原則として、**貯蓄性のある保険（保険金受取人が法人の終身保険、養老保険）**の保険料は、**保険料積立金**として【借方】に資産計上します。

保険金受取人が役員や従業員などの被保険者（またはその遺族）のときは、給与として【借方】に損金算入します。

また、最高解約返戻率50％以下の定期保険・第三分野の保険（医療保険・がん保険等）の保険料※は【借方】に支払保険料として損金算入します。

仕訳：借方（左に資産増加・負債減少）と貸方（右に資産減少・負債増加）に分けて図式化した、簿記で使用する取引の記録。FP検定の仕訳は、実技試験「保険」で、保険料と保険金の仕訳が出題されるだけ。

※2019年７月８日以後の契約にかかる、保険期間３年未満、最高解約返戻率50％超70％以下かつ１被保険者あたりの年換算保険料相当額が30万円以下のものを含む。

支払った保険料の経理処理

保険の種類と保険金受取人	支払った保険料の経理処理
終身保険・養老保険・年金保険で、 保険金受取人が法人	貯蓄性があるため、【借方】に 「**保険料積立金**」として資産計上
終身保険・養老保険・年金保険で、 **保険金受取人が被保険者（または遺族）**	【借方】に 「**給与**」として損金算入
最高解約返戻率が50%以下の定期保険・第三分野の保険で、保険金受取人が法人	貯蓄性がないため、【借方】に 「支払保険料」として全額損金算入

●**仕訳の具体例：終身保険（保険金受取人が法人）の保険料**

借　方		貸　方	
保険料積立金	120万円	現金・預金	120万円

※左側【借方】に積み立てている保険料。保険料は現金か預金から支払うので、右側【貸方】に現金・預金。【借方】と【貸方】は同じ金額になる。

●**法人の受け取った保険金**：死亡保険金、満期保険金、解約返戻金等は、保険金を**現金・預金**として資産計上して、払込保険料総額（＝資産計上されてきた「保険料積立金」）を取り崩します。仕訳では、**保険金額と保険料積立金額との差益**を**雑収入**として**【貸方】に益金算入**します。※

※保険金額の方が保険料積立金より少ない場合には「雑損失」として損金算入。無配当定期保険には保険料積立金はない。

受け取った保険金の経理処理

●**終身保険（保険金受取人が法人）の保険金を受け取った場合の仕訳**
（払込保険料総額が400万円、保険金8,000万円）

借　方		貸　方	
現金・預金	8,000万円	**保険料積立金**	400万円
		雑収入	7,600万円

※左側【借方】に現金・預金として、保険会社から支払われた保険金8,000万円。右側【貸方】に保険料積立金400万円と雑収入（8,000－400=）7,600万円。

3 定期保険の保険料の経理処理

2019年6月28日に法人契約の保険料の経理処理に関して、改正が行われました。

2019年7月7日以前の契約については、①・②の通り、従前の取扱いの通りです。

①**長期平準定期保険**は、**前半6割期間**は、年間保険料の**2分の1を「定期保険料」として損金算入、2分の1を「前払保険料」として資産計上**。

②第三分野の保険は、原則として、全額損金算入。

2019年7月8日以後の契約については、保険期間3年以上かつ**最高解約返戻金率が50%**を超える定期保険・第三分野の保険の保険料は、以下の経理処理となりました。

> ことば
> **長期平準定期保険**：保険期間満了時70歳を超えていて、かつ「加入時年齢＋保険期間×2＞105」となる定期保険。加入時年齢50歳、保険期間満了時90歳なら50＋40×2 ＞105なので、長期平準定期保険。役員が退職する際は、契約者をその役員、死亡保険金受取人を役員の遺族に変更し、保険契約を役員退職金の一部にできる。

保険料の経理処理（2019年7月8日以後の契約）

● **最高解約返戻率50%超70%以下の定期保険・第三分野の保険**

前半4割に相当する期間の保険料	4割超7.5割に相当する期間の保険料	後半2.5割に相当する取崩期間の保険料
40%を資産計上。60%を損金算入	全額を損金算入	全額を損金算入＋資産計上額を取り崩し

● **最高解約返戻率70%超85%以下の定期保険・第三分野の保険**

前半4割に相当する期間の保険料	4割超7.5割に相当する期間の保険料	後半2.5割に相当する取崩期間の保険料
60%を資産計上。40%を損金算入	全額を損金算入	全額を損金算入＋資産計上額を取り崩し

● **最高解約返戻率85%超の定期保険・第三分野の保険**

原則として開始日から、最高解約返戻率となる期間の終了日まで		最高解約返戻率となる期間の終了日以降
当初10年間の保険料	11年目以降の保険料	取崩期間の保険料
支払保険料×最高解約返戻率の90%を資産計上。残り10%を損金算入	支払保険料×最高解約返戻率の70%を資産計上。残り30%を損金算入	全額を損金算入＋資産計上額を取り崩し

4 ハーフタックスプランの仕訳

ハーフタックスプラン（福利厚生プラン、福利厚生保険）は、以下の条件を満たす法人契約の養老保険のことです。

- **被保険者**を**全役員・全従業員**
- **満期保険金と解約返戻金の受取人**を**法人**
- **死亡保険金受取人**を被保険者の**遺族**

支払保険料の2分の1を保険料積立金として資産計上、残りの**2分の1を福利厚生費**として損金算入※します。

※被保険者が満期まで生きていれば満期保険金は会社に入るので資産とみなして、2分の1を資産計上。遺族に入る死亡保険金は会社の資産とみなされないため、2分の1は損金算入。半分を損金算入できることが名前の由来。

ハーフタックスプランの仕訳

- **年間保険料200万円を支払った場合の仕訳**

年間保険料の**2分の1**（100万円）は「**保険料積立金**」として資産計上。
年間保険料の**2分の1**（100万円）は「**福利厚生費**」として損金算入。

借方		貸方	
保険料積立金	100万円	現金・預金	200万円
福利厚生費	100万円		

- **満期保険金3,000万円を受け取った場合の仕訳**【払込保険料総額2,800万円】

これまでの資産計上額は、2,800万円の2分の1の1,400万円。
保険差益は、満期保険金3,000万円－1,400万円＝雑収入1,600万円。

借方		貸方	
現金・預金	3,000万円	保険料積立金	1,400万円
		雑収入	1,600万円

※左側【借方】に現金・預金として、保険会社から支払われた満期保険金3,000万円。
右側【貸方】に保険料積立金1,400万円と雑収入1,600万円。

5 総合福祉団体定期保険

総合福祉団体定期保険※は、死亡退職金等の支払財源の確保を目的とした、被保険者を従業員（役員を含む）、死亡保険金受取人を被保険者の遺族とする**1年更新**の定期保険です。保険料は全額を損金算入することができます。

※従業員の死亡等による法人の経済的損失に備えるためのヒューマン・ヴァリュー特約を付加できる。死亡保険金等の受取人は法人限定。

過去問トレーニング

次の質問に答えなさい。

問1　事業保障資金の額を求める適切な計算式はどれか。　◀2013年1月保険

ア　短期債務額(短期借入金＋買掛金＋支払手形)＋全従業員の1年分の給与総額
イ　売掛金総額＋経営者の死亡当時の給与の半年分に相当する額
ウ　経営者の死亡当時の給与の半年分に相当する額×功績倍率

問2　Aさん（45歳）は、X社の創業社長である。自身の退職金の準備および事業保障資金の確保を目的とした次の終身保険を下記〈条件〉で解約した場合の経理処理（仕訳）として、次のうち最も適切なものはどれか。　◀2020年1月保険

保険の種類：低解約返戻金型終身保険（特約付加なし）
・契約者（＝保険料負担者）：X社　　・被保険者：Aさん
・死亡保険金受取人：X社　　・保険料払込期間：65歳満了
・死亡・高度障害保険金額：5,000万円　　・年払保険料：220万円
※解約返戻金額の80％の範囲内で、契約者貸付制度を利用することができる。
※保険料払込期間を「低解約返戻金期間」とし、その期間は解約返戻金額を低解約返戻金型ではない終身保険の70％程度に抑えている。

〈条件〉・低解約返戻金期間経過後に解約し、受け取った解約返戻金額は4,600万円である。
・X社が解約時までに支払った保険料の総額は4,400万円である。
・上記以外の条件は考慮しないものとする。

ア

借　方		貸　方	
現金・預金	4,600万円	保険料積立金 雑　収　入	4,400万円 200万円

イ

借　方		貸　方	
現金・預金	4,600万円	前払保険料 雑　収　入	2,200万円 2,400万円

ウ

借　方		貸　方	
現金・預金	4,600万円	前払保険料 定期保険料 雑　収　入	2,200万円 2,200万円 200万円

問3　長期平準定期保険（年間保険料240万円：2019年7月1日契約）に加入した場合の第1回保険料支払時における経理処理（仕訳）として、次のうち最も適切なものはどれか。

◀2014年9月保険（改）

ア

借方		貸方	
定期保険料	96万円	現金・預金	240万円
前払保険料	144万円		

イ

借方		貸方	
定期保険料	120万円	現金・預金	240万円
前払保険料	120万円		

ウ

借方		貸方	
定期保険料	240万円	現金・預金	240万円

問4　次の文章の空欄❶～❷に入る語句の組み合わせとして、次のうち最も適切なものはどれか。

◀2019年9月学科

養老保険の福利厚生プランでは、契約者（＝保険料負担者）および満期保険金受取人を法人、被保険者を（❶）、死亡保険金受取人を被保険者の遺族とすることにより、支払保険料の（❷）を福利厚生費として損金に算入することができる。

ア　❶役員　❷3分の1相当額
イ　❶役員および従業員全員　❷2分の1相当額
ウ　❶従業員全員　❷全額

答え

問1　ア

問2　ア　死亡保険金受取人＝法人とする終身保険は、法人が保険金を受け取ることができるので、支払保険料全額を保険料積立金として資産計上する。本問では、解約返戻金が4,600万円、資産計上してきた保険料積立金が4,400万円なので、差額200万円を雑収入として計上する。

問3　イ　前半6割期間での保険料支払いなので、年間保険料の2分の1を定期保険料として損金算入、2分の1を前払保険料として資産計上。

問4　イ　契約者を法人とするハーフタックスプラン（福利厚生プラン）は、被保険者＝全役員・全従業員、満期保険金と解約返戻金の受取人＝法人、死亡保険金の受取人＝被保険者（役員・従業員）の遺族とする保険で、支払保険料の2分の1を福利厚生費として損金に算入することができる。

7 損害保険の基礎知識

保険金額と保険価額の関係を覚えておく。

- 全部保険は「保険金額＝保険価額」で、実損てん補。
- 超過保険は「保険金額＞保険価額」で、実損てん補。
- 一部保険は「保険金額＜保険価額」で、比例てん補。

1 損害保険の基本用語

最初に、損害保険の基本用語を覚えておきましょう。

保険者	保険金を支払う者。主に「保険会社」
保険金	保険会社から被保険者に支払われるお金
契約者	契約を結ぶ人。保険料を支払う者。契約者＝被保険者のこともある
保険料	契約者が保険会社に払い込むお金
被保険者	保険事故（保険の対象となる事故）が起きたときに、補償を受ける人
保険の目的	保険をかける対象。火災保険での建物・家財、自動車保険での自動車
保険金額	契約時に決める保険金の額。保険事故で支払われる最高限度額
保険価額	保険の対象の評価額。保険事故が生じたときに、被保険者が被ることになる**損害の最高見積額**
全部保険	保険金額と保険価額が等しい保険
超過保険	保険金額が保険価額を上回っている保険
一部保険	保険金額が保険価額を下回っている保険
実損てん補	実損払いともいう。実際の損失額の全額を保険金として支払うこと
比例てん補	実際の損失額に保険金額と保険価額との一定割合を乗じて支払うこと
再調達価額	**保険の対象と同等のものを再築または再取得するために必要な金額**

スピード理解!!

保険会社（保険者）
保険料支払い
契約者
保険金支払い
被保険者
保険事故が発生

2 損害保険料の仕組み

損害保険の保険料も、生命保険同様、大数の法則と収支相等の原則（82ページ参照）に基づいています。また、この２つの原則に加えて、次の２つの基本原則があります。

- **給付・反対給付均等の原則（公平の原則）**：保険料や保険金は、被保険者のリスクの大きさや事故発生の確率に応じたものでなければならないという原則（例えば、危険な職業ほど保険料が高い）。
- **利得禁止の原則**：保険金の受取りによって利益を得てはならないという原則。実際の被害額（実損てん補）以上に保険金を受け取ってはいけないということ。

なお、**損害保険で受け取った保険金は非課税**※です。

※ただし、死亡保険金は、生命保険と同様、契約者・被保険者・受取人の関係によって、相続税・所得税・贈与税の対象となる。

3 保険金額と保険価額

損害保険は保険金額と保険価額との大小関係によって、**全部保険**、**超過保険**、**一部保険**に分けられます。

保険金額と保険価額の関係

全部保険 保険金額 ＝ 保険価額	**保険金額と保険価額が等しい保険** 保険価額（＝保険金額）を限度として実際の損害額が支払われる**実損てん補**。⇐ 全部補償
超過保険 保険金額 ＞ 保険価額	**保険金額が保険価額より大きい保険** 保険価額を限度として実際の損害額が支払われる**実損てん補**。保険価額を上回る保険金額は無効
一部保険 保険金額 ＜ 保険価額	**保険金額が保険価額より小さい保険** 保険金額の保険価額に対する割合に応じて保険金額が減額される**比例てん補**。⇐ 一部補償

過去問トレーニング

次の文章の（　）内にあてはまる最も適切な語句、または語句の組み合わせを選びなさい。

問1　損害保険において、（　）とは、保険の対象の評価額を示すものであり、保険事故が生じたときに被保険者が被る損害の最高見積額のことである。

◀2012年5月学科

ア　保険金額
イ　保険価額
ウ　保険の目的

問2　損害保険において、保険契約者が負担する保険料と事故発生の際に支払われる保険金は、それぞれの事故発生リスクの大きさや発生確率に見合ったものでなければならないとする考え方を、（　）という。

◀2019年9月学科

ア　大数の法則
イ　給付・反対給付均等の原則（公平の原則）
ウ　収支相等の原則

問3　損害保険において、保険金額が保険価額を下回っている（❶）の場合に、保険金額の保険価額に対する割合に応じて、保険金が削減して支払われることを（❷）という。

◀2011年5月・2015年5月学科

ア　❶　超過保険　　❷　実損てん補
イ　❶　一部保険　　❷　比例てん補
ウ　❶　超過保険　　❷　比例てん補

答え

問1　イ

保険金額と保険価額の違いは必ず覚えておくこと。保険金額は保険会社が支払う限度額。保険価額は保険の対象の評価額（損害の最高見積額）。

問2　イ

保険料や保険金は、被保険者のリスクの大きさや事故発生の確率に応じたものでなければならないという原則は、給付・反対給付均等の原則（公平の原則）。

問3　イ

保険価額の一部しか補てんしないので、一部保険。比例てん補なのは一部保険だけ。

8 損害保険の種類

自賠責保険の支払限度額3,000万円が頻出！

- 住宅総合保険は、火災に加えて、水災、盗難も補償。
- 地震保険の保険金額は、火災保険金額の30〜50%。
- 普通傷害保険は、細菌性・ウイルス性食中毒、地震は対象外。

1 火災保険

住宅物件の火災保険は、居住用の建物と建物内の家財を対象に火災や自然災害を補償するものです。

住宅火災保険と**住宅総合保険**という、主な2つの保険の違いについて覚えておきましょう。

住宅火災保険 	火災はもちろん、**風災（突風・竜巻等）**、**雪災**、ひょう災、**落雷**、爆発、破裂などの自然災害が補償される。 × 自然災害でも、**水災と地震・噴火・津波は補償対象外**
住宅総合保険 	住宅火災保険の補償範囲に加えて、**水災**（洪水による浸水や給排水設備の水漏れ等）、**盗難**、外部からの落下・衝突・飛来による損害、持ち出し（旅行、買い物中の破損、盗難など）による家財の損害も補償される。 × 自然災害でも、**地震・噴火・津波は補償対象外**

- 地震・噴火・津波、およびそれらを原因とする火災を補償するためには、**特約として地震保険への加入が必要。**
- 火災保険で補償されない「事業活動の休止・阻害による利益の減少」を補償するために、**企業費用・利益総合保険**がある。

●**支払われる保険金**：火災保険では、保険金額が保険価額の**80%以上なら実損てん補、80%未満なら比例てん補**となり、次の公式によって保険金が支払われます。

$$\text{支払われる保険金} = \text{損害額} \times \frac{\text{保険金額}}{\text{保険価額} \times 80\%}$$

失火責任法

●軽過失による失火（過失から起こした火災）の場合は、「失火ノ責任ニ関スル法律」（失火責任法）によって、隣家を全焼させても、失火者は隣家に対して損害賠償責任を負わない。[※1]

●借家人が借家を焼失させた場合は、家主に対する損害賠償責任が生じる。

※1 過失とは、人が当然払うべき注意、一般的に要求される注意を欠いていること。軽過失は程度の軽いもの、重過失は程度の重いもの（著しい不注意）。故意、重過失の場合には、損害賠償責任を負う。

2 地震保険

地震保険は、地震・噴火・津波、およびそれらを原因とする火災による被害を補償するものです。単独加入はできず、必ず**火災保険の特約**として加入します。

地震保険は、住居のみに使用される居住用建物（店舗併用住宅は可）とその住宅内の家財が補償対象です。ただし、現金、有価証券、１個（または１組）の価格が**30万円**を超える貴金属や絵画、自動車は、補償の対象外です。

地震保険の**基本料率**（地震保険の保険料を算出するもと）は、**建物の構造と所在地**によって決まります。[※2]

また、「建築年割引」「耐震等級割引」「免震建築物割引」「耐震診断割引」という最大**50%の保険料割引制度**があります。それぞれの割引制度の**重複適用はできません**。

※2 地震の多い地域と少ない地域、地震で壊れやすい建物と壊れにくい建物とで、保険料が異なる。

地震保険の保険金限度額

契約できる保険金	主契約の火災保険金額の30～50%の範囲内
支払保険金の上限	建物5,000万円、生活用動産（家財）1,000万円

● 保険金額は全損＝100%、大半損＝60%、小半損＝30%、一部損＝5%。

１年間（1月1日～12月31日）に払った地震保険の保険料は、**地震保険料控除**としてその年の所得から控除できます。

地震保険料控除の控除額

所得税	地震保険料の全額。所得税控除限度額は50,000円
住民税	地震保険料の２分の１。住民税控除限度額は25,000円

3 自動車損害賠償責任保険（自賠責保険）

自賠責保険は、**自動車損害賠償保障法**※により、自動車、二輪自動車（**原動機付自転車**を含む）の所有者と運転者に加入義務が課されている強制保険です。

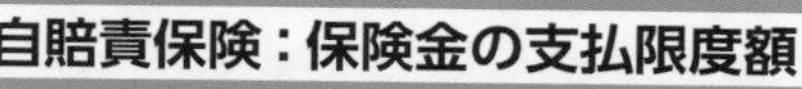

他人の身体や生命に傷害を与えた場合の保険なので、物品への損害、本人のケガ、自損事故は対象外です。

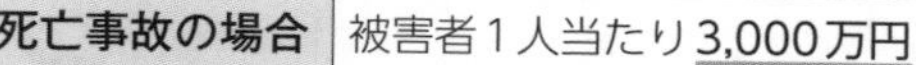

※自動車損害賠償保障法では、自動車を運転していて人身事故を起こした場合、無過失責任（故意・過失がなくても、損害賠償責任を負うこと）に近い賠償責任を課している。

自賠責保険：保険金の支払限度額

死亡事故の場合	被害者１人当たり3,000万円
傷害事故の場合	被害者１人当たり120万円 後遺障害のある場合：75万円～4,000万円

4 任意加入の自動車保険

任意加入の自動車保険には、次のような種類があります。

検定では、対人賠償保険と人身傷害保険の赤い下線部分が頻出しているよ！

自動車保険（任意保険）の種類

対人賠償保険	他人（家族以外）を死傷させてしまった場合、被害者に自賠責保険の支払限度額を超える分が支払われる保険
対物賠償保険	他人の車や壁、ガードレールなど、人の物を破損させてしまった場合の賠償額を補償する保険
自損事故保険	自損事故（自分だけで起こした単独事故）を対象とする保険。自分や搭乗者の死傷の補償をする。
無保険車傷害保険	十分な賠償ができない他の車（加害者）に衝突され、死亡、後遺障害を被った場合を対象とする保険
搭乗者傷害保険	被保険自動車（契約車）に乗車中の人（運転者・同乗者）が死傷した場合を対象とする保険
車両保険	盗難、衝突、火災、爆発、台風、洪水などの事故による契約車両の損害に対して補償される保険。自宅敷地内での自損事故も補償される。
人身傷害保険（人身傷害補償保険）	被保険者や家族が自動車事故で死傷した場合、自身の過失部分（操縦ミスなど）も含めて（過失割合にかかわらず）損害額全額（入院・通院費等の治療費、休業補償、慰謝料など）が支払われる保険
リスク細分型自動車保険	性別、年齢、運転歴、地域、使用目的、年間走行距離その他の属性によって保険料を算定する保険。一般に、通勤使用よりもレジャー使用のほうが割安になる。

スピード理解!!

自賠責保険の保険金を超える分の補償
→対人賠償保険
操縦ミスなど、自身の過失による死傷事故の補償
→人身傷害保険

5 賠償責任保険

賠償責任保険は、偶然の事故で他人の財産や身体を傷つけ、損害賠償責任を負った場合を対象とする保険です。

賠償責任保険の種類

個人賠償責任保険	日常生活の事故で他人の財産や身体を傷つけた場合の賠償責任を補償する保険。自身のほか、**生計を共にする家族（別居している未婚の子も含む）の賠償責任**も補償する。**業務上の事故、自動車事故は補償対象外** **補償対象例**：子どもが陳列商品を壊した。飼い犬が人にケガをさせた。水漏れで損害を与えた **対象外の例**：借りている物を壊した。家族の物を壊した。運転中、仕事中、国外、ケンカでの事故。地震、噴火、津波による損害
生産物賠償責任保険（ＰＬ保険）	**企業等が製造・販売した商品による事故**が発生した場合に、損害賠償金や訴訟費用を補償する保険 **補償対象例**：製造した弁当やレストランの料理で食中毒が発生。工事の不備が原因で事故 **対象外の例**：リコールの費用。欠陥品の修理費用
受託者賠償責任保険	**他人から預かった物**に対する損害賠償責任を補償する保険 **補償対象例**：ホテルのクロークで顧客から預かった荷物の紛失・盗難・焼失・破損等による損害賠償
施設所有（管理）者賠償責任保険	施設の管理の不備、または従業員等の業務活動中のミスによる損害賠償責任を補償する保険 **補償対象例**：施設内の遊具や落下物によるケガ。従業員の不手際やミスで店舗内の客がケガ

赤い下線部分と、赤い囲みの対象・対象外の正誤が頻出！

6 傷害保険

傷害保険は、様々なケガ（急激かつ偶然な外来の事故による傷害）を被った場合に保険金が支払われます。

傷害保険の保険料は、原則として職業や職種によって異なります。性別・年齢による違いはありません。

代表的なものに、**普通傷害保険**、**家族傷害保険**、**海外旅行（傷害）保険**があります。

親族：本人の6親等内の血族および3親等内の姻族（婚姻によって親族になった者）。

傷害保険の種類

普通傷害保険	国内と海外での日常生活（旅行中を含む）での傷害を補償する保険。病気、地震・噴火・津波は対象外 補償対象例：サッカーで骨折。旅行中のケガで破傷風に感染して入院。出張先の火災でやけど 補償対象外の例：虫垂炎等の病気、インフルエンザ、細菌性食中毒、ウイルス性食中毒、日射病、靴ずれ。地震・噴火・津波が原因のケガ
家族傷害保険	普通傷害保険と同じ補償を本人、配偶者、生計を共にする同居の親族、別居の未婚の子が受けられる保険。保険料は被保険者本人の職種級別を基準に算出される
海外旅行（傷害）保険	海外旅行のために自宅を出発してから帰宅するまでの間に負ったケガと病気を補償する保険。 食中毒、地震・噴火・津波は補償対象
国内旅行（傷害）保険	国内旅行のために自宅を出発してから帰宅するまでの間に負ったケガを補償する保険。食中毒は補償対象。 地震・噴火・津波は補償対象外
交通事故傷害保険	国内と海外での交通事故、移動中の事故（建物内、エレベーター、エスカレーター）を対象とする保険。 ファミリー交通傷害保険は、家族も補償対象

普通傷害保険の対象・対象外の正誤が頻出！

過去問トレーニング

適切なものには○、不適切なものには×をしなさい。

問1 「失火責任法」において、借家人が軽過失によって火事を起こし、借家と隣家を焼失させた場合、借家の家主に対して損害賠償責任を負う。また、隣家所有者に対して損害賠償責任を負わない。 ◀2022年1月学科

問2 個人賠償責任保険の補償の対象となるものには○、補償の対象とならないものには×をしなさい。 ◀2018年5月資産

❶ 会社の業務で、書類を金融機関に届けるため自転車で走行中に、誤って歩行者と接触し、ケガをさせてしまった。

❷ 友人たちとゴルフをプレー中に、誤ってゴルフボールを他のプレイヤーに当て、ケガをさせてしまった。

❸ デパートで買い物中に、陳列されている商品を誤って落とし、壊してしまった。

問3 損害保険に関する次の記述の正誤を答えなさい。
◀2012年5月資産、2013年9月・2020年1月学科

❶ 住宅火災保険は、風災・雪災・ひょう災・落雷といった自然災害による損害を補償の対象としていない。

❷ 居住用建物を火災保険金額1億2,000万円で契約した場合、地震保険の限度額も1億2,000万円である。

❸ 家族傷害保険において補償の対象となる家族の範囲には、被保険者本人またはその配偶者と生計を共にする別居の未婚の子が含まれる。

問4 自動車を運行中にハンドル操作を誤ってガードレールに衝突し、被保険者である運転者がケガを負った場合、人身傷害保険による補償の対象となる。 ◀2024年1月学科（改）

問5 自動車損害賠償責任保険（以下「自賠責保険」という）に関する次の記述の正誤を答えなさい。 ◀2014年5月資産・2023年9月学科

❶ 自賠責保険は、自動車損害賠償保障法によって加入が義務付けられた自動車保険であり、原動機付自転車も加入の対象とされている。

❷ 自賠責保険において、被害者1人当たりの保険金の支払限度額は、加害車両が1台の場合、死亡による損害については3,000万円、傷害による損害については120万円である。

❸ 自賠責保険では、自動車の修理代などの物損は保険金の支払い対象とならない。

問6 ホテルが、クロークで顧客から預かった衣類や荷物の紛失や盗難により、法律上の損害賠償責任を負担した場合に被る損害に備える保険は、施設所有（管理）者賠償責任保険である。 ◀2019年1月学科

問7 個人賠償責任保険に関する次の記述の正誤を答えなさい。
◀2012年5月・2013年9月・2014年1月・2015年9月学科

❶ 被保険者が友人から借りたカメラを誤って破損した場合、保険金支払の対象となる。

❷ 被保険者が飼っている犬が他人にかみついてケガをさせ、法律上の損害賠償責任を負った場合、補償の対象となる。

❸ 被保険者が自動車の運転によって他人を死傷させ、法律上の損害賠償責任を負った場合、保険金支払の対象となる。

問8 普通傷害保険の支払い対象となるケースには○、ならないケースには×をしなさい。 ◀2017年1月資産

❶ 勤務先でガス爆発事故が発生し手にやけどを負い、通院した。

❷ 昨日食べた料理が原因で細菌性食中毒にかかり、入院した。

❸ 真夏の炎天下で野球をしていて日射病にかかり、入院した。

答え

問1 ○ 重過失でない限り、借家の家主に対して賠償責任を負うが隣家に対しては負わない。

問2 個人賠償責任保険に関する問題。

❶ × 業務上の事故、自動車事故については補償対象外。

❷ ○ 誤って他人にケガをさせてしまった場合は補償対象となる。

❸ ○ 誤って店の陳列商品を壊した場合は補償対象となる。

問3 損害保険に関する問題。

❶ × 自然災害による損害（風災・雪災・ひょう災・落雷）は補償対象なので誤り。ただし、自然災害でも水災と地震・噴火・津波は対象外。

❷ × 地震保険で契約できる保険金は、主契約の火災保険金額の30～50%の範囲内で、支払限度額は居住用建物5,000万円、家財1,000万円。

❸ ○ 仕送りを受けている学生（別居、未婚の子）なども含む。

問4 ○ 人身傷害保険では、自動車事故における自己の過失部分も含めて、損害額全額が保険金の支払い対象となる。

問5 自賠責保険に関する問題。

❶ ○ 加入義務がある強制保険で、二輪自動車や原付も含む。

❷ ○ 自賠責保険の支払限度額は、被害者１名につき、死亡3,000万円、傷害120万円（後遺障害の場合には75万円～4,000万円）。

❸ ○ 自賠責保険は、対人賠償が対象で、修理代等の対物賠償は対象外。

問6 × 他人から預かった物に対する損害賠償責任を補償する保険は、受託者賠償責任保険。施設所有（管理）者賠償責任保険は、施設の管理の不備、または従業員等の業務活動中のミスによる損害賠償責任を補償する保険である。

問7 個人賠償責任保険に関する問題。

❶ × 他人から預かった物や借りた物は、補償対象外。

❷ ○ 子どもが陳列商品を壊したり、飼い犬が人にケガをさせたりした場合も補償される。

❸ × 自動車運転中の事故は補償対象外。

問8 普通傷害保険の支払い対象に関する問題。

❶ ○ 通勤時、出張先なども含めて、業務中のケガは補償の対象。

❷ × 虫垂炎等の病気、インフルエンザ、細菌性食中毒、ウイルス性食中毒は補償の対象外。

❸ × 靴ずれ・日射病・車酔い等は補償の対象外。

9 第三分野の保険

がん保険の給付金がよく出題されている！

- 終身医療保険の主契約の保険料は一定。
- がん保険の待機期間は一般に３カ月（90日）。
- 収入減に備える所得補償保険、死亡に備える収入保障保険。

第一分野の保険は「生命保険」、第二分野の保険は「損害保険」です。第三分野の保険は、生命保険会社、損害保険会社のいずれでも扱うことができる保険です。

1 医療保険

医療保険は、病気やケガにより入院した場合や手術を受けた場合に給付金が支払われる保険です。１入院につき60日、通算で1,000日などの限度日数が、商品ごとに定められています。**終身医療保険**は、保障内容を変更しなければ主契約の**保険料は一定**です。

医療保険では、退院日の翌日から**180日以内に同じ病気で再入院**した場合は**１回の入院**とみなされるため、入院給付金の支払日数が前回の入院と合算されて、１入院当たりの給付日数制限を受けることがあります。

2 がん保険

がん保険は、対象をがん（白血病を含む）に限定した保険です。がんと診断されたときの**診断給付金**、入院したときの**入院給付金（支払日数は制限なし）**、手術を受けるたびに支払われる**手術給付金**などがあります。がん保険には、一般に契約日から**3カ月（90日）の免責期間（待機期間）**があり、免責期間中にがんと診断された場合、給付金は支払われず、契約自体が無効になります。ただし、それまでに支払った保険料は返ってきます。また、初期のがんには保険金が出ない保険もあります。

> ことば
> **免責期間**：免責期間を設けることで、がんを疑っている人が駆け込みで加入した場合の保障を無効にできるようにしている。

3 介護保障保険

民間の**介護保障保険（介護保険）**は、被保険者が**要介護認定**を受けた場合、**一時金、年金、一時金と年金の併用**のいずれかの形で保険金を受け取ることができます。

なお、「介護保障保険」は生命保険会社が取り扱うのに対し、「介護補償保険」は損害保険会社が取り扱う介護保険となっています。

4 所得補償保険

所得補償保険は、会社員や自営業者などが病気やケガで※仕事ができなくなった場合の**収入減を補う保険**です。税込み年収の最大60％程度が補償され、一定期間、毎月一定の金額を受け取ることができる保険となります。

似ている名前の**収入保障保険**（94ページ）は、世帯主である被保険者が**死亡、または高度障害**の場合、年金のように毎月決められた金額の給付金（もしくは一時金）を受け取ることができる保険です。

※国内外・日常生活・業務中・旅行中などにかかわらず、すべて補償対象。

スピード理解!!

所得補償保険	世帯主の収入減に備える
収入保障保険	世帯主の死亡・高度障害に備える

過去問トレーニング

適切なものには○、不適切なものには×をしなさい。

問1 □ □ 入院保障を準備するための保険として、終身医療保険がある。この保険は、病気やケガによる入院や所定の手術を受けた場合の保障が一生涯続き、保障内容を変更しなければ、主契約の保険料は保険期間の途中で上がることはない。

◀2014年1月保険

問2 □ □ がん保険では、一般に、責任開始日前に180日程度の免責期間が設けられており、その期間中にがんと診断されたとしてもがん診断給付金は支払われない。

◀2020年1月・2022年5月学科

問3 □ □ 収入保障保険の死亡・高度障害保険金は、契約時に定めた年金額が一定期間にわたって支払われるが、一時金で支払われることはない。

◀2017年1月学科

答え

問1 ○

終身医療保険は、保障内容を変更しなければ主契約の保険料は一定。

問2 ×

がん保険では、責任開始日前の３カ月（90日）の待機期間（免責期間）中にがんと診断された場合、契約は無効になる。責任開始日とは、保険会社に保険契約上の履行義務（保険金の支払等）が発生する日のことで、保険会社の承諾を前提として、「申込み」、「告知・診査」、「第１回保険料払込み」の３つがすべて完了した日を指す。

問3 ×

「収入保障保険」は、世帯主である被保険者が死亡、または高度障害になった場合、年金のように毎月決められた金額の給付金、もしくは一時金で受け取ることができる保険である。

保険証券の見方と保険の見直し

主に「保険顧客資産相談業務」（金財）で出題！

- 不慮の事故による死亡には、終身保険、定期保険特約、特定疾病保障定期保険特約、傷害特約、災害割増特約等から保険金が出る。

「保険証券の見方」や「保険の見直し」は、保険に関する総合的な知識が問われる分野で、FPにとって必須の知識といえます。

1 必要保障額

必要保障額とは、世帯主の生命保険で準備しておきたいお金の目安となる金額、つまり世帯主が死亡したときに遺族に必要となる金額のことです。

必要保障額の計算

必要保障額＝死亡後の総支出－総収入

- 「死亡後の総支出」には、遺族の生活費、葬儀費用、教育資金・結婚援助資金等を算入する。世帯主が団体信用生命保険に加入していた住宅ローンのローン残債は、団体信用生命保険から支払われるため総支出に算入しない。
- 「総収入」には、遺族の公的年金総額や給与収入、死亡退職金見込額、保有している金融資産等を算入する。
- ・必要保障額の計算問題では、「加入している生命保険の保障金額は考慮しない」（総収入に含めない）という問題がほとんど。

2 保険証券の見方

「保険顧客資産相談業務」(金財) を受験するなら、このページの赤い下線部分は、必ず覚えておくこと!

実技検定では、「生命保険の契約内容」を提示した上で、契約内容を説明する文の正誤や死亡保険金の金額を問う問題が出題されます。

出る

死亡時、診断時の保険金

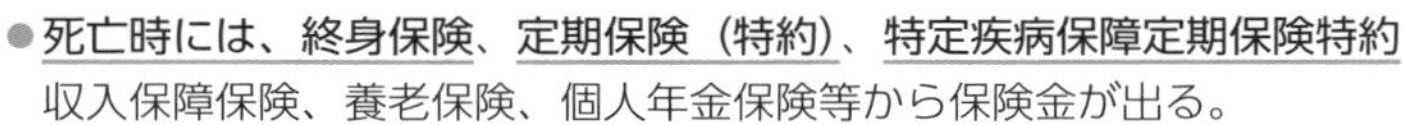

- 死亡時には、終身保険、定期保険（特約）、特定疾病保障定期保険特約、収入保障保険、養老保険、個人年金保険等から保険金が出る。
- 不慮の事故による死亡なら、傷害特約、災害割増特約が上乗せされる。
- 余命6カ月の診断で、リビング・ニーズ特約から保険金が支払われる。
- 脳卒中・がん・急性心筋梗塞の診断で、特定疾病保障定期保険特約から保険金が支払われる。

3 保険の見直し

保険の見直し問題でも、出題範囲はほぼ決まっています。

タイセツ!

出る

保険見直しの頻出ポイント

- 必要保障額が死亡保険金額設定の目安。子どもの成長などで、必要保障額が減っていく場合は死亡保障を減額。または逓減定期保険、収入保障保険へ加入。
- 世帯主の保険契約の特約として妻の医療保障が付加されている場合、世帯主の死亡で特約である妻の医療保障が消滅する。妻独自の保障が必要ならば、妻を被保険者とする生命保険に新規加入する必要がある。
- 死亡保険金額の増額などの変更のためには、契約転換制度の利用を検討。
- 死亡保険金額が少ない場合に、遺族の生活保障として収入保障保険へ加入。
- 40歳以上は公的介護保険への加入義務がある。40歳までに要介護状態となるリスクを重視するなら、民間の介護保険を検討する必要がある。
- 教育資金を準備する保険として学資（こども）保険がある。契約者が死亡した場合、それ以降の保険料払込が免除され、学資祝金や満期祝金を受け取ることができる。保険契約は継続する。(22ページ参照)

過去問トレーニング

次の問いに答えなさい。

問1 会社員のAさん（32歳）は、専業主婦である妻Bさん（29歳）および長女Cさん（1歳）との3人暮らしである。

ファイナンシャル・プランナーのMさんは、現時点の必要保障額を試算することにした。下記の〈算式〉および〈条件〉に基づき、Aさんが現時点で死亡した場合の必要保障額は、次のうちどれか。

◀2019年5月保険

〈算式〉
必要保障額＝遺族に必要な生活資金等の総額－遺族の収入見込金額

〈条件〉
1．長女Cさんが独立する年齢は、22歳（大学卒業時）とする。
2．Aさんの死亡後から長女Cさんが独立するまで（21年間）の生活費は、現在の日常生活費（月額25万円）の70%とし、長女Cさんが独立した後の妻Bさんの生活費は、現在の日常生活費（月額25万円）の50%とする。
3．長女Cさん独立時の妻Bさんの平均余命は、38年とする。
4．長女Cさんの教育資金および結婚援助資金の総額は、1,500万円とする。
5．Aさんの死亡整理資金（葬儀費用等）・緊急予備資金は、500万円とする。
6．金融資産（預貯金等）の合計額は、1,400万円とする。
7．Aさん死亡後に妻Bさんが受け取る公的年金等の総額は、6,100万円とする。
8．Aさんが現在加入している生命保険の保障金額は考慮しなくてよい。

ア 4,610万円
イ 6,010万円
ウ 10,110万円

問2　会社員のＡさん（40歳）は、専業主婦である妻Ｂさん（30歳）と長男Ｃさん（３歳）との３人家族である。Ａさんは、現在加入している生命保険の各種特約がもうすぐ更新時期を迎えるため、保障内容を再確認したいと思っている。そこで、Ａさんは、友人であるＤさんから紹介されたファイナンシャル・プランナーのＭさんに相談することにした。Ａさんが現在加入している生命保険の契約内容は、以下のとおりである。

◀2014年9月保険（改）・2021年5月学科（改）

〈Ａさんが現在加入している生命保険の契約内容〉
保険の種類：定期保険特約付終身保険
契約年月日：2015年7月1日
契約者（＝保険料負担者）・被保険者：Ａさん
死亡保険金受取人：妻Ｂさん

主契約および付加されている特約の内容	保障金額	払込・保険期間
終身保険	100万円	65歳・終身
定期保険特約	2,600万円	10年
特定疾病保障定期保険特約	300万円	10年
傷害特約	500万円	10年
災害割増特約	500万円	10年
疾病入院特約	1日目から日額5,000円	10年
災害入院特約	1日目から日額5,000円	10年
リビング・ニーズ特約	—	—

※上記以外の条件は考慮せず、各問に従うこと。

❶　FPのMさんは、Aさんが現在加入している生命保険の保障内容について説明した。Mさんが、Aさんに対して説明した以下の文章の空欄①～③に入る語句の組み合わせとして、次のうち最も適切なものはどれか。

> ⅰ）仮に、Aさんが、がん、急性心筋梗塞、（①）により所定の状態となった場合、特定疾病保障定期保険特約から特定疾病保険金を受け取ることができます。
> ⅱ）仮に、Aさんが余命（②）以内と判断された場合、リビング・ニーズ特約により、対象となる死亡保険金額の範囲内で特約に基づく保険金を生前に受け取ることができます。
> ⅲ）仮に、現時点でAさんが不慮の事故により亡くなった場合、妻Bさんが受け取ることができる死亡保険金の額は、（③）となります。

ア　① 脳卒中　② 6カ月　③ 4,000万円
イ　① 脳卒中　② 12カ月　③ 3,700万円
ウ　① 糖尿病　② 6カ月　③ 3,200万円

❷　Mさんは、生命保険の見直し等についてアドバイスした。Mさんの、Aさんに対するアドバイスとして、次のうち最も適切なものはどれか。

ア　「私はDさんが現在加入している生命保険の保険証券の写しを預かっています。AさんはDさんの幼なじみと伺っておりますので、Dさんの保険証券の写しを差し上げます。生命保険の見直しを検討する際の参考としてご活用ください」

イ　「Aさんが現在加入している生命保険の各種特約を同一の保障内容で更新した場合、更新後の保険料は更新前よりも高くなります。これを機に、Aさんの必要保障額を改めて試算し、支出可能な保険料の範囲内で保障内容の見直しを検討してはいかがでしょうか」

ウ　「長男Cさんの将来の教育資金を準備するための保険として、学資（こども）保険があります。この保険は、保険期間中に契約者である親が死亡した場合、一般に、既払込保険料相当額の死亡保険金が支払われて契約は消滅します」

答え

問1　ア

〈支出〉

1．2．3．　Aさん死亡後の生活費

・Cさんが独立するまで…25万円×70%×12カ月×21年＝4,410万円

・Cさん独立後…25万円×50%×12カ月×平均余命38年＝5,700万円

　計4,410万円＋5,700万円＝10,110万円

4. 教育資金および結婚援助資金…1,500万円

5. 死亡整理資金（葬儀費用等）・緊急予備資金…500万円

　総支出＝10,110万円＋1,500万円＋500万円＝12,110万円

〈収入〉

6. 金融資産（預貯金等）の合計額…1,400万円

7. 妻Bさんが受け取る公的年金総額…6,100万円

8. 現在加入している生命保険の死亡保険金額は考慮しない。

　総収入＝1,400万円＋6,100万円＝7,500万円

　したがって、

　必要保障額＝総支出12,110万円－総収入7,500万円＝4,610万円

問2

❶　ア

①「特定疾病保障定期保険特約」は、「脳卒中」・がん・急性心筋梗塞になった場合に保険金が支払われる。

②リビング・ニーズ特約は、ケガや病気の種類を問わず、余命「6カ月」以内と判断された場合、死亡保険金の範囲内で特約保険金を請求できる。

③「終身保険」、「定期保険特約」、「特定疾病保障定期保険特約」、「傷害特約」、「災害割増特約」の5つから、保険金が支払われる。

　100万円＋2,600万円＋300万円＋500万円＋500万円＝4,000万円

「特定疾病保障定期保険特約」は、死亡・高度障害状態に陥った場合に、原因が特定疾病でなくても保険金が支払われる。「傷害特約」は不慮の事故による死亡（後遺障害）の場合、「災害割増特約」は不慮の事故による死亡（高度障害）の場合に、保険金が支払われる。

❷　イ

ア　FPには顧客の個人情報に対する「守秘義務」があるので、顧客情報が記載された保険証券の写しを第三者に渡すことは許されない。

ウ　学資保険の契約者が死亡した場合、それ以降の保険料払込が免除され、学資祝金や満期祝金を受け取ることができる。契約は継続する。

Part 3

金融資産運用

赤い下線と赤い囲みに
注目して覚えていけば
必ず合格できるよ!!

Contents ここで学習すること

1 経済・金融の基礎知識
2 金融商品に関する法律
3 貯蓄型金融商品
4 債券
5 株式
6 投資信託
7 金融商品と税金
8 外貨建て金融商品
9 ポートフォリオとデリバティブ取引

1 経済・金融の基礎知識

3級では基本的な用語説明の問題が出るだけ！

- 企業物価指数は企業で取引される商品の価格変動を示す。
- 公開市場操作では、売りオペで金融引締め（市場の資金を吸収）、買いオペで金融緩和（市場へ資金を供給）。

1 経済指標の基本用語

最初に、経済指標の基本用語を覚えておきましょう。次の表に、過去14年間の３級の「経済指標」に関する問題をすべて解ける知識をまとめておきます。

国内総生産（GDP）	一定期間内に国内で生産された財やサービスの付加価値の総額。日本企業でも外国で生産された付加価値は含まない。物価変動を加味しないものが名目GDP、物価変動を考慮した（取り除いた）ものが実質GDP。GDPの変動（増加率）を経済成長率という。内閣府が発表
景気動向指数	生産、雇用などの景気の現状把握および将来予測に資するために作成された統合的な景気指標。内閣府が発表→次ページ
日銀短観	全国企業短期経済観測調査。約１万社の企業を対象に経済状況や先行きの見通しについて、日銀が年４回、実施するアンケート調査
業況判断DI	日銀短観で公表される企業の景況感を表す指数。業況（個々の企業ないし産業の景気状況）について「良い」と回答した企業の割合から、「悪い」と回答した企業の割合を引いた数値。下落は株価下落の兆候
消費者物価指数	一般消費者（家計）が購入する商品やサービスの価格変動を表した指数。総務省が発表
企業物価指数	企業間の取引や貿易取引における商品の価格変動を表した指数。国際商品市況や外国為替相場の影響を受けやすい。日銀が発表
完全失業率	労働力人口に占める完全失業者の割合
マネーストック	金融部門から経済全体に供給されている通貨の総量。一般法人、個人、地方公共団体が保有する通貨量の残高を集計したもの。日銀が発表
家計調査	総務省統計局が家計の収入や支出の実態を把握するために行う調査

2 景気動向指数

景気動向指数は、経済活動の代表的な指標を、景気に対して「先行して動く・一致して動く・遅れて動く」という3系列に分類して算出するもので、CIとDIがあります。

CIは景気変動の大きさやテンポ（量感）を示し、**CIの一致指数が上昇**しているときは**景気の拡張局面**といえます。平成20年からCIが公表の中心となっています。**DI**は景気の各経済部門への波及の度合い（波及度）を示します。

ことば

CI：コンポジット・インデックス

DI：ディフュージョン・インデックス

景気動向指数に使われる代表的な指標

先行指数	景気の動きに先行して動く指標 ●長短金利差　●実質機械受注　●東証株価指数（TOPIX）など
一致指数	景気の動きに一致して動く指標 ●有効求人倍率　●鉱工業生産指数 など
遅行指数	景気の動きから遅れて動く指標 ●家計消費支出　●完全失業率　●消費者物価指数 など

3 インフレとデフレ

インフレ（インフレーション）では、**物価が上昇**し、貨幣価値が低下、資金需要が増大して**市中金利（住宅ローン等の金利）が上昇**する傾向がみられます。為替の円安・外貨高は、輸入品の価格の上昇を招き、インフレ要因となります。インフレへの備えとしては、預貯金より株式や株式投資信託への投資の方が適しているといわれています。

デフレ（デフレーション）では**物価が下降**し、貨幣価値が上昇、資金需要が減少して**市中金利（住宅ローン等の金利）が低下**する傾向がみられます。

ことば

為替：現金以外の方法で金銭を決済する方法の総称。為替レートは、自国通貨と外国通貨の交換比率。一般に、A国の市場金利が上昇、B国の市場金利が低下すると、為替相場では、A国通貨高、B国通貨安の要因となる。

4 金融市場

金融市場とは、お金の貸し借りをしている市場のことです。**短期金融市場**（1年未満の取引期間で資金を調達・運用する市場の総称）と**長期金融市場**（1年以上の取引期間で資金を調達・運用する市場の総称）があります。

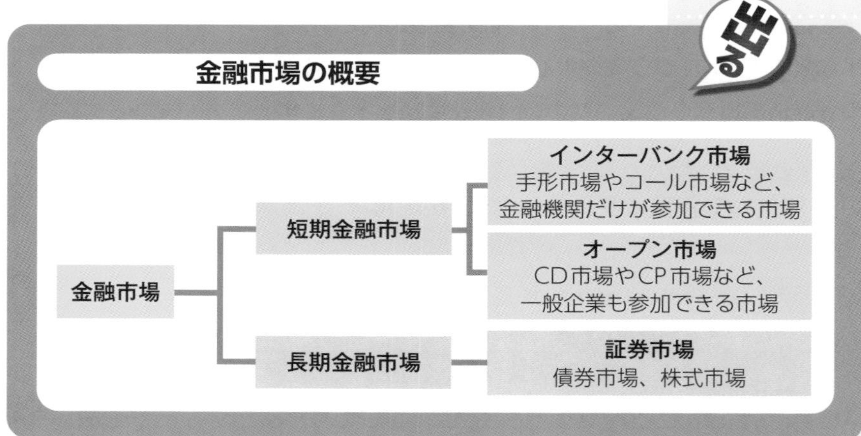

5 日銀の金融政策

公開市場操作と**預金準備率操作**が主な金融政策です。

公開市場操作は、短期金融市場への資金供給量や金利を調整することです。**売りオペ**は、日銀が保有する有価証券等を民間金融機関に売却し、**市場の資金（通貨量）を減らして市場金利を上昇**させる政策です。**買いオペ**は、金融機関の保有する有価証券等の買入を行い、**市場の資金（通貨量）を増やして市場金利を低下**させる政策です。

金融機関は**一定割合（預金準備率）**の預金量を日銀に預ける義務があります。**預金準備率操作**は、預金準備率の引上げで市場の資金を減らしたり（金利は上昇）、預金準備率の引下げで市場の資金を増やしたり（金利は低下）する政策です。

ことば

CD：第三者への譲渡が可能な銀行の譲渡性預金証書。自由金利が特徴。

CP：短期資金調達のために発行する無担保の約束手形。

売りオペ：売りオペレーション。好景気（インフレ）のときに、通貨量を減らす政策。

買いオペ：買いオペレーション。不景気（デフレ）のときに、通貨量を増やす政策。

過去問トレーニング

適切なものには○、不適切なものには×をしなさい。
また（　）内には、適切な語句、数値を入れなさい。

問1　国内総生産（GDP）は、一定期間内に生産された付加価値の総額を示すものであり、日本企業が外国で生産した付加価値も含まれる。

◀2019年1月学科

問2　物価が継続的に下落して相対的に通貨価値が上昇する（❶）の経済状況下においては、一般に資金需要の減少による市中金利の（❷）がみられる。

◀2012年5月学科

問3　一般に、景気動向指数のコンポジット・インデックス（CI）の一致指数が上昇しているときは、景気の拡張局面といえる。　◀2020年1月学科

問4　全国企業短期経済観測調査（日銀短観）は、企業間で取引されている財に関する物価の変動を測定した指標である。　◀2021年1月学科

問5　日本銀行の金融政策の1つである（❶）により、日本銀行が金融機関の保有する有価証券の買入を行えば、市中に出回る資金量が（❷）する。

◀2020年1月学科

問6　短期金融市場のうち、金融機関のほか、事業法人や地方公共団体なども参加し、コール取引などが行われている市場を、インターバンク市場という。

◀2019年9月学科

答え

問1　×　国内総生産（GDP）は、一定期間内に国内で生産された付加価値の総額。日本企業が「外国で」生産した付加価値は含まれない。

問2　❶（デフレーション）　❷（低下）

問3　○　CIの一致指数が上昇しているときは景気の拡張局面。

問4　×　日銀短観は日銀が年4回、約1万社を対象に実施する短期の業況についてのアンケート調査。問題文は企業物価指数を説明したもの。

問5　❶（公開市場操作）　❷（増加）

問6　×　インターバンク市場には、銀行・保険会社・証券会社などの金融機関だけが参加できる。

2 金融商品に関する法律

簡単な問題。しかも頻出！ 確実に加点したい分野。

- 預金保険制度では外貨預金は保護の対象外。
- 金融商品取引法で、顧客に不適当と認められる勧誘を行ってはならないとしているのは「適合性の原則」。

1 預金保険制度

預金保険制度は、金融機関が破綻したときに、顧客の**預貯金**を保護する制度です。**保険**は、たとえ銀行の窓口で契約しても、**預金保険制度の保護対象ではありません**。

預金保険制度で保護される預金

保護の対象	保護される最大限度額
定期預金、普通預金、金融債など、**元本保証型の預貯金**	金融機関ごとに預金者1人当たり**元本1,000万円とその利息を保護**
当座預金、無利息型普通預金など、無利息・要求払い・決済サービスを提供する**決済用預金**	**全額を保護**

- 外貨預金、譲渡性預金（金融市場で売却できる定期預金）は、保護の対象外。
- 民営化後のゆうちょ銀行の貯金は保護の対象（民営化前の貯金は国が保護）。

2 金融ADR制度

金融ADR制度は、金融機関と利用者の間のトラブルを、訴訟によらずに解決する裁判外紛争解決手続きです。※

※ 指定紛争解決機関に全国銀行協会、証券・金融商品あっせん相談センター、生命保険協会、日本損害保険協会がある。

3 日本投資者保護基金

金融商品取引法に基づいて設立された**日本投資者保護基金**は、投資者保護を目的とする機関で、**国内証券会社**が経営破綻し、**株式、債券、投資信託、外貨建てＭＭＦ**などが返還されない場合に、１人**1,000万円**まで補償します。[※1]

4 金融サービス提供法

金融サービス提供法（金融サービスの提供及び利用環境の整備等に関する法律）では、金融商品販売業者等が金融商品[※2]の販売等に際し、顧客に対して**重要事項の説明**をしなかったことや、**断定的判断の提供**等を行ったことにより、顧客に損害が生じた場合の**損害賠償責任**について定められています。また、**金融サービス仲介業**は内閣総理大臣の登録を受けた者に限ることも規定しています。

5 金融商品取引法

金融商品取引法では、金融商品取引業は内閣総理大臣の登録を受けた者でなければ行うことができないとしています。また、**適合性の原則**といって顧客の知識、経験、財産の状況および契約を締結する目的に照らして不適切と認められる勧誘を行ってはならないという規則を定めています。

6 貸金業法

貸金業法では、個人が消費者金融会社の消費者ローン等を利用する場合、総量規制により、１人当たりの無担保借入額（または利用枠）の合計額は、原則として、他社借入れ分を含めて**年収額の３分の１以内**とされています。

※1　銀行は日本投資者保護基金に加入していないので、銀行で購入した投資信託は、投資者保護基金の補償の対象外。ただし、原則として投資信託は分別管理が義務付けられているため、信用リスク（経営破綻）の影響を受けない。なお、証券会社が取り扱っている外国為替証拠金取引（FX取引）は補償の対象外である。

※2　預貯金、株式、国債・地方債・社債、投資信託、保険・共済、外国為替証拠金取引（FX）、デリバティブ取引、海外の商品先物取引も金融商品として適用対象。

ことば

重要事項の説明：元本欠損が生ずるリスクなどの説明。説明不要と意思表示した顧客や機関投資家等（特定顧客）には、適用除外。

断定的判断の提供：「絶対に損しません」などと断定して、販売すること。特定顧客への販売でも行ってはいけない。

過去問トレーニング

適切なものには○、不適切なものには×をしなさい。
また、（　）のあるものには適切な語句、数値を入れ、選択肢があるものは正しい記号を答えなさい。

問1 国内銀行に預け入れられた外貨預金は、預金保険制度の保護の対象となる。
◀2019年9月学科

問2 預金保険制度の対象金融機関に預け入れた（　）は、預入金額の多寡にかかわらず、その全額が預金保険制度による保護の対象となる。
◀2022年9月学科

問3 次のうち、日本投資者保護基金の補償の対象となるものはどれか。

ア 銀行で購入し銀行で管理されている投資信託
イ 証券会社が取り扱っている外国為替証拠金取引（FX取引）の証拠金
ウ 証券会社が保管の委託を受けている外貨建てMMF

※いずれも日本国内の銀行、会社とする。
◀2018年1月学科（改）

問4 金融商品取引法に定める適合性の原則により、金融商品取引業者等は、金融商品取引行為について、顧客の知識、経験、財産の状況および金融商品取引契約を締結する目的に照らして、不適当な勧誘を行ってはならないとされている。
◀2018年5月学科

問5 個人が消費者金融会社の消費者ローンを利用する場合、貸金業法の総量規制により、1人当たりの無担保借入額（または利用枠）の合計額は、原則として、他社借入れ分を含めて（　）の3分の1以内とされている。
◀2019年5月学科

答え

問1 × 外貨預金は預金保険制度の保護の対象外。

問2 （決済用預金） 当座預金や無利息普通預金など、無利息・要求払い・決済サービスを提供する決済用預金は全額保護される。

問3 ウ 銀行で購入した投資信託は、日本投資者保護基金の保護の対象外。FXも日本投資者保護基金の保護の対象外。

問4 ○ なお、「知識、経験、財産の状況」の部分が問われることもある。

問5 （年収額） 個人の無担保借入額は、年収額の3分の1以内。

3 貯蓄型金融商品

数年後の元利合計を求める問題が頻出！

- 1年複利の場合→元利合計＝元本×（1＋年利率）^{年数}
- 単利と複利で、○年後の元利合計を計算できるようにしておくこと。

貯蓄型金融商品とは、**元本**（当初預けた金額）が保証される**預貯金**のことです。

銀行や信用組合に預けるお金を**預金**、郵便局や農協に貯えるお金を**貯金**といいます。

1 固定金利と変動金利

固定金利は適用金利が変わらないこと、**変動金利**は一定期間ごとに適用金利が見直されることをいいます。運用をする場合には、金利の上昇局面では変動金利型、金利の下落局面では固定金利型の金融商品が有利だとされています。

利率と金利は同じ意味。利子と利息も同じ意味。FP検定ではどちらの語句も出るよ。

2 利率と利回り

利率（金利）は「元本に対する**利子（利息）**の割合」のことです。通常は1年当たりの金利である**年利**を指します。**利回り**は「特定の運用に対する収益を1年当たりに換算したもの（**年平均利回り**）」のことです。**預貯金の利子**は、利子所得として、**20.315%**（所得税15%＋復興特別所得税0.315%＋住民税5%）の源泉分離課税となります。

3 単利と複利

利子には、単利と複利があります。

単利は、元本に対して利子を計算する方法のことで、満期時の元利合計は、次の計算で求められます。

元利合計＝元本×（１＋年利率×預入期間）

複利は、途中で支払われていく利子も元本に含めて、その時点での「元本＋利子」を元本とみなして利子計算をする方法で、利子が付く期間によって、1カ月複利、半年複利、1年複利などがあります。満期時の元利合計は、次の計算で求められます。

半年複利の場合→元利合計＝元本×$\left(1+\frac{年利率}{2}\right)^{年数\times 2}$

１年複利の場合→元利合計＝元本×$(1+年利率)^{年数}$

単利計算と複利計算

例：100万円を年利１％(0.01)で３年運用した場合の満期時の元利合計

● 単利運用での３年後の元利合計

元利合計＝100万円×（１＋0.01×3)＝103万円

● 半年複利での３年後の元利合計（円未満四捨五入）

元利合計＝100万円×$\left(1+\frac{0.01}{2}\right)^{3\times 2}$＝103万378円

● １年複利での３年後の元利合計

元利合計＝100万円×$(1+0.01)^3$＝103万301円

4 貯蓄型金融商品の種類

預貯金の種類については、3級ではめったに出題されませんが、FPとして知っておきたい情報です。

● 銀行の金融商品① 流動性預金（満期がなく、出し入れ自由な預金）

普通預金	変動金利で半年ごとに利子が付く
貯蓄預金	変動金利で半年ごとに利子が付く。一定額以上の残高があれば普通預金よりも金利が高い。決済機能はない（公共料金引落としはできない）
無利息型普通預金	決済用普通預金ともいう。無利子の決済用口座。カード、通帳で引き出し振込可能。預金保険制度により全額保護
当座預金	無利子の決済用口座。小切手、手形の振り出しが可能で出金は必ず小切手。預金保険制度により全額保護
通知預金	まとまった資金を短期間預けるための預金。一定の据え置き期間があり、引き出す際には事前に銀行に通知する必要がある

● 銀行の金融商品② 定期性預金（満期がある預金）

スーパー定期	固定金利。預入期間が3年未満なら単利型。3年以上なら単利型と半年複利型の選択可。中途解約は中途解約利率を適用
大口定期預金	預入金額1,000万円以上。固定金利の単利型で、金利は店頭表示金利を基準として銀行との相対（交渉）で決定
期日指定定期預金	固定金利で1年複利。1年間の据置期間経過後は最長預入期日（3年が一般的）までの任意の日を満期日にできる

● ゆうちょ銀行の金融商品① 流動性貯金（満期がなく、出し入れ自由な貯金）

通常貯金	変動金利で半年ごとに利子が付く
通常貯蓄貯金	変動金利で半年ごとに利子が付く。一定額以上の残高があれば通常貯金よりも金利が高い。決済機能はない（公共料金引落としはできない）
振替貯金	無利子。送金や決済利用に特化した貯金。預金保険制度により全額保護

● ゆうちょ銀行の金融商品② 定期性貯金（満期がある貯金）

定期貯金	預入期間を指定して預け入れる貯金。固定金利。預入期間が3年未満なら単利型。3年以上なら半年複利型。中途解約は中途解約利率を適用
定額貯金	固定金利で半年複利。利子は満期一括払い。6カ月の据置期間経過後はいつでも解約できる

▲**ゆうちょ銀行への預入限度額は、通常貯金1,300万円、定期性貯金1,300万円で、計2,600万円**まで。

● 信託銀行の金融商品

金銭信託	信託銀行などが利用者にかわってお金を管理・運用する金融商品。変動金利。元本補てん契約がないものは預金保険制度の対象外。

・2009年1月1日以降に最後の取引があり、そこから10年以上取引のない預貯金は、休眠預金になる。休眠預金になっても、金融機関で手続きをすれば、解約して「元本＋利息」が引き出せる。

過去問トレーニング

適切なものには○、不適切なものには×をしなさい。
また（　）内には、適切な語句、数値を入れなさい。

問1　1,000万円を、期間５年、利率（年率）0.8％の単利型商品に投資した場合、満期時の税引後（税率20％）の元利合計金額は1,040万円である（復興特別所得税は考慮しないものとする）。
◀ 2010年9月学科

問2　1,000,000円を年利1％（1年複利）で3年間運用した場合の3年後の元利合計額は、税金や手数料等を考慮しない場合、1,030,301円となる。
◀ 2020年9月学科

問3　元金5,000,000円を、年利２％（１年複利）で３年間運用した場合の元利合計金額は、税金や手数料等を考慮しない場合、（　　）である。
◀ 2015年5月学科

問4　ゆうちょ銀行においては、従来、通常貯金と定期性貯金を合わせて1,300万円が預入限度額となっていたが、2019年4月1日から、それぞれ2,000万円に変更された。
◀ 2019年9月学科

答え

問1　×　1,000万円を、期間５年、利率0.8％の単利型商品に投資すると、利息は、1,000万円×0.8%×5年＝40万円。利息から税率20%が引かれるので、40万円×（1－20%）＝32万円。税率20%の税引後の元利合計は1,032万円が正しい。

問2　○　元利合計=1,000,000×（1＋0.01）^{3}
＝1,000,000×1.030301＝1,030,301円

問3　（5,306,040円）
元利合計=5,000,000×（1＋0.02）^{3}=5,306,040円

問4　×　後半の「それぞれ2,000万」が誤り。
2019年4月1日にゆうちょ銀行の預入限度額が変更され、通常貯金と定期性貯金で「それぞれ1,300万円まで」となった。

債券

債券の利回りを求める計算問題が超頻出！

- 利回り(%)＝(１年間の収益合計÷購入価格)×100
- 個人向け国債は「変動10年」「固定５年」「固定３年」。
- 信用リスクが高いほど、信用度は低い！

債券（公社債）は、**発行者**が資金を借りる際に発行する借用証書（国債、地方債、社債、外債）です。債券や株式等を合わせて**有価証券**といいます。

1 債券の基礎知識

債券は、**償還期限（満期）**まで保有すると**額面金額**で償還（返済）されます。また、償還前に時価（売却価格）で換金することもできます。債券を発行時に購入する場合は額面金額ではなく**発行価格**で取引され、債券を途中購入する場合は**時価**（購入価格）で取引されます。

額面金額100円に対して、発行価格が100円の場合を**パー発行**、100円より高い場合を**オーバーパー発行**、100円より安い場合を**アンダーパー発行**といいます。

債券には定期的（年２回、または１回）に利子が付く**利付債**と、利子はない代わりに額面金額から利子相当分を割り引いた価格で発行（アンダーパー発行）され、満期時には額面で償還される**割引債**があります。利付債において、額面に対して１年間にどれぐらいの割合の利子が支払われるかを示したものを**表面利率（クーポンレート）**といい、%で表示されます。

ことば

額面金額：債券の券面に記載された金額。債券の最低申込単位。

発行価格：額面金額100円当たりで表示される。額面金額10万円で額面金額100円当たりの発行価格100.25円の債券の購入には100,000÷100×100.25 = 100,250円が必要。償還を迎えると額面金額10万円で戻ってくる。

償還：債券や投資信託などで、満期が来て投資家に資金が返されること。一般に、債券は額面が償還金で、投資信託では、運用成果に応じて償還金が変わる。

2 債券の利回り

「購入価格」に対する「1年間の収益合計(利子＋差益)」の割合を**利回り**といいます。**直接利回り**、**応募者利回り**、**所有期間利回り**、**最終利回り**の４つがあります。

利回り(%)＝(１年間の収益合計÷購入価格)×100
１年分の利子＋１年当たりの差益

１年分の利子＝額面金額×表面利率
※額面100円で表面利率1%なら、額面100×0.01＝1

１年当たりの差益＝(売却価格－購入価格)÷所有期間

【例】を参考にして、計算方法を身に付けておこう。

直接利回りと応募者利回り

● **直接利回り**：購入価格に対する年間の利子の割合

$$直接利回り(\%)=\frac{表面利率}{購入価格}\times 100$$

【例】表面利率2.0%、償還期間10年の固定利付債が額面100円当たり99円50銭で発行された。この債券の直接利回りは何%か。(小数点以下第３位を四捨五入)
直接利回り(%)=**2.0÷99.5×100=2.01005≒2.01%**

● **応募者利回り**：発行時に購入し、満期まで所有した場合の利回り(単利計算)

$$応募者利回り(\%)=\frac{表面利率+\frac{額面金額-発行価格}{償還期間}}{発行価格}\times 100$$

【例】表面利率1.2%、額面100円当たり100円10銭で発行された５年固定利付債券の応募者利回りは何%か。(小数点以下第３位を四捨五入)
① (額面金額－発行価格)÷償還期間=(100－100.1)÷5=**－0.02**
② 表面利率1.2＋①＝**1.2＋(－0.02)＝1.2－0.02＝1.18**
③ ②÷発行価格×100(%)=**1.18÷100.1×100=1.17882≒1.18%**

所有期間利回りと最終利回り

●**所有期間利回り**：償還の前に売却した場合の利回り（単利計算）

$$所有期間利回り(\%)=\frac{表面利率+\dfrac{売却価格-購入価格}{所有期間}}{購入価格}\times 100$$

【例】表面利率（クーポンレート）2.0%の固定利付債券を、額面100円当たり102円で購入し、2年後に101円で売却した場合の所有期間利回りは何%か。（小数点以下第3位を四捨五入）

① （売却価格－購入価格）÷所有期間＝(101－102)÷2＝－0.5

② 表面利率2.0＋①＝2.0＋(－0.5)＝2.0－0.5＝1.5

③ ②÷購入価格×100(%)＝1.5÷102×100＝1.47058≒1.47%

●**最終利回り**：時価で途中購入し、満期まで所有した場合の利回り（単利計算）

$$最終利回り(\%)=\frac{表面利率+\dfrac{額面金額-購入価格}{残存期間}}{購入価格}\times 100$$

【例】表面利率（クーポンレート）1.0%、残存期間2年の固定利付債券を額面100円につき97円で買い付け、100円で償還された場合の最終利回りは何%か。（小数点以下第3位を四捨五入）

① （額面金額－購入価格）÷残存期間＝(100－97)÷2＝1.5

② 表面利率1.0＋①＝1.0＋1.5＝2.5

③ ②÷購入価格×100(%)＝2.5÷97×100＝2.57731≒2.58%

利回り計算手順

❶ （売却価格－購入価格）÷所有年数※ ←差益…年あたりの利子以外の儲け

❷ 表面利率＋❶ ←年あたりの収益合計

❸ ❷÷購入価格×100 ←利回り…投資額に対する利益

※ ❶の「売却価格」は満期まで所有した場合の「額面金額」と同じ意味、「所有年数」は最終利回りの「残存期間」と同じ意味になる。

3 社債

社債は、一般の企業が設備投資などの事業資金を投資家から調達するために発行する債券のことです。

企業は社債を発行して投資家に利息を支払い、一定期間後に現金で償還します。つまり社債は「会社の借用書」で、投資家は社債発行企業にお金を貸すということになります。この点で、株式とは大きく異なっています。

社債は事業会社が発行する債券なので、会社の業績が社債の市場価格に影響します。**業績が好調**な会社の債券は、リスクが少ないために**市場価格が上昇（利回りは低下）**し、**業績が不調**な会社の債券は、リスクが高いために**市場価格が下落（利回りは上昇）**します。

例題

◀2012年9月個人

・**適切なものには○、不適切なものには×をしなさい。**

❶ 社債は事業会社等が発行する債券であるため、市場価格は当該発行体の業績等の影響を受ける。

❷ 残存期間やクーポンレート等の他の条件が同一であれば、一般的には格付けが高い社債ほど、最終利回りが低くなる。

❸ 社債の市場価格は発行体の株価等の影響を受けて変動するため、市場金利の影響は受けない。

例題の答え

❶ ○
当該発行体（発行会社）の業績の影響を受ける。

❷ ○
格付けが高い＝リスクが少ないので利回りは低下。

❸ ×
債券価格は、市場金利の影響を受けて変動する（価格変動リスク→154ページ）

4 国債

国債は、日本国政府が発行する債券で、発行額が最も多い債券です。このうち**新発10年国債**の利回りは、日本の**長期金利の指標**となっています。通常の国債は債券市場で売買されていて、株式のように値下がりして元本割れする可能性もあります。国債のうち個人向け国債は、中途換金しても元本割れリスクのない国債です。

ことば

長期金利：取引期間1年以上の資金を貸し借りする際の金利。住宅ローン金利の目安になっている。

5 個人向け国債

個人向け国債は、購入者を個人に限定した国債です。国が元本と満期までの利払いを保証し、**発行後１年経過後**なら**換金が可能**で、その際は国が額面金額で買い取るため、価格変動リスクや期限前償還リスク（154ページ）がない、安全性の高い債券です。現在は**10年変動金利型、５年固定金利型、３年固定金利型**の３つが発行されています。

個人向け国債の種類と出題ポイント

種類	変動10年	固定５年	固定３年
金利方式	変動金利	固定金利	固定金利
金利設定方式	基準金利※×0.66	基準金利※－0.05%	基準金利※－0.03%
金利の下限	最低0.05%の金利を保証		
利子の受取り	半年ごと（年２回）※10年変動の金利も半年ごとに見直し		
購入単位	最低１万円から１万円単位（中途換金も１万円単位）		
販売価格	額面100円につき100円		
償還金額	額面100円につき100円（中途換金も同額）		
中途換金	発行後１年経過すれば、いつでも換金可能		
発行月	毎月（年12回）		
利子への税金	20.315%（所得税15.315%＋住民税5%）の源泉徴収で申告不要。または申告分離課税を選択（174ページ参照）。証券会社の特定口座で保有できる（176ページ参照）。		

※10年の基準金利：10年固定利付国債の平均落札価格を基に計算される複利利回りの値
※５年の基準金利：市場における利回りを基に計算した５年固定利付国債の想定利回り
※３年の基準金利：市場における利回りを基に計算した３年固定利付国債の想定利回り

スピード理解!!
固定５年の金利は基準金利－0.05%。
固定３年の金利は基準金利－0.03%。

6 債券のリスク

債券のリスクには、次のようなものがあります。

債券のリスクの出題ポイント

信用リスク	**発行体の財務状態の悪化により、運用に損失が生じるリスク。**デフォルトリスク、債務不履行リスクともいう。信用できる程度ではなく、信用できない危険度を表すことに注意 ● **信用リスクが低いほど信用度が高い**。信用度が高いほど、みんなが欲しがるので価格が上がり、利回りは下がる →ローリスク・ローリターンの債券（格付けが高い） ● **信用リスクが高いほど信用度が低い**。信用度が低いほど、欲しがる人が少ないので価格が下がり、利回りは上がる →ハイリスク・ハイリターンの債券（格付けが低い）
価格変動リスク	一般に**市場金利の動向、経済情勢、発行体の信用状況の変化等により、売却価格が変動するリスク**のこと。債券投資における価格変動リスクは、市場金利の変動により債券価格が変動するリスクを指し、**金利変動リスク**ともいう ● **市場金利が上昇すると、低い金利で買った債券価格は下落する**（価格が下落した債券の利回りは上昇する） ● **市場金利が低下すると、高い金利で買った債券価格は上昇する**（価格が上昇した債券の利回りは低下する） ● **長期債は短期債より金利変動に伴う価格変動が大きい**
流動性リスク	**換金したいとき、買い手がいないためにすぐ売れなかったり、希望価格で売れなかったりするリスク**
期限前償還リスク	途中償還リスクともいう。**償還期日よりも前に償還されることで、予定していた運用収益が確保されなくなるリスク**
為替変動リスク	為替レートの変動によって、投資対象である海外の債券や株式の円換算における価値が変動するリスク。**外貨建て債券の価格は、通常、為替レートが円安になれば上昇、円高になれば下落**する
カントリーリスク	債券の発行体が属する国の政治情勢や経済情勢などにより発生するリスク

7 債券の格付け

債券の信用リスクの目安になっているのが、民間の格付機関（信用格付業者）が行っている**格付け**です。

格付けは、債券自体や債券の発行体の信用評価を示したものです。

一般に、**格付けBBB（トリプルB）以上**の債券を**投資適格債券**といいます。信用度が最も高い格付けは**AAA（トリプルA）**です。

格付けBB以下の債券を**投機的格付債券（非投資適格債券、投資不適格債券、ハイ・イールド債またはジャンク債）**といいます。信用度が最も低い格付けは**D（シングルD）**で、デフォルト（破産）を表します。

債券と格付け

格付け	区分	説明
AAA	投資適格債券	BBB以上は、信用度が高い（＝信用リスクが低い）ので、債券価格が高く、利回りが低い ローリスク・ローリターンの債券
AA		
A		
BBB		
BB	投機的格付債券 （非投資適格債券、投資不適格債券、ハイ・イールド債またはジャンク債）	BB以下は信用度が低い（＝信用リスクが高い）ので、債券価格が安く、利回りが高い ハイリスク・ハイリターンの債券
B		
CCC		
CC		
C		
D		

「BBB以上」が投資適格債券。
これは超頻出問題！

過去問トレーニング

適切なものには○、不適切なものには×をしなさい。
また（　）内には、適切な語句、数値を入れなさい。

問1 表面利率（クーポンレート）1%、残存期間2年の固定利付債券を額面100円当たり99円で購入した場合の最終利回り（年率・単利）は、（　）%である。答えは表示単位の小数点以下第3位を四捨五入すること。

◀2022年5月学科

問2 クーポンレート（表面利率）2%の固定利付債券を、額面100円当たり102円で購入し、2年後に100円で売却した場合の所有期間利回り（単利）は、（　）%である。なお、答えは%表示における小数点以下第3位を四捨五入すること。

◀2013年1月学科

問3 個人向け国債の変動10年は利率が半年ごとに変動するが、（❶）%の最低利率が保証されている。また、購入最低額面金額は（❷）万円であり、原則として発行から（❸）年を経過すれば購入金額の一部または全部を中途換金することができる。

◀2013年5月個人・2021年1月学科

問4 個人向け国債・（❶）3年の利率（年率）は、基準金利から（❷）%を差し引いて算出される。

◀2011年5月学科

問5 債券投資のリスクについて、ファイナンシャル・プランナーが説明した次の記述の正誤を答えなさい。

◀2012年1月個人

❶ 債券投資における金利変動リスクとは、市場金利の変動により債券価格が変動するリスクをいう。

❷ 債券投資における信用リスクとは、発行体の財務状況の悪化等により、約定どおり利息や元本が支払われなくなるリスクをいう。

❸ 債券投資における流動性リスクとは、債券が繰上げ償還され、投資時に想定した投資期間による運用利回りが確保できなくなるリスクをいう。

問6 債券投資についてファイナンシャル・プランナーが説明した次の記述の正誤を答えなさい。 ◀2013年5月個人・2021年1月学科

❶ 債券や債券の発行体の信用状態に関する評価の結果を記号等で示したものを信用格付けといい、一般に、CCC（トリプルC）以上の格付けが付されていれば投資適格債券とされる。

❷ 債券の発行体である企業の信用度が低下し、格付が引き下げられた場合、一般に、その債券の価格は下落し、利回りも低下する。

❸ 個人向け国債は比較的安全性が高い債券とされているが、購入の際には価格変動リスクや期限前償還リスクを十分に考慮する必要がある。

3 金融資産運用

答え

問1 (1.52)

① (売却価格−購入価格)÷残存期間＝(100−99)÷2＝0.5

② 表面利率＋①＝1＋0.5＝1.5 ←年あたりの収益合計

③ ②÷購入価格×100＝1.5÷99×100＝1.515≒1.52%

問2 (0.98)

① (売却価格−購入価格)÷所有期間＝(100−102)÷2＝−1

② 表面利率＋①＝2＋(−1)＝2−1＝1 ←年あたりの収益合計

③ ②÷購入価格×100＝1÷102×100＝0.98039≒0.98%

問3 ❶ (0.05) ❷ (1) ❸ (1)

問4 ❶ (固定) ❷ (0.03)

問5 債券投資のリスクに関する問題。

❶ ○ 価格変動リスクともいう。

❷ ○ デフォルトリスク、債務不履行リスクともいう。

❸ × 説明されているのは、期限前償還リスク（途中償還リスク）。

問6 債券投資の格付けとリスクに関する問題。

❶ × BBB以上が投資適格、これより下のBB以下が投機的格付。

❷ × 信用格付けが引き下げられると、債券の価格は下落し、利回りは上昇する。信用リスクが高くなり、ハイリスク・ハイリターンの投資対象となる。

❸ × 個人向け国債には、価格変動リスクや期限前償還リスクはない。

5 株式

PER、PBR、ROEの計算が超頻出！

- 売り100株、買い100株で取引が成立→売買高は100株。
- 日経平均株価は225銘柄、東証株価指数は全銘柄。
- PER、PBRが高い企業の株価は割高。

1 株式と株主

株式とは、債券と同じく、株式会社が資金を調達するために発行する有価証券のことです。株式に出資した人を**株主**といい、次のような権利があります。

議決権	株主総会での議案に対して賛否を表明することができる権利。単元株（最低売買単位：１単元）につき１つの議決権を与えられる
利益配当請求権	会社の利益（剰余金）を配当として受け取ることができる権利。剰余金配当請求権ともいう
残余財産分配請求権	企業が解散した場合、残った財産の分配を受けられる権利

2 証券取引所

株式は、証券取引所を通して売買されます。国内には「**東京証券取引所（東証）**」「名古屋証券取引所」「福岡証券取引所」「札幌証券取引所」の４つの証券取引所があります。

東証は、2022年４月４日に、「プライム市場・スタンダード市場・グロース市場」の３つの市場区分に再編[※]されました。なお、大阪取引所は、先物やオプションなどのデリバティブ取引（185ページ）に特化されています。

※2022年４月３日までは、一部、二部、ジャスダック、マザーズの４市場。

3 株式の売買単位と手数料

株式の最低売買単位を**単元株（1単元）**といいます。東京証券取引所の上場企業の場合、**単元株は100株**となっています。※

単元株制度を採用していない会社の売買単位は1株です。

株式売買委託手数料は、各証券会社が**自由に設定**できます。多くの場合、大きな取引やインターネット取引の方が手数料が安くなります。

※単元株100株で1単元所有している場合、100株所有しているということ。単元未満でも売買できる方法に、株式ミニ投資や株式累積投資（るいとう）がある。

4 株価と売買高

株価は、株式市場で直近に**約定**（やくじょう）**（取引が成立すること）**があった値段のことです。一日の最初に取引された株価を**始値**（はじめね）、最後に取引された株価を**終値**（おわりね）、立会時間中で最も高い株価を**高値**（たかね）、立会時間中で最も安い株価を**安値**（やすね）といい、これらの4つの値を合わせて**四本値**（よんほんね）といいます。

例えば、新聞の経済面で「終値290円」で「**前日比△5円**」とあれば、前営業日の終値285円から**今日5円上昇**して終値290円になったという意味です（△または+が上昇、▲または−が下落）。

一日に取引が成立した株数のことを**売買高（出来高）**といいます。例えば、**2,000株の売り注文**に**2,000株の買い注文**で取引が成立すると、**売買高2,000株**となります。

スピード理解!!
売買高とは、売買が成立した株数！

〈新聞の経済面〉

銘柄	始値	高値	安値	終値	前日比	売買高
水産・農林						
・極洋	285	291	285	290	△ 5	377
Ａ日水	367	373	366	366	▲ 1	2901.0
Ａマルハニチロ	1889	1992	1872	1878	▲11	412.8
Ａサカタタネ	1338	1347	1331	1337	△ 3	417.6
Ａホクト	1856	1879	1852	1861	△ 2	96.5

5 株式の価格決定と注文

株の価格は、**オークション方式**で決まります。売買には、買い注文の場合は値段の高い方、売り注文の場合は値段の安い方が優先（**価格優先の原則**）→値段が同じなら時間が早かった方が優先（**時間優先の原則**）→値段も時間も同じなら、指値（さしね）注文よりも成行（なりゆき）注文が優先（**成行優先の原則**）という原則があります。

株式売買が約定すると、約定日を含めて**3営業日目**※（約定日から2営業日後）に**決済（受渡し）**が行われます。

ことば

オークション方式：金融市場の取引方法で、条件が合った売り注文と買い注文を連続して約定させていく方式。

※営業日は月～金曜日で、祝日を除く。

指値注文と成行注文

指値注文	売買価格を指定して注文する方法。買いたい価格の上限（これ以上なら買わない）、売りたい価格の下限（これ以下では売らない）を指定する。買い注文では高い価格から優先して成立していく
成行注文	売買価格を指定しないで、銘柄、売り買いの別、数量を指定して注文する方法。いくらでもいいので、早く買いたい、早く売りたいというときに用いるが、想定外の価格になることもある

なお、証券取引所における株式取引では、株価が大幅に変動すると、投資家に不測の損害を与える可能性があるため、**値幅制限**といって1日の値幅を所定の範囲内に制限する制度があります。値幅制限の上限まで上昇すると**ストップ高**、下限まで下落すると**ストップ安**といいます。

例題

・（　）内に、適切な語句、数値を入れなさい。

権利確定日が3月31日(火)である株式の期末配当を受け取るためには、3月(　)日までに株式を購入しておく必要がある。

◀2020年1月個人

例題の答え

(27)
最終約定日は2営業日前の27日（金）。

6 株価指数

株価指数は、株式の相場の状況を示すために、個々の株価から計算された数値で、次のようなものがあります。

主な株価指数

日経平均株価（日経平均）	東京証券市場取引所のプライム市場に上場する225銘柄を対象とする株価指数。日本経済新聞社が算出する。指標の連続性を保つよう増資や株式分割※など、特殊な株価の変化を修正して計算する修正平均型の株価指数
東証株価指数（TOPIX）	東京証券取引所が選定する**銘柄の時価総額**※を加重平均（185ページ）して算出した株価指数。**時価総額の大きい銘柄（大型株）の値動きの影響を受けやすい**
JPX日経インデックス400	2014年1月6日から公表を始めた株価指数。投資家に魅力の高い、一定の要件を満たす銘柄400社で構成される株価指数
NYダウ（ニューヨークダウ）	ダウ・ジョーンズ社が発表する、**ニューヨーク株式市場の代表的な工業株30銘柄を対象**とした平均株価指数。**ダウ・ジョーンズ工業株価平均（ダウ平均株価）**とも

※**株式分割**：資本金を変えないで1株を一定比率で分割すること。1株当たりの価格が下がって購入しやすくなるため、株式の流動性を高めることを目的に行われる。**1株を2株に分割すると、投資家が保有する株式数は2倍になる。**

※**時価総額＝時価（その時点の株価）×発行済株式数**

例題

◀2013年5月学科 2021年5月学科（改）

・**適切なものには○、不適切なものには×をしなさい。**

❶ 東京証券取引所のプライム市場に上場する代表的な225銘柄を対象として算出される株価指標は、東証株価指数である。

❷ 株式分割は株式を一定の比率で分割することであり、ある企業が1株を2株に分割した場合、その企業の株式を1,000株保有している投資家の保有株式数は、500株となる。

例題の答え

❶ × 東証株価指数ではなく日経平均株価。

❷ × 1,000株は分割して2,000株になる。

7 株式の投資指標

株式投資の際、企業の状況と現在の株価を分析するための指標に、以下のようなものがあります。

検定では、具体的な数値の計算問題が多いので、例として【N社のデータ】で計算結果を表示していきます。

【N社のデータ】
発行済株式数：1億株　株価：1,000円
純資産(=自己資本)：500億円　当期純利益：50億円
1株当たり年間配当金：10円

● **1株当たり純利益(EPS)＝当期純利益 ÷発行済株式数**

企業の1株当たりの利益額を示す指標で、株式の収益力を示します。当期純利益を発行済株式数で割って求めます。**EPSが上昇**すれば、株価収益率（PER）が下降し、**株価が割安**になります。

【N社のEPS】50億円÷1億株=50円

● **1株当たり純資産(BPS)＝純資産÷発行済株式数**

企業の1株当たりの純資産額を示す指標で、企業の解散価値を示します。純資産（自己資本）を発行済株式数で割って求めます。**BPSが高い**ほど、**企業の安定性が高い**ことになります。

【N社のBPS】500億円÷1億株=500円

● **配当利回り＝1株当たり年間配当金÷株価×100**※

株価に対する年間配当金の割合（%）を示す指標。1株当たり年間配当金を株価で割って求めます。**株価が下落**すると、**配当利回りは上昇**します。

【N社の配当利回り】10円÷1,000円×100=1%

指標の計算は頻出問題。N社の指標を計算してみよう。

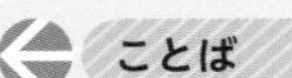

1株当たり純利益
(EPS：Earnings Per Share)：1株当たり当期純利益の略。

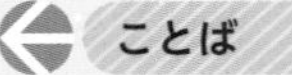

1株当たり純資産
(BPS：Book -value Per Share)：1株当たりの純資産（資産から負債を引いた額=自己資本）のこと。

※投資信託では、「分配金利回り＝1口当たり分配金÷1口の価格×100」となる。

● **株価収益率(PER)=株価÷1株当たり純利益(EPS)**

株価が1株当たり純利益（EPS）の何倍かを示す指標で、会社の出す利益に対して現在の株価が安いのか高いのかを判断する材料になります。一般に、**PERが高い**ほど**株価は割高**、PERが低いほど株価は割安だといえます。

【N社のPER】1,000円÷50円=20倍※
※時価総額÷純利益=(1,000円×1億株)÷50億円=20倍

ことば

株価収益率（PER：Price Earnings Ratio）：株価が1株当たり純利益の何倍かを示す指標。時価総額÷純利益で求めることもできる。

● **株価純資産倍率(PBR)=株価÷1株当たり純資産(BPS)**

株価が1株当たり純資産（BPS）の何倍かを示す指標で、会社が保有する資産に対して現在の株価が安いのか高いのかを判断する材料になります。PBRが1倍で、「株価＝解散価値」ということになり、**PBRが高い**ほど**株価は割高**、PBRが低い（1倍に近い）ほど株価は割安だといえます。

【N社のPBR】1,000円÷500円=2倍

ことば

株価純資産倍率（PBR：Price Book-value Ratio）：株価が1株当たり純資産の何倍かを示す指標。

● **自己資本利益率(ROE)=当期純利益÷自己資本×100**

株主の投資額（自己資本＝純資産）を使って、どれだけ効率的に利益を獲得したかという割合（%）を示す指標で、**ROEが高い**ほど**収益力が高い**会社だといえます。

【N社のROE】50億円÷500億円×100=10%

ことば

自己資本利益率（ROE：Return On Equity）：自己資本に対する純利益の割合を示す指標。

● **配当性向(%)=配当額÷当期純利益×100**

1株当たりの当期純利益のうち1株当たりの配当金額が占める割合を示す。配当金額が一定の場合、当期純利益が増えると配当性向は低くなります。

スピード理解!!

PERとPBRは、高いほど株価が割高。
EPSが上昇すれば、株価収益率（PER）が下降し、株価が割安になる。

過去問トレーニング

適切なものには○、不適切なものには×をしなさい。
また（　）内には、適切な語句、数値を入れなさい。

問1　下記の用語に関する次の記述の正誤を答えなさい。

◀2013年9月資産、2021年5月学科（改）

❶ 成行注文：証券取引所での株式売買方法における、買値・売値を指定しない方法。値を指定する指値注文よりも成行注文が優先される。

❷ 売買高：売買が成立した株数をいい、出来高ともいわれる。

❸ 時価総額：上場している各銘柄の株価に上場株式数を乗じたもので、株式市場の規模を知ることができる。

問2　会社員のAさんが、現在検討している投資対象、X社株式とY社株式についての次の記述の正誤を答えなさい。　◀2012年9月個人

〈X社株式およびY社株式の概要〉

株価	X社400円	Y社300円
税引後純利益	X社40億円	Y社80億円
自己資本	X社300億円	Y社400億円
発行済株式数	X社1億株	Y社2億株

❶ 1株当たり純利益は、両社とも等しい。

❷ PER（株価収益率）は、X社の方が低い。

❸ PBR（株価純資産倍率）は、Y社の方が高い。

問3　株式の投資指標の一つである配当利回りは、1株当たりの配当金の額を一定とすれば、株価が上昇するほど高くなる。　◀2014年5月学科

問4　配当性向とは、当期純利益に占める配当金総額の割合を示す指標である。
◀2022年5月学科

問5　X社の2024年度末時点での総資産は1兆6,000億円、自己資本（純資産）は9,600億円、当期純利益は1,200億円である。このとき、X社のROEは（　）%である。
◀2021年1月個人

問6　国内の証券取引所に上場している内国株式を普通取引により売買する場合、約定日の翌営業日に決済が行われる。
◀2022年5月学科

答え

問1

❶　○　指値注文よりも成行注文が優先される。（成行優先の原則）

❷　○　売買高（出来高）は、売買が成立した株数のこと。1,000株の売り注文に1,000株の買い注文で売買が成立すると、売買高は1,000株。

❸　○　時価総額＝時価（その時点の株価）×発行済株式数

問2

❶　○　1株当たり純利益（EPS）＝当期純利益÷発行済株式数
X社の1株当たり純利益=40億円÷1億株=40円
Y社の1株当たり純利益=80億円÷2億株=40円

❷　×　株価収益率（PER）＝株価÷1株当たり純利益（EPS）
X社のPER=400円÷40円=10倍
Y社のPER=300円÷40円=7.5倍

❸　○　株価純資産倍率（PBR）＝株価÷1株当たり純資産（BPS）
1株当たり純資産（BPS）＝純資産÷発行済株式数
X社のPBR=400円÷(300億円÷1億株)≒1.33倍
Y社のPBR=300円÷(400億円÷2億株)=1.50倍

問3　×　1株当たり配当金を一定とすると、株価が上昇するほど配当利回りは低くなる（割高になる）。

問4　○　配当性向とは、利益のうちのどのくらいを株主に配当金として還元したかの割合を示す指標。高いほど株主へ利益を還元していることになる。

問5　（12.5%）
自己資本利益率（ROE）＝当期純利益÷自己資本×100
X社のROE＝1,200億円／9,600億円×100＝12.50%

問6　×　約定日から起算して3営業日目。約定日が水曜→金曜に決済。

6 投資信託

信託報酬と信託財産留保額の違いが頻出！

- 投資信託の運用や管理の対価は信託報酬。
- 公社債投資信託には株式を組み入れることができない。
- アクティブ運用はベンチマークを上回る運用成果を目指す。

1 投資信託とは

投資信託とは、運用の専門家（委託会社）が、投資家から集めた資金を株式、債券、不動産などに分散投資し、収益を**分配金**として支払う商品です。投資信託は元本保証がないため、預金保険制度では保護されません※。

投資信託には、**会社型**と**契約型**とがあります。

- **会社型**：**上場不動産投資信託（J-REIT）**等、運用目的で設立した会社に資金を集めて投資・運用するタイプです。
- **契約型**：**委託会社（委託者）**と**受託会社（受託者）**が信託契約を締結し、そこで生じた受益権を分割した受益証券を**販売会社（金融機関）**から**投資家（受益者）**が購入するもので、日本のほとんどの投資信託は契約型（下図）です。

※ただし、証券会社などの金融商品取引業者が経営破綻したときは、日本投資者保護基金により、1人1,000万円まで補償される（143ページ）。

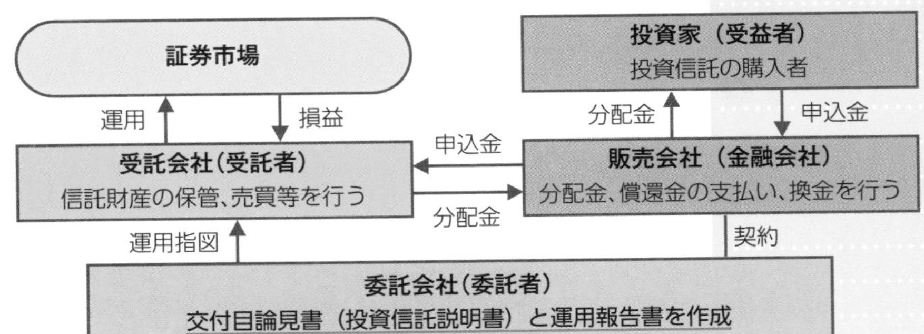

2 投資信託の基本用語

投資信託の基本用語を覚えておきましょう。

販売会社	委託会社と契約して、投資信託の販売を行う会社。証券会社、銀行、保険会社など。分配金、償還金の支払い、換金等の業務を担当
投資家（受益者）	投資信託の購入者
委託会社（委託者）	投資信託（ファンド）を組み、運用指図をする投資信託委託会社（運用会社）。**交付目論見書と運用報告書は委託会社が作成**
受託会社（受託者）	委託会社の運用指図で、信託財産の保管、売買等を行う信託会社（信託銀行など）。信託財産の名義は受託会社になる
交付目論見書（投資信託説明書）	**投資信託の基本的な概要や投資方針などを記載した書面**。**委託会社が作成**。募集・販売時には必ず交付しなければならない
運用報告書	投資信託の**運用実績や資産状況を報告する書面**。**委託会社が作成**
基準価額	**投資信託の時価**のこと。純資産総額を受益権総口数で割ったもので、通常は1万口当たりで示される。委託会社が算出する

3 投資信託のコスト

投資家が負担する主なコストには、次のものがあります。

投資信託のコスト

購入時手数料（販売手数料）	購入時に販売会社に支払う費用。手数料無料の投資信託は**ノーロード型（ノーロードファンド）**といわれる
信託報酬（運用管理費用）	**投資信託の運用や管理の対価**として保有期間中、**信託財産から日々差し引かれる費用**（**購入時は不要**）
信託財産留保額	投資信託を解約（中途換金）する際に支払う費用（まれに購入時に支払うこともある）。**証券等の換金に係る費用等を解約する投資家にも負担させ、受益者間の公平性を保とうとするもの**。留保額は信託財産内に留保される

- **上場投資信託では購入時手数料や信託財産留保額はない**（171ページ）。

4 償還金と分配金

投資信託には信託期間が無期限のものと、期限が決められているものがあります。期限が決められている場合は、満期（償還日）になると信託財産の純資産額を受益権口数で割った額の**償還金**が投資家（受益者）に支払われます。

また、投資信託では配当金に当たる**分配金**があります。分配金は収益に応じて増減し、**決算期**になると支払われます。運用状況によっては分配金が支払われない場合もあります。また、分配金がそのまま再投資されるタイプの投資信託もあります。

5 投資信託の中途換金

投資信託の換金方法には、**解約請求**と**買取請求**の２種類があります。解約請求は販売会社を通して運用会社に対して信託契約の解除を請求する方法、買取請求は投資信託を販売会社に買い取ってもらう方法です。どちらも、基準価額から信託財産留保額を差し引いた金額になります。

例題

・**下記＜資料＞の投資信託を30万口購入する場合の購入金額として、正しいものはどれか。なお、解答に当たっては、円未満を切り捨てること。**

＜資料＞
約定日の基準価額（１万口当たり）：13,284円
購入時手数料（税込み）：2.20％
運用管理費用（信託報酬・税込み）：年1.57％

❶ 404,776円
❷ 407,287円
❸ 413,544円

ことば

分配金：値上がりした分の普通分配金と、投資元本の払戻しに当たる元本払戻金（特別分配金）がある。収益分配金ともいう。

決算期：毎月決算型、１年決算型のほか、隔月、３カ月ごとなどがある。分配金は、投資信託の決算日から5営業日目までに販売会社の支店を通じて支払われる。

◀2020年9月資産

例題の答え

❷ 購入金額は、
13,284 × 30
=398,520円
購入時手数料は、
398,520 × 0.022
=8,767.44→8,767円（円未満切捨て）
購入金額は、
398,520 + 8,767
= 407,287円
購入時に運用管理費用はかからない。

6 投資信託の分類

投資信託は、運用対象や解約の可否などで、いくつかのタイプに分けられます。

投資信託のタイプ

●運用対象：運用対象に株式が入っているかいないか

株式投資信託	株式も債券（公社債）も組み入れることができる投資信託。株式を組み入れなくてもよい
公社債投資信託	株式をいっさい組み入れない投資信託。国債、社債などの債券（公社債）が運用の中心になる

●追加設定（追加購入）の可否：いつでも購入できるかできないか

追加型	オープン型ともいう。いつでも購入できるタイプ
単位型	ユニット型ともいう。募集期間のみ購入できるタイプ

●解約の可否：満期前に解約できるかできないか

オープンエンド型	いつでも解約できるタイプ
クローズドエンド型	満期まで解約できないタイプ。市場で売却する

●相場の見方：相場が上昇局面か下落局面か

ブル型 （レバレッジ型）	相場に対して強気の立場で、ベンチマークとなる指数の上昇局面において、それに連動（一定倍の連動を含む）して利益を得ることを目指すタイプ ブル＝雄牛のことで、角を下から上に突き上げて攻撃する姿から上昇を表す
ベア型 （インバース型）	相場に対して弱気の立場で、ベンチマークとなる指数の下落局面において、それに逆連動（一定倍の逆連動を含む）して利益を得ることを目指すタイプ ベア＝熊のことで、腕を上から下に振りおろして攻撃する姿から下落を表す

7 投資信託の運用方法

運用方法にはパッシブ運用とアクティブ運用があります。

● **パッシブ運用**：日経平均株価や東証株価指数など、あらかじめ定めた**ベンチマーク（基準）に連動する運用成果**を目指す運用スタイルです。**インデックス運用**ともいいます。

● **アクティブ運用**：**ベンチマークを上回る運用成果**を目指す運用スタイルで、一般に、パッシブ運用より**運用管理費用（信託報酬）が高い**という特徴があります。

アクティブ運用の4つの手法

トップダウン・アプローチ	経済・金利・為替など、マクロ経済の動向から判断し、個別の銘柄選別を行う運用手法。上から下へいく手法
ボトムアップ・アプローチ	個別企業の調査・分析に基づいて企業の将来性を判断し、投資判断をする運用手法。下から積み上げていく手法
グロース投資	グロース（成長）が期待できる企業に投資する手法
バリュー投資	バリュー（価値）がある企業に投資する手法。割安と判断される株式に投資する

8 追加型公社債投資信託

追加型公社債投資信託は、追加型（いつでも購入できる）でオープンエンド型（いつでも解約できる）の公社債投資信託です。これには**中期国債ファンド**、**MMF（マネー・マネジメント・ファンド）**、**MRF（マネー・リザーブ・ファンド）**などがあります。MMF、外貨建てMMF、MRFは、決算が日々行われ、月末最終営業日に元本超過額が分配金として再投資されます。

中期国債ファンド：主に中期利付国債に投資する公社債投資信託。

9 ETF（上場投資信託）

ETF（上場投資信託）は、上場して証券取引所を通じて取引される投資信託のことで、上場株式と同様に指値注文、成行注文、**信用取引**により取引されます。ETFは、特定の指数（日経平均株価やTOPIXなど）に連動するように運用されます。

上場不動産投資信託（J-REIT）は、**現物不動産や貸借権に投資**して、運用益を分配するものです。

信用取引：顧客が一定の委託保証金を証券会社に担保として預け、買付資金や売付証券を借りて行う取引。

ETF（上場投資信託）の特徴

- **株式同様、指値注文、成行注文、信用取引ができる。**
- **購入時手数料や換金時の信託財産留保額がない**（市場で売却する際の売買委託手数料等はかかる）。

ETF （上場投資信託）	TOPIXやナスダックなど、国内外の**株価指数や商品指数への連動**を目指すパッシブ運用の投資信託
上場不動産投資信託 （J-REIT）	投資家から集めた資金で、**現物不動産（オフィスビル、商業施設、マンションなど）や貸借権などに投資**し、賃貸収入や売買益を投資家に分配する商品。不動産会社の**株式・社債などの有価証券は投資対象外**。流動性（換金性）が高く、**少額から投資**ができる

ETF：Exchange Traded Fund。「上場投資信託」と同じ意味で用いられる。

J-REIT：アメリカで生まれたREITに、JapanのJをつけてJ-REITと呼ばれる。

10 投資信託の評価

投資信託を選ぶ際の参考資料として、評価機関が発表するレーティング（評価）があります。レーティングでは、各評価機関が、運用方針や投資哲学などの側面からの評価（**定性評価**）を加味しながら、個々のファンドの運用実績などの数値的側面からの評価（**定量評価**）を行っています。

過去問トレーニング

適切なものには○、不適切なものには×をしなさい。

問1 □□ 秀一さんは、投資信託に興味をもっており、購入を検討している。投資信託に関する次の記述の正誤を答えなさい。

◀2011年9月・2014年5月資産

❶ 投資信託の投資元金については、1金融機関ごとに1人当たり合計1,000万円までであれば、預金保険制度により保護される。

❷ 投資信託の運用報告書には、運用実績や今後の運用方針が記載されている。

❸ 投資信託の目論見書（投資信託説明書）と運用報告書は、いずれも投資信託販売会社（証券会社や銀行など）によって作成される。

❹ 投資信託の分配金は、運用成果にかかわらず、運用会社から常に一定の金額が支払われる。

❺ 株式の組入比率が20%の投資信託は、株式投資信託ではなく、公社債投資信託に分類される。

❻ 投資信託のうち、いつでも購入できるタイプのものを「追加型（オープン型）」、募集期間中にしか購入できないタイプのものを「単位型（ユニット型）」という。

問2 □□ 投資信託のコストについて、ファイナンシャル・プランナーが説明した次の記述の正誤を答えなさい。

◀2011年5月・2022年個人

❶ 投資信託を購入する場合には、購入時手数料がかかり、購入時手数料がかからないものはない。

❷ 信託財産留保額は、投資信託を換金等する際に投資家が負担するコストであり、継続して保有し続ける投資家との公平性を保つためのものである。

❸ 一般的に、インデックス型投資信託は、アクティブ型投資信託よりも運用管理費用（信託報酬）が高い傾向がある。

問3 個人が証券取引所を通じてJ-REIT（上場不動産投資法人）に投資する際に負担するコストには、購入時手数料や換金時の信託財産留保額がある。 ◀2013年1月学科

問4 株式投資信託の運用において、日経平均株価や東証株価指数（TOPIX）などの特定の指標をベンチマークとし、これを上回る運用成果を目指す手法をパッシブ運用という。 ◀2022年5月学科

3 金融資産運用

答え

問1

❶ × 投資信託は、元本保証ではないので預金保険の対象外。

❷ ○ 運用報告書は、運用実績や今後の運用方針が記載されているもので、運用会社（委託者）が作成する。

❸ × 目論見書や運用報告書は、運用体制や運用実績を説明するものなので、販売会社ではなく、運用指図する委託会社（委託者）が作成する。

❹ × 分配金は運用成果に応じて増減する。

❺ × 公社債投資信託には株式を組み入れることができない。

❻ ○ いつでも購入できるタイプは「追加型（オープン型）」、募集期間中にしか購入できないタイプは「単位型（ユニット型）」。

問2

❶ × 購入時の手数料がかからないノーロード投信がある。

❷ ○ 投信に組み入れている株式等の売却時には売却手数料がかかるが、これは残った投資家が負担することになる。この不公平を解消するため、途中解約する投資家に信託財産留保額として一定額を負担させる。

❸ × 一般的に、インデックス型投資信託は、アクティブ型投資信託よりも運用管理費用（信託報酬）が低い傾向にある。

問3 × 証券取引所に上場しているJ-REITは購入時手数料や換金時の信託財産留保額がかからない。

問4 × ベンチマークを上回るリターンを目指す手法はアクティブ運用。パッシブ（インデックス）運用は特定の指標に連動することを目指す。

7 金融商品と税金

上場株式の損益通算の可否が頻出！

- 利子所得は20.315％の源泉徴収。
- 株式投資信託の元本払戻金（特別分配金）は非課税。
- 新NISA（つみたて投資枠と成長投資枠）は保有期間無期限。

1 利子と源泉分離課税

預貯金の利子は**利子所得**として**20.315％**[※]が源泉徴収されます。税金が源泉徴収されて課税関係が終了することを**源泉分離課税**といい、後で確定申告、年末調整、損益通算（176ページ）はできません。

一方、株式の**配当所得**等は源泉徴収されても課税関係が終了するわけではありません。確定申告で、本来支払うべき税額と、源泉徴収された税額とを精算することができます。

※所得税15％＋復興特別所得税0.315％＋住民税5％

2 債券と税金

国内発行の債券（公社債）は、特定公社債等と一般公社債等とに分類され、その収益には20.315％が課税されます。

〈債券（公社債投資信託含む）への課税〉

種類	利子・分配金	譲渡益・償還差益	損益通算
特定公社債等[※]（国債、地方債、外国債券等）	**税率20.315％の源泉徴収**で申告不要。または確定申告（申告分離課税）を選択可	譲渡所得として、**税率20.315％の申告分離課税**	確定申告（申告分離課税）することで、上場株式等と損益通算、繰越控除が可能
一般公社債等（特定公社債以外の公社債）	20.315％の源泉分離課税		上場株式等と損益通算、繰越控除は不可

※公募公社債、上場公社債、発行日の前9カ月以内に有価証券報告書等を提出している法人の社債（同族会社除く）、外貨建てMMF等も同じ扱いとなる。

3 上場株式と税金

上場株式（株式投資信託、上場不動産投資信託［J-REIT］を含む）の収益には、配当金（収益分配金）と譲渡所得（売却益）があります。上場株式の**配当金**は、**配当所得**として**20.315%が源泉徴収**されますが、金額の多寡にかかわらず下表の課税方法を選ぶこともできます。

上場株式の配当所得と税金

総合課税	確定申告をして他の所得と合算して課税する ●配当控除の適用を受けることができる※ ●配当金と上場株式等の譲渡損失との損益通算ができない
申告不要制度	会社の発行済株式総数の３％以上を保有する大口株主を除いて、配当所得の金額にかかわらず申告不要にできる ●配当金受取時に20.315%が源泉徴収されて申告不要
申告分離制度 （申告分離課税）	他の所得と分離して税率20.315%で税額計算し確定申告 ●配当金と上場株式等の譲渡損失との損益通算ができる ●配当控除の適用は受けられない

※上場不動産投資信託や外国株式の配当所得には配当控除は適用されない。

上場株式の**譲渡所得**は、**税率20.315%の申告分離課税**です。**譲渡損失**は、同一年の上場株式等の譲渡所得、**申告分離課税を選択した上場株式等の配当所得**、および**申告分離課税を選択した特定公社債等**の利子・収益分配金・譲渡益・償還差益と**損益通算**でき、確定申告することで翌年以後**最長３年間**にわたって**繰越控除**ができます。非上場株式、不動産所得、利子所得とは損益通算できません。

なお、非上場株式の配当所得は、総合課税の対象で、所得税20.42%※（住民税なし）が源泉徴収されます。

ことば

配当控除：配当所得があるときに受けられる控除。確定申告が必要。配当金の源泉徴収税額と、この配当控除の額が税額計算上控除される。

※非上場株式の配当所得は所得税だけで20%。復興特別所得税を含むと、20×1.021 = 20.42%。

4 証券会社の口座と税金

証券会社の口座には、一般口座と特定口座があります。

一般口座は、口座名義人が自分で1年間の損益計算を行い、確定申告をする口座です。

特定口座は、証券会社が口座名義人に代わって1年間の損益計算を行ってくれる口座で、1金融機関につき1人1口座開設できます。特定口座には、**源泉徴収ありの口座**と**源泉徴収なしの口座**があります。源泉徴収ありの口座では、損益計算、損益通算、納税が源泉徴収で終了します。※

5 投資信託と税金

株式投資信託の**普通分配金**は、上場株式の配当金と同様、20.315%の源泉徴収後、総合課税、申告不要、申告分離課税を選択します。解約差益、償還差益などの**譲渡所得**は、株式の譲渡所得や申告分離課税を選択した配当所得と**損益通算**できます。追加型の株式投資信託で、分配落ち後の基準価額が分配落ち前の個別元本を下回る部分の分配金は、**元本払戻金（特別分配金）として非課税**です。

ことば

損益通算：損が出たときに、他口座の利益と合算（通算）して利益を減らし、税金を少なくできる仕組み。同一証券会社の損益は自動計算。他社間の損益通算は自分で算出して確定申告する必要がある。

※源泉徴収なしの口座では、納税は口座名義人が自分で行う。

ことば

分配(金)落ち後の基準価額：分配金支払後の基準価額(時価・評価額)。

個別元本：平均購入価格。元本払戻金を受け取った分だけ個別元本は減額される。

出る

元本払戻金(特別分配金)は非課税

● **分配落ち後の基準価額＜購入時の個別元本→個別元本は減額**

【例】 個別元本10,000円→決算時の基準価額10,500円、分配金800円

分配落ち前		決算時		分配落ち後
		普通分配金500円		
		元本払戻金300円		
個別元本 10,000円	➡	個別元本 9,700円	➡	個別元本 9,700円
基準価額10,000円		基準価額10,500円		基準価額9,700円

分配前個別元本－分配後基準価額→非課税

6 NISA（少額投資非課税制度）

NISA（ニーサ）は、株式や投資信託の運用益（配当金や譲渡益等）に課せられる20.315％の税金が非課税となる制度です。NISA口座は、すべての金融機関を通じて**同一年に1人1口座**しか開設できません（金融機関は1年単位で変更可能）。NISA口座には、NISA口座で買った銘柄のみ保有できます。NISA口座の株式は特定口座や一般口座に移管できますが、他の口座からNISA口座への移管はできません。

2024年から**新NISA**が始まりました。新NISAは18歳以上の成人を対象とする**保有期間無期限の非課税制度**で、**つみたて投資枠**と**成長投資枠**があります。

新NISAの出題ポイント

	つみたて投資枠	成長投資枠
年間投資枠※	120万円	240万円
	2つの枠を合わせて360万円（併用可能）	
非課税保有限度額	買付金額ベースで1,800万円（うち成長投資枠が1,200万円） 売却することで、翌年に非課税枠の再利用が可能となる	
対象商品	国が定めた基準を満たす投資信託・ETF［上場投資信託］	上場株式・投資信託・ETF［上場投資信託］・上場不動産投資信託［J-REIT］・外国株式
買付方法	積立	一括（スポット）・積立
デメリット	NISA以外の譲渡益や配当等と損益通算できない。NISA口座の損失は翌年以降3年間の繰越控除（利益から過年度の損失分を控除）の適用を受けられない。損失はなかったものとされる	

※ 2023年までの旧NISAの保有商品は、新NISA口座への移管（ロールオーバー）はできない。つみたてNISAは購入時から20年、一般NISAは購入時から5年、そのまま非課税で保有でき、売却も自由。非課税期間が終了すると、課税口座（特定口座・一般口座）へ移管される。

過去問トレーニング

適切なものには○、不適切なものには×をしなさい。

問1 居住者である個人が日本国内において支払いを受ける預金の利子は、原則として、所得税10%・住民税5%の税率により源泉徴収（特別徴収）される。

◀2012年1月学科

問2 損益通算に関する次の記述の正誤を答えなさい。

◀2012年1月保険、2013年9月・2014年1月・2017年5月学科（改）

❶ 上場株式の譲渡による損失の金額は、確定申告を要件として、不動産所得などの他の所得金額と損益通算することができる。

❷ 確定申告をすることにより、上場株式の譲渡損失の金額を給与所得の金額と損益通算することができる。

❸ 公募株式投資信託を中途換金したことにより生じた譲渡損失の金額は、上場株式の譲渡所得の金額と通算することができる。

❹ 所得税において、上場株式等の譲渡により生じた損失の金額は、総合課税を選択した上場株式等に係る配当所得の金額から控除することができる。

❺ 国債や地方債などの特定公社債の利子は、所得税において、申告分離課税の対象で、確定申告によって上場株式等の譲渡損失と損益通算ができる。

問3 追加型の国内公募株式投資信託の収益分配金のうち元本払戻金（特別分配金）は、配当所得として所得税の課税対象となる。

◀2017年9月学科

問4 2023年までの旧NISAで保有している商品は、新NISAの非課税限度額に含まれず、非課税期間終了後に、新NISAへの移管（ロールオーバー）ができない。

◀予想問題

問5 下記は、2024年に開始された新NISAについてまとめた表である。（　）にあてはまる語句の正誤を答えなさい。 ◀予想問題

対象となる金融商品：上場株式、株式投資信託、（❶ 個人向け国債）等
口座開設　　　　　：原則１人１口座
金融機関の変更　　：１年単位で可能
年間の非課税投資枠：新規投資額で年間（❷ 360万円）まで
非課税保有限度額　：生涯投資上限として
（❸ 1,500万円［うち成長投資枠が1,000万円］）

答え

問1 ×　預貯金の利子は、一律20%（所得税15%・住民税5%）の税率。これに2037年12月末までは、復興特別所得税が上乗せされる。復興特別所得税の税率は、「所得税率15%×2.1%」なので、0.15×0.021＝0.00315→0.315%。つまり、20.315%が税金として引かれる。

問2 上場株式の損益通算に関する問題。

❶ ×　上場株式の譲渡所得は申告分離課税、不動産所得は総合課税。課税方法が異なるため損益通算はできない。

❷ ×　上場株式の譲渡所得は申告分離課税、給与所得は総合課税。

❸ ○　株式投資信託と上場株式等の譲渡所得は損益通算できる。

❹ ×　申告分離課税の譲渡所得と総合課税とは損益通算はできない。

❺ ○　国債や地方債などの特定公社債の利子は、利子所得で20.315%が源泉徴収されて申告不要だが、確定申告（申告分離課税）を選ぶこともでき、確定申告することで、上場株式等との損益通算が可能になる。

問3 ×　基準価格が受益者（投資家）が購入したときの個別元本を下回った場合の分配金は、利益が出ているわけではないので元本払戻金（特別分配金）として非課税になる。なお、検定では「元本払戻金」と「特別分配金」のどちらの語句も出る。

問4 ○　旧NISAの非課税期間（一般NISAが5年、つみたてNISAが20年）が終了すると課税口座へ移管される。新NISAへの移管はできない。

問5 新NISAに関する問題。

❶ ×　NISA対象商品は、上場株式、株式投資信託、上場投資信託［ETF］、上場不動産投資信託［J-REIT］。国債、社債などの債券、公社債投資信託は対象外。

❷ ○　年間の非課税投資枠は、つみたて投資枠が120万円、成長投資枠が240万円。2つの枠を合わせて360万円（併用可能）。

❸ ×　非課税保有限度額は、1,800万円（うち成長投資枠が1,200万円）。

8 外貨建て金融商品

外貨建てMMFの商品特徴が頻出！

- TTSは顧客の円売りレート、TTBは顧客の円買いレート。
- 外貨預金は預金保険制度で保護されない。
- 外貨建てMMFには、株式を組み入れることはできない。

1 外貨建て金融商品と為替レート

外貨建て金融商品は、ドルやユーロなどの外貨で運用される金融商品です。したがって、購入時には円を外貨に、売却時には外貨を円に換える必要があります。

円と外貨を交換するレートを**為替レート**といい、これには**TTS**、**TTB**、**TTM**の３種類があります。

ことば

TTS：Telegraphic Transfer Selling Rate
TTB：Telegraphic Transfer Buying Rate
TTM：Telegraphic Transfer Middle Rate

為替レートの出題ポイント

TTS	●顧客が円を外貨に換える場合のレート ●「顧客が円売り」(銀行が外貨売り)なので、Selling(売る)Rate ●TTMに為替手数料を加えたレートになる
TTB	●顧客が外貨を円に換える場合のレート ●「顧客が円買い」(銀行が外貨買い)なので、Buying(買う)Rate ●TTMから為替手数料を差し引いたレートになる
TTM	●基準となる真ん中（Middle）のレート。仲値ともいう ●為替レート・為替手数料は、金融機関ごとに異なる

外貨建て金融商品には、**為替リスク**があります。為替レートの変動で生じた利益を**為替差益**、為替レートの変動で生じた損失を**為替差損**といいます。

2 外国為替

外国為替は、通貨を異にする国同士の貸借関係を為替手形などの信用手段で決済する方法です。通貨の交換比率を**為替レート**といいます。例えば、為替レートが1ドル140円なら、140円で1米ドルを購入できることを意味します。

米ドル買い・円売りは、**米ドル高・円安**の要因となり、**円安**に進んだ場合、**輸入価格の上昇要因**となります。なお、**金地金**（きんじがね）**の国際価格は米ドル建て**なので、**国内金価格は円安で上昇、円高で下落**します。

3 外貨預金

外貨預金は、外貨で行う預金のことです。円預金と同じく、普通預金、定期預金、通知預金などがあります。

なお、外貨預金に預入れできる通貨の種類は、取扱金融機関によって異なります。

メリット	●円預金よりも金利が高め ●預入時よりも**円安になれば為替差益が得られる**
デメリット	●**預金保険制度の保護の対象とならない** ●外貨定期預金は、通常、中途換金ができない ●一般的に外貨建てでの元本と利息は保証されているが、円換算すると為替や手数料の関係で元本割れする可能性がある ▶**預入時より円高になると為替差損が生じる** ▶為替手数料がかかる
税制	●**利子は20.315%**※の源泉分離課税 ●**為替差損益は雑所得として総合課税**（例外あり） ●先物為替予約付外貨預金（満期時の為替レートを予約した外貨預金）は利子と為替差益も含め20.315%の源泉分離課税

※所得税15%＋復興特別所得税0.315%＋住民税5%＝20.315%。

4 外貨建てMMF

外貨建てMMFは、外国籍の公社債投資信託のことで、株式を組み入れることはできません。

取引には、**外国証券取引口座**を開設する必要があります。

外貨建てMMFの出題ポイント

メリット	●外貨預金に比べると利回りが高め（金融機関店頭やインターネット等で表示される利回りは過去の実績を示しているもので、将来の利回りを約束しているものではない） ●預入時より円安になれば為替差益が得られる ●**購入時手数料がかからない** ●買った翌日から解約（換金）できる。**解約時に信託財産留保額は徴収されない**
デメリット	●**預金保険制度の対象外**。ただし、国内証券会社が保管の委託を受けている外貨建てMMFは、**投資者保護基金の対象** ●元本は保証されていない ●為替手数料がかかる ●預入時より円高になると為替差損が生じる
税制	●**利子・収益分配金は20.315％の源泉徴収で申告不要、または申告分離課税を選択。譲渡益・償還益（為替差益を含む）は20.315％の申告分離課税で上場株式等と損益通算・繰越控除が可能**

例題

・適切なものには○、不適切なものには×をしなさい。

❶ 外貨建てMMFは、短期の債券等を運用対象の中心としており、株式はいっさい組み入れることができない。

❷ 外貨建てMMFの収益分配金の額は、同じ通貨の1年もの定期預金に連動して決定される。

❸ 外貨建てMMFの換金によって生じた為替差益は、課税の対象とはならない。

◀2012年5月「個人」（改）

例題の答え

❶ ○

❷ ×
配当収益や売買益などの運用成果に応じて決定される。

❸ ×

過去問トレーニング

適切なものには○、不適切なものには×をしなさい。

問1 外貨預金の払戻し時において、預入金融機関が提示する対顧客電信買相場（TTB）は、預金者が外貨を円貨に換える際に適用される為替レートである。

◀2023年1月学科

問2 国内の銀行で取り扱われている外貨預金の概要について説明した次の記述の正誤を答えなさい。

◀2012年5月個人・2021年5月個人

❶ 外貨預金に預入れできる通貨の種類は、取扱金融機関によって異なる場合がある。

❷ 外貨預金の種類には、普通預金、定期預金、通知預金などがある。

❸ 外貨預金は、1金融機関につき預金者1人当たり元本1,000万円までとその利息等が、預金保険制度による保護の対象となる。

❹ 外貨預金の為替レートにおけるTTMとTTS（TTB）の差分は為替スプレッドと呼ばれるもので、取引金融機関による差異はない。

問3 為替予約を締結していない外貨定期預金において、満期時の為替レートが預入時の為替レートに比べて円安になれば、当該外貨定期預金の円換算の利回りは低くなる。

◀2022年9月学科

答え

問1 ○ TTB（対顧客電信買相場）は、預金者が外貨を円に交換するときの為替レート。銀行側から見て外貨を買う（Buy）相場なのでTTB。

問2 ❶ ○ ❷ ○

❸ × 外貨預金は、預金保険制度の保護の対象外。

❹ × 為替スプレッドは、金融機関、取扱金額等によって異なる。

問3 × 外貨預金において、円安になると為替差益が生じるので、利回りは高くなる。円安→相対的に外貨の価値が上がる→利益が出る。

ポートフォリオとデリバティブ取引

３級では基本事項の確認問題が出題されるだけ。

- ポートフォリオの相関係数は＋１未満ならリスクが低減。
- 「買う権利」をコール・オプション、「売る権利」をプット・オプションという。

1 ポートフォリオ

総資産を国内株式、海外債券、不動産など、複数の異なる資産（アセット）へ配分（アロケーション）して運用することを**アセット・アロケーション（資産配分）**といいます。

このアセット・アロケーションを行うと、資産は預貯金、株式、債券、不動産などといった様々な資産に分散している状態になります。このように分散された資産の組み合わせのことを**ポートフォリオ**※といいます。また、性格の異なる複数の金融商品に投資することによって、安定した運用を行うことを**ポートフォリオ運用**といいます。

 ことば

ポートフォリオ：紙ばさみ、書類入れ。転じて、金融資産の組み合わせのこと。

2 ポートフォリオの相関係数

ポートフォリオ運用で**リスク**を低減するためには、できるだけ値動きが異なる金融商品を組み合わせる必要があります。ポートフォリオに組み入れる資産や銘柄の値動きの関連性を表す指標を**相関係数**といいます。相関係数は、値動きの相関関係を**－１（逆の値動き）**から**＋１（同じ値動き）**までの数値で表したもので、相関係数が**＋１未満**であれば、ポートフォリオのリスクは、それぞれの資産のリス

 ことば

リスク：資産運用におけるリスクは「不確実性」のことをいう。この意味で、損失を被る危険性だけでなく、利益が発生する可能性もリスクに含まれる。

クを投資割合で加重平均したものより低くなるため、**リスクの軽減効果**が得られます。

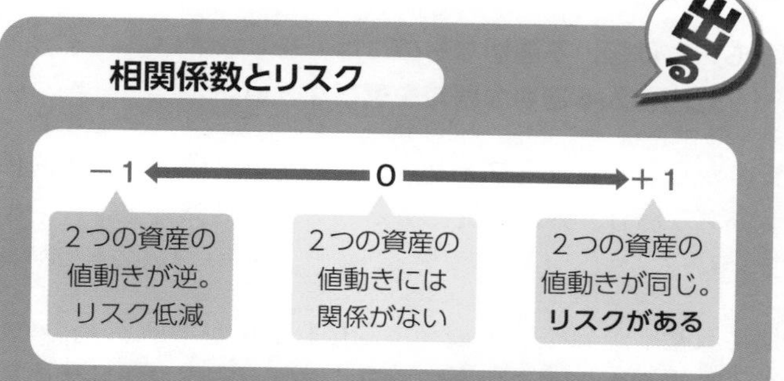

ことば

加重平均：平均値を算出する際、量の大小を反映させる方法。ポートフォリオ運用の期待収益率（平均値）は各資産の期待収益率の単純な平均ではなく、各資産の期待収益率に投資している割合を加重平均した値となる。

スピード理解!!

ポートフォリオの期待収益率＝(各資産の収益率×各資産の構成比)の合計

期待収益率が**10%**のＡ資産と、期待収益率が**4%**のＢ資産を**7：3**で組み入れたポートフォリオの期待収益率は、

10×0.7＋4×0.3=7＋1.2＝8.2%

3 デリバティブ取引

デリバティブ取引とは、株式や債券などの現物市場と連動して価格が変動する商品（金融派生商品）を対象にした取引のことです。デリバティブ取引には、先物取引やオプション取引があります。

ことば

デリバティブ：派生物、派生商品。より基本的な資産や商品などから派生した資産あるいは契約。

先物取引は、各種有価証券・商品・指数等について、将来の一定時点に一定価格で一定の数量を売買することを契約する取引をいいます。

オプション取引は、ある商品について一定の日（期間）に一定のレートや価格で取引する**権利（オプション）**を売買する取引で、**買う権利をコール・オプション、売る権利をプット・オプション**といいます。取引の際、買い手は売り手に**プレミアム**（オプション料）を支払います。一般に、満期までの残存期間が長いほど、プレミアムは高くなります。

ことば

プレミアム：権利（オプション）の価値のこと。

過去問トレーニング

適切なものには○、不適切なものには×をしなさい。
また（　）内に入る適切な語句を選びなさい。

問1 □□　異なる２資産からなるポートフォリオにおいて、２資産間の相関係数が「－１」である場合、分散投資によるリスクの低減効果は、最小となる。

◀2022年5月学科

問2 □□　A資産の期待収益率が2.0%、B資産の期待収益率が4.0%の場合に、A資産を40%、B資産を60%の割合で組み入れたポートフォリオの期待収益率は、（　）となる。

ア 1.60%　　**イ** 3.00%　　**ウ** 3.20%

◀2019年1月学科

問3 □□　オプション取引において、特定の商品を将来の一定期日にあらかじめ決められた価格で買う権利のことを（１）・オプションといい、他の条件が同じであれば、一般に、満期までの残存期間が長いほど、プレミアム（オプション料）は（２）なる。

ア (1) コール　(2) 高く
イ (1) コール　(2) 低く
ウ (1) プット　(2) 低く

◀2021年9月学科

答え

問1 ×

相関係数が－１のとき、２つの資産の値動きが正反対になるので、分散投資の効果は最大。効果が最小となるのは相関係数が「+1」のとき。

問2 ウ

ポートフォリオの期待収益率＝（各資産の収益率×各資産の構成比）の合計
資産A：期待収益率２%×構成比40%＝２×0.4＝0.8%
資産B：期待収益率４%×構成比60%＝４×0.6＝2.4%
ポートフォリオの収益率＝0.8%＋2.4%＝3.2%

問3 ア

買う権利はコール・オプション。オプション・プレミアム（オプション料）は、オプションの買い手にとって有利な条件には上昇し、不利な条件には下落する。一般に、満期までの残存期間が長いほど、コール・オプションもプット・オプションもプレミアムが高くなる。

Part 4

タックスプランニング

赤い下線と赤い囲みに
注目して覚えていけば
必ず合格できるよ!!

Contents ここで学習すること

1 所得税の基礎知識

税金の種類・所得税の課税方法を問う問題が出る。

- 所得税、法人税、相続税は直接税。消費税は間接税。
- 居住者は国内外すべての所得に関して納税義務がある。
- 所得税の課税方法は総合課税が基本。

1 税金の種類

税金は、**国税**（国に納付）と**地方税**（地方公共団体に納付）、**直接税**と**間接税**に分けられます。

直接税は**担税者**（**税金を負担する者**）と**納税義務者**（**実際に税金を納める者**）**が同一**の税金で、その代表が所得税や住民税です。**間接税**は**担税者と納税義務者が異なる**ことを想定している税金で、その代表が**消費税**です。

担税者：税金を負担する人。これに対して、税金を納付する人が納税者。

	直接税	間接税
国　税	所得税、法人税、相続税、贈与税	消費税
地方税	事業税、固定資産税、都市計画税、住民税	地方消費税

※2023年10月より消費税の適格請求書等保存方式（インボイス制度）が始まった（iiページ参照）。

スピード理解!!
所得税・住民税＝稼いだ人が直接納めるから→直接税
消費税＝購入者が販売業者（店等）に支払った税金を販売業者が納めるから→間接税

・**次の記述の正誤を答えなさい。**

税金は国税と地方税に区分できるが、所得税は国税であり、法人税は地方税である。

◀2014年1月学科

例題の答え

×　法人税は国税。

2 所得と所得税

個人が１年間（１月１日～12月31日）に得た**収入**から、**必要経費**を引いた金額を**所得**といいます。所得に対して課税される税金が**所得税**（国税）です。

所得＝収入－必要経費

所得税の計算上、収入にはその年に実際に収入として確定した金額に加え、**未収の売上代金**も含まれます。

所得は、発生形態別に次の10種類に分類されています。

❶ 利子所得	❷ 配当所得	❸ 不動産所得	❹ 事業所得	❺ 給与所得
❻ 退職所得	❼ 山林所得	❽ 譲渡所得	❾ 一時所得	❿ 雑所得

ことば

必要経費：収入を得るために支出した費用のこと。

3 所得税の納税義務者

所得税法における**居住者**（日本国内に住所がある、または現在まで引き続き１年以上居所を有する個人）は、原則、**国内外で生じたすべての所得**について、所得税の納税義務を負います。**非居住者**（居住者以外の個人）は、**日本国内で生じた所得**（国内源泉所得）に限って納税義務を負います。

スピード理解!!

会社員の収入は給与と賞与の額面金額。所得は額面金額から、必要経費に当たる給与所得控除額を引いた額になるよ。

4 非課税所得

以下のものには、所得税が課税されません。

- 通院・手術・入院など、**身体の傷害に基因して保険契約から支払われる給付金・保険金**
- **生活用の家具や衣服の売却による所得**（骨とうや美術工芸品等の売却所得は非課税にならない）
- **相続、遺贈**または**個人からの贈与**により取得するもの※
- 宝くじの当選金、サッカーくじの払戻金

※ 所得税ではなく、相続税、贈与税の対象となる。

5 所得税の課税方法

所得税の課税方法には、複数の所得をまとめて課税する総合課税と、所得を分けて個別に課税する分離課税があります。

分離課税はさらに申告分離課税と源泉分離課税に分けられます。

● **総合課税**：複数の所得をまとめて総合的に課税する課税方式で、確定申告によって税金を納めます。

● **申告分離課税**：他の所得と合算しないで、分離して税額を計算し、確定申告によって、その分の税金を納めます。

● **源泉分離課税**：所得を得た時点で一定税率で税金が差し引かれて課税関係が完結します。確定申告は不要です。

課税対象となる所得には、次のようなものがあります。

スピード理解!!
所得を得た人が、自分で税額を計算して申告。
→申告分離課税
所得（給与等）から税額を天引き。
→源泉分離課税

総合課税	分離課税：申告分離課税	分離課税：源泉分離課税
●利子所得※1 ●配当所得※2 ●不動産所得 ●事業所得 ●給与所得※3 ●一時所得 ●雑所得 ●譲渡所得（土地・建物・株式以外）	●退職所得 ●譲渡所得（土地・建物・株式等） ●山林所得等 ●利子所得の一部（特定公社債等の利子）→174ページ	●利子所得のうち、一般公社債の利子、預貯金の利息等

※1　利子所得は税法上の区分では総合課税。
※2　配当所得は総合課税が原則だが、分離課税も選択できる。
※3　給与所得は原則として源泉徴収で、確定申告は不要（例外もある）。

この表はここで覚えなくても大丈夫。

6 復興特別所得税

復興特別所得税は、各年分の所得税の額に2.1%を乗じた額が、追加的に課税されるものです。

ここ数年のFP検定試験では、復興特別所得税を含めた問題が増えているため、本文では原則として復興特別所得税を考慮した税率で掲載してあります。[※] なお、例題として紹介する場合、「復興特別所得税を考慮しない」と但し書きされている過去問については、そのままの表記で掲載しています。

※復興特別所得税を含む所得税率は、
所得税10%の場合：
10×1.021＝10.21%
所得税15%の場合：
15×1.021＝15.315%
所得税20%の場合：
20×1.021＝20.42%
所得税30%の場合：
30×1.021＝30.63%
以下同。

7 所得税の計算の流れ

所得税の計算は、次のような流れで行います。

Step1 所得金額の算出
10種類の所得ごとに、収入金額から必要経費や負債利子などを差し引いて所得金額を割り出す。

↓

Step2 総所得金額の算出
損益通算と繰越控除を行って、総所得金額（課税標準）を算出する。

↓

Step3 課税総所得金額の算出
課税標準から所得控除を差し引いて、課税金額を求める。

↓

Step4 所得税額の算出
課税金額に税率を掛けて所得税額を算出し、税額控除を行う。

↓

Step5 申告納税額の算出
源泉徴収分の金額を差し引いて、申告する納税額を算出する。

次のページの「所得税の計算手順一覧」に、Stepごとの細目をまとめてあります。

【所得税の計算手順一覧】

※1 上場株式等の配当所得については、申告分離課税、確定申告不要制度を選択できる。

※2 給与所得は、源泉徴収される。

※3 課税標準が税金の対象となる。そこから所得控除額を差し引いて課税金額を算出する。

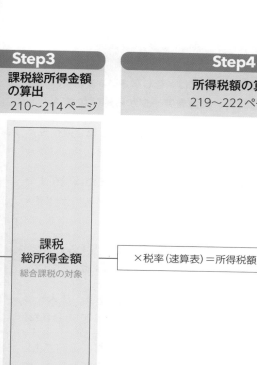

Step3
課税総所得金額の算出
210～214ページ

Step4
所得税額の算出
219～222ページ

Step5
申告納税額の算出
225～230ページ

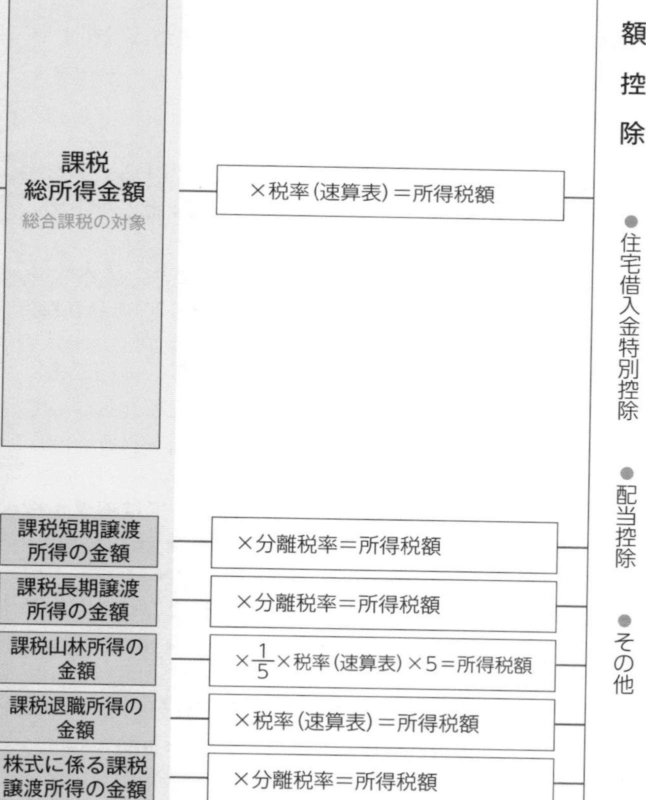

上の計算手順をここで覚える必要はない。
各項目の学習で、この一覧に戻って確認すると全体像がつかめるのでわかりやすいよ。

過去問トレーニング

適切なものには○、不適切なものには×をしなさい。また、(　　)内にあてはまる、適切な語句、数値をア～ウから選びなさい。

問1 法律上の納税義務者と実際に税金を負担する者が異なる税を間接税といい、間接税の例の１つとして、消費税が挙げられる。 ◀2016年5月学科

問2 所得税における居住者とは、日本国内に住所を有し、または現在まで引き続いて（　　）以上居所を有する個人をいう。 ◀2013年9月学科

ア　1年　　イ　5年　　ウ　10年

問3 税金には国税と地方税があるが、（　　）は地方税に該当する。

ア　相続税　　イ　登録免許税　　ウ　固定資産税 ◀2021年1月学科

問4 税金は国税と地方税に区分できるが、所得税は国税であり、法人税は地方税である。 ◀2014年1月学科

問5 所得税法における居住者(非永住者を除く)は、原則として、国内で生じた所得について所得税の納税義務は生じるが、国外で生じた所得について所得税の納税義務は生じない。 ◀2019年5月学科

問6 所得税において、非居住者は、国内源泉所得以外については納税義務を負わない。 ◀2015年9月学科

問7 所得税において、医療保険の被保険者が病気で入院したことにより受け取った入院給付金は、非課税である。 ◀2022年1月学科

問8 所得税は、原則として、毎年4月1日から翌年3月31日までの期間に生じた個人の所得に対して課される税金である。 ◀2011年5月学科

問9 所得税において源泉分離課税の対象となる所得については、他の所得金額と合計せず、分離して税額を計算し、確定申告によりその税額を納める。 ◀2021年5月学科

問10 所得税では自己の生活の用に供する家具や衣服（貴金属・美術工芸品を除く）を譲渡したことによる所得は非課税所得である。 ◀2018年9月学科

問11 個人が、相続、遺贈または個人からの贈与により取得するものは、所得税においては（　　）とされる。

ア 非課税所得　イ 譲渡所得　ウ 雑所得　◀2019年9月学科

問12 電車・バス等の交通機関を利用して通勤している給与所得者が、勤務先から受ける通勤手当は、所得税法上、月額10万円を限度に非課税とされる。

◀2023年9月学科

答え

問1 ○ 消費税は、間接税の代表的な税金。一方、担税者と納税義務者が同じ直接税には、所得税、法人税、贈与税、相続税などが挙げられる。

問2 ア 所得税法における居住者とは、国内に引き続いて1年以上居所を有する個人、または国内に住所を有する個人。この「居所」は居住する場所のことなので、ホテル住まいの者は、ホテルの住所が納税地となる。

問3 ウ 固定資産税は地方税。地方税は他に、事業税、都市計画税、住民税など。相続税や登録免許税は国税。

問4 × 所得税、法人税ともに国税。

問5 × 居住者（非永住者を除く）は、国外で生じた所得に対しても所得税の納税義務がある。

問6 ○ 非居住者とは、日本国内に住所がなく、かつ1年以上日本国内に居所がない者のことで、日本国内で生じた所得についてのみ納税義務を負い、日本国外での所得については納税義務が生じない。

問7 ○ 入院給付金は非課税。ほかにも手術・通院給付金も非課税となる。

問8 × 所得税の課税対象期間は、毎年1月1日からその年の12月31日まで。

問9 × 源泉分離課税は、一定の税率で所得税が源泉徴収されるため、申告は不要。

問10 ○ 生活に通常必要な家具や衣服（生活用動産）の譲渡による所得は非課税。

問11 ア 所得税においては非課税となる。ただし贈与税、相続税として課税される。

問12 × 通勤に交通機関を利用する給与所得者に支給される通勤手当は、合理的な運賃額であれば、月額15万円までが非課税所得（199ページ）。

タックスプランニング 4

2 所得金額の算出

所得金額や総所得金額を求める問題が頻出！

- 減価償却費は定額法の計算式で計算する。
- 総所得金額へ算入する一時所得は、所得金額の２分の１。
- 概算取得費は、譲渡収入金額の５％相当額。

Step 1（191ページ）です。所得金額を算出します。

1 利子所得 — 源泉分離課税

利子所得とは、預貯金の利子、一般公社債の利子など[※1]の所得です。**利子所得は源泉分離課税**の対象で、**20.315%**[※2]**が源泉徴収**されます（190ページ）。ただし、特定公社債等の利子は、源泉徴収後申告不要、または申告分離課税を選ぶことになります（174ページ）。

※1 一般公社債の利子のうち、2016年１月１日以降に同族会社が発行した私募債で、その同族会社の株主等が支払いを受ける利子や償還金は総合課税。

※2 20.315%＝所得税15%＋住民税5%＋復興特別所得税0.315%。

2 配当所得 — 総合課税

配当所得は、株式の配当金や投資信託（公社債投資信託を除く）の収益分配金などによる所得です。原則として総合課税の対象で、他の所得と合算し、確定申告で税額を精算します。 配当所得は、次のように計算します。

配当所得＝収入金額－株式（元本）を取得するための負債利子

なお、**上場株式等の配当金（配当所得）**は、**20.315%**[※2]**が源泉徴収**されます。その後、申告不要制度、総合課税、申告分離課税から選ぶことができます（175ページ）。

利子所得や配当所得はPart 3で、不動産所得はPart5で、重ねて学習するよ。

3 不動産所得 ― 総合課税

不動産所得とは、不動産の**貸付け**による所得[※]のことで、総合課税の対象です。

※不動産の売却による収入は、譲渡所得。

不動産所得は、次のように計算します。

不動産所得＝総収入金額－必要経費（－青色申告特別控除額）

不動産所得の総収入金額と必要経費

総収入金額	●家賃、地代、礼金、更新料、借地権料、共益費など ●**敷金、保証金のうち賃借人に返還を要しない部分** ×後に返還するものは総収入金額には含まれない
必要経費	●固定資産税、都市計画税、不動産取得税 ●修繕費、損害保険料、火災保険料、減価償却費 ●**賃貸不動産を取得するための借入金の利子** ×賃貸不動産を取得するための元金は必要経費にはならない ×所得税、住民税は必要経費にはならない

なお、不動産貸付は**事業的規模**で行った場合でも、事業所得ではなく**不動産所得**となります。事業的規模とは、アパート等では貸与可能な独立した**室数が10室**以上、**独立家屋では5棟**以上の貸付けをいいます（5棟10室基準）。事業的規模の場合、**青色申告特別控除によって最高65万円**が控除できます（230ページ）。

例題

・正しければ○、誤っていれば×をつけなさい。

◀2015年1月・2021年5月学科

❶ 不動産所得の金額の計算における総収入金額には、敷金や保証金などのうち、返還を要しないものが含まれる。

❷ 所得税において、事業的規模で行われている不動産の貸付けによる所得は、事業所得に該当する。

例題の答え

❶ ○
❷ × 事業所得ではなく、不動産所得。

4 事業所得 — 総合課税

事業所得は、農業、漁業、製造業、卸売業、小売業、サービス業、その他事業による所得で、総合課税の対象です。

事業所得は、次のように計算します。

事業所得＝総収入金額－必要経費（－青色申告特別控除額）

事業所得の「**総収入金額**」は、すでに手に入った収入ではなく、**事業によってその年に確定した売上金額（未収額も含む）**のことです。「必要経費」には、**売上原価**（商品などの仕入れ代金）、給与・賃金、減価償却費、広告宣伝費、家賃、水道・光熱費、固定資産税などが含まれます。

売上原価：商品の仕入や製造にかかった費用のこと。次の算式により求められる。売上原価＝年初（期首）棚卸高＋年間仕入高－年末（期末）棚卸高

ことば

減価償却：「減価」とは価値を減らすこと、「償却」とは消すこと。検定では「所得税法において、業務用の建物や機械など、時の経過やその利用により価値が減少する資産について、その取得に要した金額を耐用年数にわたって各年分の必要経費に配分する手続」と記述されている。

5 減価償却

事業で使用する機械、建物などの資産は、時の経過や利用によって年々価値が減少します。その減少する価値を帳簿上で減らしていくのが**減価償却**です。減価償却資産の取得金額は、資産の使用可能期間（耐用年数）の全期間にわたって分割して必要経費になります。

減価償却の方法は、次のどちらかを選択します。

定額法：毎年同額を減価償却費として計上する方法

定率法：償却残高に一定の償却率を掛けて計上する方法

定額法では、毎年の減価償却費は次のように計算します。

減価償却費＝取得価額×定額法償却率×業務供用月数／12

どちらかを選択しなかった場合、個人は定額法、法人は定率法となります。ただし、1998年（平成10年）4月1日以降に取得した**建物の減価償却はすべて定額法**で行います。

時の経過で価値が減少しない**土地や骨とうなどの資産**は、**減価償却資産に該当しません**。

減価償却の計算問題は定額法しか出題されないよ。

6 給与所得 — 総合課税

給与所得とは、会社員やアルバイトが、会社から受け取る給与、賞与、各種手当て、現物給与等をいいます。

総合課税で、給与等の収入金額が**2,000万円超**の人、給与所得・退職所得以外の所得が**20万円超**の人は**確定申告**が必要です。それ以外の人は、給与支払者（事業主）が源泉徴収によって税金を支払うため確定申告は不要です。

給与所得は、次のように計算します。

給与所得＝給与収入金額－給与所得控除額（最低55万円）

〈給与所得控除額〉

給与等の収入金額（年収）		給与所得控除額
	162.5万円以下	55万円
162.5万円超	180万円以下	収入金額×40％－10万円
180万円超	360万円以下	収入金額×30％＋8万円
360万円超	660万円以下	収入金額×20％＋44万円
660万円超	850万円以下	収入金額×10％＋110万円
850万円超		195万円（上限）

給与所得控除額は試験で提示されるので、覚えなくていいよ。

なお、**通勤手当**（電車・バス通勤者の場合は月額15万円が限度）、**出張旅費**は**非課税**です。

7 退職所得 — 分離課税

退職所得とは、退職時に勤務先から受け取る退職金などの所得です。退職所得は次のように計算します。

退職所得＝（収入金額－退職所得控除額）×1／2※

〈退職所得控除額〉

勤続年数	退職所得控除額（勤続年数に応じる）
20年以下の場合	**40万円×勤続年数（最低控除額80万円）**
20年超の場合	**800万円＋70万円×（勤続年数－20年）** 40万円×20年

▲勤続年数の１年未満の端数は切り上げて１年とする。障害者になったことに基因する退職の場合は100万円が加算される。

※ 2022年分以後の所得税について、役員等以外の者としての勤続年数が5年以下である者に対する退職手当等のうち、退職所得控除額を控除した残額の300万円を超える部分について、2分の1課税を適用しない。

退職所得は分離課税です。退職時に**退職所得の受給に関する申告書**を提出した場合は、源泉徴収で退職所得控除が適用されて課税が終了し、**確定申告は不要**です。申告書を提出しなかった場合は、退職所得控除が適用されずに収入金額の**20.42%**[※1]**が源泉徴収**されますが、確定申告を行うことによって税金の還付を受けることができます。

> ことば
> **退職所得の受給に関する申告書**：退職手当の支給を受ける人が会社（退職手当の支払者）に提出する手続き。
>
> ※1 20.42% = 所得税20%+復興特別所得税0.42%（20×0.021 = 0.42）。

8 譲渡所得 — 総合課税・分離課税

譲渡所得とは、書画、骨とう、ゴルフ会員権、不動産、株式、金地金（きんじがね）などの資産を譲渡（売却）することで生じる所得で、**長期譲渡所得（所有期間が５年超）**と**短期譲渡所得（所有期間が５年以下）**に分かれます（土地、建物の場合は、譲渡年の**１月１日時点**での所有期間）。

出る

譲渡所得の計算と課税方法

土地・建物・株式以外の譲渡所得は、総合課税（他の所得と合算）

譲渡所得＝総収入金額－（取得費＋譲渡費用）－特別控除額[※2]**（最高50万円）**

- 長期譲渡所得は、その**２分の１の金額を総所得金額へ算入**する。
- 短期譲渡所得は、そのまま**全額を総所得金額へ算入**する。

土地・建物の譲渡所得は、申告分離課税（190ページ）

譲渡所得＝総収入金額－（取得費＋譲渡費用）－特別控除額[※2]

- **長期譲渡所得**に課される税率は**20.315%**（復興特別所得税0.315%含む）
- **短期譲渡所得**に課される税率は**39.63%**（復興特別所得税0.63%含む）

株式の譲渡所得は、申告分離課税（190ページ）

譲渡所得＝総収入金額－（取得費＋譲渡費用＋負債の利子）

負債の利子：株式購入のための負債の利子

- 株式の譲渡所得に課される税率は**一律20.315%**（復興特別所得税0.315%含む）
- 株式では、長期と短期の区別はない。

※2 譲渡所得の特別控除には様々な種類があり、各々要件を満たした場合にのみ、控除額が差し引かれる。

譲渡所得の計算式にある**取得費**とは、譲渡した資産の購入費や付随費用（仲介手数料・登録免許税・印紙代など）の合計金額をいいます。取得費が不明な場合は、譲渡収入金額の**5%相当額を概算取得費**とすることができます。

譲渡費用とは、資産を譲渡する際に直接かかった費用のことで、仲介手数料、広告料、印紙代、**古い建物の取壊し費用**、借家人の立退料などが含まれます。

なお、商品を商売で販売して得た所得は事業所得、山林の売却で得た所得は山林所得となります。

取得費、概算取得費は頻出問題。Part 5でも学習するよ。

9 一時所得 — 総合課税

一時所得とは、懸賞金付預貯金の**懸賞金**、競馬・競輪などの払戻金、生命保険の**満期保険金**や**解約返戻金**、損害保険の満期返戻金、ふるさと納税の返礼品の経済利益※などをいいます。

一時所得＝総収入金額－収入を得るために支出した金額－特別控除額（最高50万円）

一時所得は、総合課税で確定申告が必要です。その際、一時所得金額の**2分の1**だけを総所得金額へ算入します。

※ふるさと納税の返礼品の金額は寄付金の3割以内と定められている。特別控除50万より、年間166万円（50万÷0.3）を超えてふるさと納税をしている場合は一時所得の課税対象となる可能性がある。

10 山林所得 — 分離課税

山林（所有期間5年超）の伐採や、立木のまま譲渡した場合に生じる所得を**山林所得**といい、次の計算式で求めます。

山林所得＝総収入金額－必要経費※－特別控除額（最高50万円）

課税方法は、分離課税で確定申告が必要です。

※山林所得の青色申告者は、必要経費のほかに最高10万円を青色申告特別控除額として控除することができる。

ライフプランニングと資金計画　リスク管理　金融資産運用　4 タックスプランニング　不動産　相続・事業承継

11 雑所得 — 総合課税

雑所得とは、他のいずれの所得にも該当しない所得です。

公的年金等の雑所得	国民年金、厚生年金、国民年金基金、厚生年金基金、確定拠出年金等の年金
公的年金等以外の雑所得	講演料、作家以外の者が受け取る原稿料・印税、生命保険などの個人年金、暗号資産での所得

雑所得は、公的年金等とそれ以外の所得に分けて計算し、それを合算します。公的年金等に係る雑所得は、公的年金等の収入金額から公的年金等控除額を控除して算出します。

雑所得＝ 公的年金等の収入金額－公的年金等控除額 ＋ 総収入金額－必要経費

└─公的年金等の雑所得─┘ └─公的年金等以外の雑所得─┘

公的年金等控除額は、次の規定に従って算出します。

雑所得は、総合課税で確定申告※が必要です。

※ 給与所得者は、暗号資産（仮想通貨）取引による所得が20万円を超えていた場合、雑所得として確定申告が必要。

〈公的年金等に係る雑所得の速算表〉

納税者区分	公的年金等の収入金額	公的年金等控除額
65歳未満の者	130万円未満	60万円
	130万円以上　410万円未満	収入金額×25%＋27.5万円
	410万円以上　770万円未満	収入金額×15%＋68.5万円
	770万円以上 1,000万円未満	収入金額×5%＋145.5万円
	1,000万円以上	195.5万円
65歳以上の者	330万円未満	110万円
	330万円以上　410万円未満	収入金額×25%＋27.5万円
	410万円以上　770万円未満	収入金額×15%＋68.5万円
	770万円以上 1,000万円未満	収入金額×5%＋145.5万円
	1,000万円以上	195.5万円

▲上記は、公的年金等に係る雑所得以外の所得に係る合計所得金額が1,000万円以下の場合の控除額。また、年齢の判定は12月31日時点。

控除額の表の数値は、検定で提示されるので、覚えなくてOK。

12 所得金額調整控除

所得金額調整控除は、子育て・介護世帯の税負担を軽減することを目的とする制度で、一定の給与所得者の総所得金額を計算する場合に、一定の金額を給与所得の金額から控除するというものです。所得金額調整控除の適用対象者には、子ども・特別障害者等を有する場合と、給与所得と年金所得の双方を有する場合の２種類があります。

所得金額調整控除の要件

〈適用対象者の要件と控除額〉

●子ども・特別障害者である扶養親族などがいる場合

その年の給与等の収入金額が850万円を超える居住者で次の①～③のいずれかに該当する給与所得者

①本人が特別障害者に該当する者
②年齢23歳未満の扶養親族を有する者
③特別障害者である同一生計配偶者または扶養親族を有する者

控除額＝（給与等の収入金額※－850万円）×10％
※1,000万円超の場合は1,000万円

●給与所得と公的年金等の双方を受給している場合

その年の給与所得の金額および公的年金等にかかる雑所得の金額がある居住者で、給与所得の金額および公的年金等にかかる雑所得の金額の合計額が10万円を超える者

控除額＝給与所得控除後の給与等の金額※＋公的年金等に係る雑所得の金額※－10万円
※10万円超の場合は10万円

〈ポイント〉

①扶養控除とは異なり、同一生計内のいずれか一方の所得者に適用するという制限がないため、夫婦双方で適用を受けることができる。
②子ども・特別障害者等を有する者等の所得金額調整控除の適用を受けるには、年末調整において「所得金額調整控除申告書」を提出する。

過去問トレーニング

適切なものには○、不適切なものには×をしなさい。また選択肢があるものは正しいものをア～ウから選びなさい。

問1 所得税において、2024年中に取得した建物（鉱業用減価償却資産等を除く）に係る減価償却の方法は、定率法である。 ◀2023年5月学科

問2 個人が土地を譲渡したことによる譲渡所得の金額の計算において、譲渡した土地の取得費が不明である場合、当該収入金額の10％相当額を取得費とすることができる。 ◀2022年1月学科

問3 所得税における一時所得に係る総収入金額が500万円で、その収入を得るために支出した金額が250万円である場合、総所得金額に算入される一時所得の金額は、100万円である。 ◀2022年9月学科

問4 自動車事故でケガを負い、相手方が加入していた自動車保険の対人賠償保険から受け取った保険金は、一時所得とされる。 ◀2021年1月学科

問5 給与所得者が、34年9カ月間勤務した会社を定年退職し、退職金の支給を受けた。この場合、所得税の退職所得の金額を計算する際の退職所得控除額を**ア**～**ウ**から選びなさい。 ◀2016年1月学科

ア 800万円＋40万円×（35年－20年）＝1,400万円
イ 800万円＋70万円×（34年－20年）＝1,780万円
ウ 800万円＋70万円×（35年－20年）＝1,850万円

問6 西里さんは2024年7月に新築のアパートを購入し、新たに不動産賃貸業を開始した。このマンションのデータが下記のとおりである場合、2024年分の不動産所得の金額の計算上、必要経費に算入される建物の減価償却費の金額として正しいものはどれか。 ◀2021年5月資産（改）

〈資料〉

・取得価額：75,000,000円　・取得年月：2024年7月
・耐用年数：47年　・不動産賃貸の用に供した月：2024年7月
・耐用年数47年の償却率：定額法　0.022　定率法：0.043

ア 825,000円　**イ** 1,612,500円　**ウ** 1,650,000円

問7 久雄さんは、定年退職時に勤務先から退職一時金として2,300万円が支給される見込みである。所得税における退職所得に関する次の記述の空欄❶、❷にあてはまる語句の組み合わせとして、正しいものを**ア**～**ウ**から選びなさい。なお、久雄さんの勤続年数は38年とし、障害者になったことに基因する退職ではないものとする。 ◀2014年9月資産

〈退職所得控除額の求め方〉

勤続年数20年以下	：勤続年数×40万円（最低控除額80万円）
勤続年数20年超	：800万円＋70万円×（勤続年数－20年）

・退職所得は（ ❶ ）の対象となる。
・久雄さんの退職所得の金額は、（ ❷ ）である。

ア ❶ 分離課税 ❷ 240万円 **イ** ❶ 分離課税 ❷ 120万円
ウ ❶ 総合課税 ❷ 120万円

答え

問1 × 1998（平成10）年4月1日以降に新たに建物を取得した場合、減価償却の償却方法は定額法で行う。

問2 × 正しくは5%。

問3 ○ 一時所得＝収入－支出－特別控除50万円。この2分の1が総所得金額への合算対象。（500万円－250万円－50万円）×1/2＝100万円。

問4 × 対人・対物事故による損害保険の保険金や賠償金は所得税法上、利益という認識ではないため、非課税所得となる。

問5 ウ 退職所得控除額は、勤続年数が20年以下の期間は1年当たり40万円、20年を超える期間は1年当たり70万円。1年未満の端数は切り上げて1年とするので、34年9カ月は35年として計算する。
退職所得控除額＝800万円＋70万円×（35年－20年）＝1,850万円

問6 ア 減価償却費＝取得価額×償却率×業務供用月数／12。建物の減価償却法は定額法を用いる。2024年中の事業供用月数は7月～12月の6カ月間。75,000,000円×0.022×6カ月/12カ月＝825,000円

問7 イ

❶ 退職所得は、申告分離課税。
❷ 退職所得金額は、
〔2,300万円－{40万円×20年＋70万円×(38年－20年)}〕×1／2
＝{2,300万円－(800万円＋1,260万円)}×1／2
＝(2,300万円－2,060万円)×1／2＝120万円

3 総所得金額の算出：損益通算と繰越控除

譲渡損失と不動産所得の損失の損益通算問題が頻出！

- 上場株式等の譲渡損失は、一定の要件で配当所得と損益通算。
- 不動産所得の損失のうち、土地取得のための借入金の負債利子は損益通算できない。

次にStep 2（191ページ）です。総所得金額を算出します。

1 損益通算

損益通算とは、所得の損失（赤字）と、他の所得の利益（黒字）を通算（相殺）するしくみのことです。

10種類の所得のうち、損益通算できる所得は、**不**動産所得、**事**業所得、**山**林所得、**譲**渡所得の４種類です。

損益通算できない所得は、**一**時所得、**配**当所得、**雑**所得、**給**与所得の４種類です。利子および退職所得については、金額の計算上損失は生じません。

スピード理解!!
富士山上（不事山譲）で損益通算。
いっぱい雑（一配雑）なので急（給）に通算できない。

他の所得と損益通算できない所得　出る

- 不動産所得の損失でも、土地の取得に要した借入金の負債利子は損益通算できない（建物の取得に要した借入金の負債利子は損益通算できる）。
- 譲渡所得の損失でも、以下のものは損益通算できない。
  - ×ゴルフ会員権、別荘、宝石など、生活に必要のない資産の譲渡損失
  - ×土地・建物（賃貸用を含む）の譲渡損失（一定の居住用財産を除く）
  - ×株式等の譲渡損失（ただし、上場株式等の譲渡損失は、同一年の株式等の譲渡所得、また確定申告を要件として申告分離課税を選択した配当所得とならば損益通算できる）。

例題

・次の記述の正誤を答えなさい。

下記の〈資料〉において、不動産所得の金額の計算上生じた損失のうち、他の所得の金額と損益通算が可能な金額は、40万円である。

〈資料〉　不動産所得に関する資料
　総収入金額：120万円
　必要経費（土地等を取得するために要した負債の利子の額20万円を含む）：180万円

◀ 2016年1月学科

例題の答え

○ 180万円から負債の利子20万円を除いた160万円が必要経費。損益通算できる不動産所得の損失は120−160＝−40で、40万円。

2 繰越控除

繰越控除とは、その年に生じた所得の損失金額を繰り越して、翌年以降の黒字の所得金額から差し引くことをいいます。繰越控除には、次のものがあります。

繰越控除ができる損失

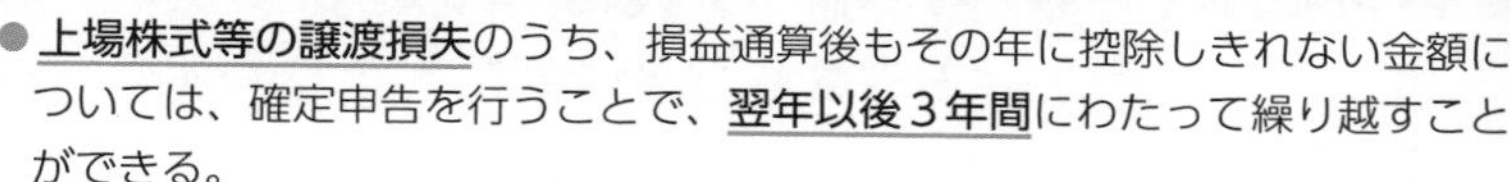

- **上場株式等の譲渡損失**のうち、損益通算後もその年に控除しきれない金額については、確定申告を行うことで、**翌年以後３年間**にわたって繰り越すことができる。
- 青色申告者の所得税の計算において、**損益通算してもなお控除しきれない損失の金額（純損失の金額）**が生じた場合、その損失の金額を**翌年以後３年間**にわたって繰り越し、各年分の黒字の所得から控除することができる（230ページ）。
- 一定の居住用財産を譲渡して損失が生じた場合については、**翌年以降３年間にわたって繰越控除ができる**（270ページ）。

損益通算と繰越控除をしたら、総合課税の対象になる所得を合算して、総所得金額を算出します。分離課税の所得は、総所得金額には含まれません。

これで、課税標準（課税対象の所得金額）の算出が終わりました。

過去問トレーニング

正しいものまたは適切なものには○、誤っているものまたは不適切なものには×をしなさい。また空欄にあてはまるものをア〜ウから選びなさい。

問1 上場株式の譲渡による損失の金額は、確定申告を要件として、不動産所得などの他の所得金額と損益通算することができる。◀2015年10月学科

問2 上場株式に係る譲渡所得の金額の計算上生じた損失の金額は、給与所得の金額と損益通算することができない。◀2013年5月学科

問3 所得税において、（　　）、事業所得、山林所得、譲渡所得の金額の計算上生じた損失の金額は、一定の場合を除き、他の所得の金額と損益通算することができる。◀2023年5月学科

ア 一時所得
イ 不動産所得
ウ 雑所得

問4 所得税において、上場株式等の譲渡により生じた損失の金額のうち、その年に控除しきれない金額については、確定申告により、翌年以後最長（　　）にわたって繰り越すことができる。◀2012年9月学科

ア 3年　**イ** 5年　**ウ** 7年

問5 Aさんの2024年分の不動産所得の金額が800万円、雑所得の損失の金額が50万円、事業所得の損失の金額が100万円であるとき、Aさんの2024年分の総所得金額は（　　）である。◀2015年9月学科（改）

ア 650万円
イ 700万円
ウ 950万円

問6 所得税において、上場株式等の譲渡により生じた損失の金額は、総合課税を選択した上場株式等に係る配当所得の金額から控除することができる。◀2014年1月学科

問7 次の〈資料〉の不動産所得の金額の計算上生じた損失のうち、ほかの所得の金額と損益通算が可能な金額は、（　　）である。なお、損益通算をするに当たって必要とされる要件はすべて満たしているものとする。

◀ 2021年9月学科

〈不動産所得に関する資料〉

総収入金額：150万円 必要経費（※）：300万円	（※）必要経費のなかには、土地を取得するために要した負債利子の金額10万円が含まれている。

ア 140万円
イ 150万円
ウ 300万円

答え

問1 × 上場株式の譲渡による損失は、確定申告することで、申告分離課税を選択した上場株式の配当所得等との損益通算は可能だが、不動産所得とは損益通算できない。

問2 ○ 総合課税である給与所得とは損益通算できない。

問3 イ 損益通算できる所得は、不動産所得、事業所得、山林所得、譲渡所得、損益通算できない所得は、一時所得、配当所得、雑所得、給与所得。

問4 ア 損益通算しても控除しきれなかった譲渡損失は、譲渡の年の翌年以後3年間にわたり繰り越して控除できる。

問5 イ 不動産所得・事業所得・譲渡所得・山林所得の損失は、他の所得と損益通算が可能。しかし、雑所得の損失は他の所得と損益通算できないため、計算上は0円の扱いとなる。総所得金額の計算式は、不動産所得800万円＋事業所得の損失−100万円＋雑所得0円＝700万円

問6 × 上場株式の譲渡所得は申告分離課税なので、総合課税を選択した上場株式の配当所得とは損益通算できない。

問7 ア 不動産所得の損失は、他の所得と損益通算できるが、土地等を取得するための借金（負債）の利子分は除く。そのため、必要経費300万円のうち、負債利子10万円分を除いた、290万円が必要経費となる。これらを計算式にあてはめる。

不動産所得の損失＝150万円－290万円＝－140万円。よって、他の所得と損益通算できる金額は、アの140万円。

4 所得控除

いずれかの所得控除が、毎年出題されている！

- 16歳未満の親族は、扶養控除の対象外。
- 配偶者控除は、配偶者の合計所得金額48万円以下。
- 確定拠出年金の掛金は小規模企業共済等掛金控除の対象。

Step 3（191ページ）の所得控除について学びます。

1 基礎控除

所得控除は、所得税の額を算出する際、所得から一定金額を差し引く制度です。**基礎控除**は、合計所得金額が2,500万円以下のすべての納税者に適用される所得控除です。

基礎控除の金額

合計所得金額		控除額
	2,400万円以下	48万円
2,400万円超	2,450万円以下	32万円
2,450万円超	2,500万円以下	16万円
2,500万円超		0円（適用外）

2 扶養控除

扶養控除は、納税者に**控除対象扶養親族**（その年12月31日現在の年齢が16歳以上の配偶者以外の扶養親族）がいる場合に適用される所得控除です。

一般の扶養控除：要件あり	**控除額38万円**

> **ことば**
>
> **控除対象扶養親族：**
> 扶養親族のうち、その年12月31日現在の年齢が16歳以上の人。

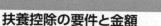

扶養控除の要件と金額

〈要件〉 ●納税者本人と生計を一にしている配偶者以外の親族。
●青色申告者、または白色申告者の事業専従者でないこと。
●合計所得金額48万円以下、収入が給与のみの場合は年収103万円以下。
（年収103万円から給与所得控除55万円を差し引くと48万円）

区分		控除額
一般の扶養親族（一般の扶養控除）：16歳以上		38万円
特定扶養親族（特定扶養控除）：19歳以上23歳未満		63万円
老人扶養親族：70歳以上	同居老親等以外の者	48万円
	同居老親等	58万円

●適用年齢はその年の12月31日時点の年齢。16歳未満の親族は控除なし。

3 配偶者控除

配偶者控除は、**合計所得金額が1,000万円以下**の納税者に、その年の12月31日現在で控除対象配偶者がいる場合に適用される所得控除です。控除対象配偶者の**合計所得金額が48万円以下**である必要があります。

納税者の**配偶者の合計所得金額が48万円超～133万円以下**の場合には、**配偶者特別控除**※が適用されます。

ことば

同居老親等：納税者又はその配偶者と同居する直系尊属（父母・祖父母等）。

※納税者の合計所得金額が1,000万円以下の場合に適用。控除額は最高で38万円。

配偶者控除の要件と金額

〈主な要件〉 ●納税者本人と生計を一にしている配偶者。
●配偶者の合計所得金額48万円以下。収入が給与のみの場合には年収103万円以下。

納税者本人の合計所得金額	控除額	
	控除対象配偶者	老人控除対象配偶者（70歳以上）
900万円以下	38万円	48万円
900万円超　950万円以下	26万円	32万円
950万円超　1,000万円以下	13万円	16万円

4 医療費控除

医療費控除は、納税者が、納税者本人または**生計を一に**する配偶者、親族の医療費を支払った際に適用されます。

医療費控除額	医療費－保険金などで補てんされる金額－【10万円】

▲ 総所得金額が200万円未満の場合は10万円ではなく、【総所得金額×5%】

医療費控除の上限額は毎年**200万円**です。控除を受けるには、確定申告の際に**医療費控除の明細書**を添付する必要があります。※

※ e-Taxで確定申告する場合、必要書類の添付は省略可。

医療費控除の控除対象

対象となるもの	対象とならないもの
○医師、歯科医師の診療費、治療費（健康保険適用外の治療を含む） ○通院費（公共交通機関の交通費） ○医薬品の購入費（薬局で購入する市販薬も含まれる） ○人間ドックの費用（重大な疾病が見つかり、治療を行った場合） ○出産費用	×通院で使用した自家用車のガソリン代、タクシー代（緊急時を除く） ×人間ドックの費用（異常がない場合） ×入院の際の身の回り品の購入費 ×美容・健康増進を目的とする諸費用。美容整形、ビタミン剤、健康食品等 ×コンタクトレンズや眼鏡（近視・遠視・老眼用）の購入費

● **医療費控除の特例（特定一般用医薬品等購入費を支払った場合の医療費控除の特例）：セルフメディケーション税制**ともいいます。2017年1月1日から2026年12月31日までの間に購入した**スイッチOTC医薬品**の金額が12,000円を超える場合、その越える部分の金額（上限88,000円）が所得控除の対象となる特例です。この特例と従来の医療費控除は、どちらかを選ぶ選択制で併用することはできません。

スイッチOTC医薬品：
要指導医薬品および一般用医薬品のうち、医療用から転用された医薬品。市販の風邪薬、胃腸薬、リップクリームなど、約1,500品目が所得控除の対象となる。

5 社会保険料控除

社会保険料控除は、納税者が、納税者本人または**生計を一**にする配偶者その他親族の負担すべき**社会保険料**（国民年金保険料、国民健康保険料、**厚生年金保険料**、雇用保険料、介護保険料、**国民年金基金の掛金**）を支払った場合に、その**全額が所得金額から控除**されるものです。

検定では「居住者が自己または自己と生計を一にする配偶者その他の親族の負担すべき社会保険料を支払った場合」の控除という表現で出題されているぞ。

6 生命保険料控除

生命保険料控除は、支払った生命保険料に適用されます。一般の生命保険料、個人年金保険料、介護医療保険料があります（103ページ）。給与所得者の場合は、**年末調整**の際に勤務先へ**生命保険料控除証明書**の提出が必要です。※

※生命保険に加入した年分についても年末調整ができる。

所得税	**所得税控除合計限度額は12万円**（一般、個人年金、介護医療保険が各**4万円**）
住民税	**住民税控除合計限度額は7万円**（一般、個人年金、介護医療保険が各**2.8万円**）

7 地震保険料控除

地震保険料控除は、居住用家屋や生活用動産の地震保険料を払った場合に適用されます。控除額は所得税と住民税で異なります（121ページ）。給与所得者の場合は、**年末調整**の際に勤務先へ**地震保険料控除証明書**の提出が必要です。

所得税	**地震保険料の全額。所得税控除限度額は5万円**
住民税	**地震保険料の2分の1。住民税控除限度額は2万5,000円**

8 小規模企業共済等掛金控除

小規模企業共済等掛金控除は、**小規模企業共済の掛金**や**確定拠出年金の掛金**を支払った場合に、その**全額が控除**されるものです（75ページ）。

6、7、8の各控除の内容は（参照ページ）に掲載されているよ。

9 その他の所得控除

所得控除は、人的控除（納税者、または扶養家族、親族の事情を考慮した控除）と物的控除（一定の支出や、資産が損害を受けた場合の控除）に分けられます。いずれも所得控除後の金額が課税金額になります。

勤労学生：納税者自身が給与所得などの勤労による所得がある人。

	控除	適用要件	控除額（限度額）
人的控除	基礎控除	納税者の所得金額2,500万円以下	最高48万円
	扶養控除	生計を一にする親族で、 親族の所得金額48万円以下	一般：38万円、特定：63万円、老人：48万円・58万円（同居老親等）
	配偶者控除	納税者の所得金額1,000万円以下 配偶者の所得金額48万円以下	最高38万円
	配偶者特別控除	納税者の所得金額1,000万円以下 配偶者の所得金額48万円超～133万円以下	最高38万円
	寡婦控除	納税者本人がひとり親以外の寡婦	27万円
	ひとり親控除※1	生計を一にする子を有する単身者	35万円
	勤労学生控除	納税者本人が勤労学生	27万円
	障害者控除	本人（配偶者・扶養親族）が障害者	27万円
物的控除	控除	適用要件	控除額（限度額）
	医療費控除※2	医療費が一定額を超えている	医療費－保険金等での補てん金額－10万円
	社会保険料控除	社会保険料の支払いがある	支出額全額
	生命保険料控除	生命保険料等の支払いがある	最高12万円
	地震保険料控除	地震保険料の支払いがある	最高5万円
	小規模企業共済等掛金控除	小規模企業共済の掛金、確定拠出年金の掛金の支払いがある	支出額全額
	雑損控除※2	災難、盗難、横領により損害を受けた場合（詐欺や恐喝の被害は対象外）	①、②のうち多い方の額： ①損失額－課税標準×10% ②災害関連支出額－5万円
	寄附金控除※2	国・地方公共団体、一定の団体に寄附をした場合。 都道府県・市区町村に対する寄附金を「ふるさと納税」※3という。	その年中に支出した寄附金の合計額－2,000円 ※ただし、総所得金額の40%相当額が上限。

※1 ひとり親の性別・婚姻歴にかかわらず適用（合計所得金額が500万円以下など要件あり）。
※2 ▒▒の控除は年末調整されないため、給与所得者であっても確定申告が必要。
※3 確定申告不要な給与所得者が、年間5自治体以内にふるさと納税をして「ふるさと納税ワンストップ特例制度」を申請した場合は寄附金控除に係る確定申告は不要。

過去問トレーニング

適切なものには○、不適切なものには×をしなさい。また選択肢があるものは正しい語句・数字・組み合わせをア～ウから選びなさい。

問1 所得税において、納税者の合計所得金額が2,400万円以下である場合、基礎控除の額は、（　　）である。 ◀2022年9月学科

ア 38万円　**イ** 48万円　**ウ** 68万円

問2 所得税において、納税者の合計所得金額が1,000万円を超えている場合、配偶者の合計所得金額の多寡にかかわらず、配偶者控除の適用を受けることはできない。 ◀2022年5月学科

問3 夫が生計を一にする妻に係る医療費を支払った場合、妻の合計所得金額が48万円を超えるときは、その支払った医療費は夫に係る所得税の医療費控除の対象とならない。 ◀2021年9月学科

問4 「ふるさと納税ワンストップ特例制度」の適用を受けるためには、同一年中の寄附金の額の合計額が5万円以下でなければならない。 ◀2021年9月学科

問5 所得税において、納税者がスイッチOTC医薬品を購入した場合、所定の要件を満たせば、88,000円を限度として、その購入費の全額を医療費控除として総所得金額から控除することができる。 ◀2020年1月学科

問6 所得税において、控除対象扶養親族のうち、その年の12月31日時点の年齢が（❶）以上（❷）未満である者は、特定扶養親族に該当する。 ◀2023年9月学科

ア ❶ 16歳　❷ 19歳
イ ❶ 18歳　❷ 22歳
ウ ❶ 19歳　❷ 23歳

問7 所得税法上、控除対象扶養親族のうち、その年の12月31日現在の年齢が70歳以上の者は、老人扶養親族に該当する。 ◀2021年9月学科

問8 所得税において、（　　）は、医療費控除の対象とならない。

□□ ◀2014年5月学科

ア 医師の診療を受けるためのバス代等の通院費用
イ 入院の際の洗面具等の身の回り品の購入費用
ウ 風邪の治療に必要な風邪薬の購入費用

問9 夫が生計を一にする妻の負担すべき国民年金の保険料を支払った場合、その支払った金額は、夫に係る所得税の社会保険料控除の対象となる。

□□ ◀2023年1月学科

問10 給与所得者は、年末調整により、所得税の寄附金控除の適用を受けることができる。

□□ ◀2022年5月学科

問11 所得税の控除対象扶養親族のうち、その年の12月31日現在で19歳以上23歳未満である特定扶養親族に係る扶養控除の額は、（　　）である。

□□ ◀2021年1月・5月保険

ア 38万円　　**イ** 48万円　　**ウ** 63万円

問12 2024年中に締結した保険契約等に基づく介護医療保険料を12万円支払った場合、その支払った年分の所得税における介護医療保険料控除（介護医療保険料に係る生命保険料控除）の控除額は、（　　）となる。

□□ ◀2016年1月学科（改）

ア 3万円　　**イ** 4万円　　**ウ** 5万円

問13 下記は、加入者が負担する掛金と所得控除の関係について示した表である。下表の空欄❶、❷にあてはまる語句の組み合わせとして、正しいものはどれか。

□□ ◀2014年9月資産

加入者が負担する掛金	所得控除
確定拠出年金（個人型）	（❶）の対象
国民年金基金	（❷）の対象
小規模企業共済	小規模企業共済等掛金控除の対象

ア ❶ 小規模企業共済等掛金控除　❷ 社会保険料控除
イ ❶ 社会保険料控除　❷ 小規模企業共済等掛金控除
ウ ❶ 生命保険料控除　❷ 生命保険料控除

問14 次の設例に基づいて、Aさんの2024年分の所得税における所得控除に関する(a)〜(c)の文章の空欄❶〜❸に入る語句の組み合わせとして、最も適切なものを**ア**〜**ウ**から選びなさい。

◀ 2014年9月保険（改）

〈資料〉

会社員のAさんは、確定拠出年金の個人型年金に加入し、掛金を支払っている。Aさんの2024年分の収入等に関する資料等は、以下のとおりである。

〈Aさんの家族構成〉

Aさん（42歳）：会社員

妻Bさん（40歳）：2024年中に、パートにより給与収入120万円を得ている。

長男Cさん（17歳）：高校生。2024年中の収入はない。

長女Dさん（15歳）：中学生。2024年中の収入はない。

〈Aさんの2024年分の給与所得の金額に関する資料〉

給与所得の金額：845万円

〈Aさんが2024年中に支払った確定拠出年金の個人型年金の掛金に関する資料〉

掛金総額：12万円

※妻Bさん、長男Cさんおよび長女Dさんは、Aさんと同居し、生計を一にしており、家族は、いずれも障害者および特別障害者には該当しない。

※家族の年齢は、いずれも2024年12月31日現在のものとする。

※上記以外の条件は考慮せず、問に従うこと。

(a) Aさんが支払った確定拠出年金の個人型年金の掛金は、全額が（❶）の対象となる。

(b) 妻Bさんの給与収入は120万円であるため、Aさんは、妻Bさんに係る（❷）の適用を受けることができる。

(c) Aさんが適用を受けることができる扶養控除の控除額は、（❸）である。

ア ❶ 小規模企業共済等掛金控除 ❷ 配偶者特別控除 ❸ 38万円

イ ❶ 小規模企業共済等掛金控除 ❷ 配偶者控除 ❸ 63万円

ウ ❶ 社会保険料控除 ❷ 配偶者特別控除 ❸ 76万円

答え

問1 イ

問2 ○

問3 × 生計を一にする配偶者（本問では妻）の合計所得金額は、医療費控除の要件にない。

問4 × 確定申告の不要な給与所得者、かつ、同一年中のふるさと納税先の自治体数が5以下の場合に、「ふるさと納税ワンストップ特例制度」の適用を受けることができる。問題文の「寄附金の額の合計額が5万円以下」が誤り。

問5 × スイッチOTC医薬品の購入費用のうち、12,000円を超えた金額（上限88,000円）が控除される。「購入費の全額」が誤り。

問6 ウ

問7 ○

問8 イ

問9 ○

問10 × 年末調整されない→寄附金控除・医療費控除・雑損控除
年末調整される→生命保険料控除・地震保険料控（ただし証明書を勤務先に提出する必要がある）

問11 ウ 19歳以上23歳未満は特定扶養控除63万円（38万円に25万円上乗せ）。所得税の扶養控除は、扶養親族の年齢によって異なる。16歳未満→控除なし。16歳以上→38万円。

問12 イ 一般、個人年金、介護医療保険、各4万円。合計限度額が12万円。

問13 ア 確定拠出年金の個人型と、小規模企業共済は、いずれも掛金の全額が小規模企業共済等掛金控除の対象。国民年金基金の掛金は、社会保険料控除の対象。

問14 ア

（❶）確定拠出年金（個人型・企業型）の掛金は、小規模企業共済等掛金控除の対象。

（❷）妻Bさんの給与収入120万円から給与所得控除55万円を引くと65万円。またAさん自身の給与所得が845万円。以上から、配偶者の合計所得額48万円超133万円以下の範囲であることと、納税者Aさん本人の合計所得金額1,000万円以下の要件に合うため、妻Bさんは、配偶者特別控除の対象になる。

（❸）扶養家族の控除の対象となるのは長男のみ（長女は15歳なので、控除対象外）。12月31日の時点で16歳以上19歳未満にあたるので、控除金額は38万円。

5 所得税額の算出

住宅ローン控除と配当控除の問題が頻出！

- 上場株式の配当控除を受けるには総合課税を選択する。
- 住宅ローン控除の適用要件は、償還期間が10年以上の分割返済で、その年の合計所得金額が2,000万円以下。

Step 4（191ページ）です。ここで税額を算出してから、税額控除をします。

1 総合課税の税額の計算

税額の計算では、総合課税の所得と分離課税の所得を分けて行います。

総合課税の所得税では、**超過累進税率**（課税所得金額が多くなるに従って税率が高くなる課税方式）が採用されています。**課税総所得金額**に、下記の〈所得税の速算表〉の税率と控除額を適用して所得税額を計算します。

ことば

課税総所得金額：総所得金額（所得の合計）から、所得控除額を差し引いた金額。課税対象となる。

所得税額＝課税総所得金額×税率－控除額

〈所得税の速算表〉

課税所得金額	税率	控除額
195万円以下	5%	0円
195万円超 〜 330万円以下	10%	9.75万円
330万円超 〜 695万円以下	20%	42.75万円
695万円超 〜 900万円以下	23%	63.6万円
900万円超 〜 1,800万円以下	33%	153.6万円
1,800万円超 〜 4,000万円以下	40%	279.6万円
4,000万円超	45%	479.6万円

※各所得税額には、2.1％の復興特別所得税がかかる。

表の数値は、検定で提示されるので、覚える必要はないよ。

2 分離課税の税額の計算

分離課税の所得に対する税額は、次のように計算します。

課税退職所得：他の所得と分けて〈所得税の速算表〉を使って計算
課税山林所得※：他の所得と分けて5分割して〈所得税の速算表〉を使って計算
課税長期譲渡所得：20.315%(所得税15%＋復興特別所得税0.315%＋住民税5%)➡268ページ
課税短期譲渡所得：39.63%(所得税30%＋復興特別所得税0.63%＋住民税9%)➡268ページ
株式等に係る譲渡所得：20.315%（所得税15%＋復興特別所得税0.315%＋住民税5%)
➡200ページ

※山林所得は、長期育成の成果が一時に実現するため、一時に発生した所得を5年間で均等に発生したものとして5分割して課税される。これを5分5乗方式という。

3 税額控除

税額控除とは、税率計算で求めた**所得税額**から一定額を控除することをいいます。

税額控除の中で、３級検定に出題されるのは住宅借入金等特別控除（住宅ローン控除）と配当控除です。

スピード理解!!
総所得金額からは「所得控除」する。
所得税額からは「税額控除」する。

4 住宅借入金等特別控除

住宅借入金等特別控除（**住宅ローン控除**）は、**10年以上**の住宅ローンを利用して住宅の取得や増改築をした場合、住宅ローンの年末残高の**所定の限度額以下**※の部分に一定率を掛けた金額を所得税額から控除できる制度です。

※221ページ「出る」参照。

給与所得者の場合、住宅ローン控除の適用を受ける**最初の年分は確定申告が必要**ですが、翌年分以降は年末調整によって適用を受けることができます。

主な適用要件、控除率、控除期間は次のとおりです。

住宅借入金等特別控除の出題ポイント

【住宅、住宅ローン、取得者についての適用要件】

- 償還（返済）期間が10年以上の分割返済であること。
- 家屋（新築・中古の区別なし）の床面積が原則、50㎡以上※で、床面積の2分の1以上が居住用であること（店舗併用可）。

※ 2024年12月31日までに建築確認を受けた新築住宅で、適用を受けようとする年の合計所得金額1,000万円以下であれば40㎡以上50㎡未満の住宅も適用可能。

- 控除を受ける年の合計所得金額が2,000万円以下であること（2022年1月1日以降の居住の場合）。
- 引き渡しまたは工事完了から6カ月以内に入居し、控除を受ける年の12月31日まで引き続き居住していること。
- 原則として、2024年以降に建築確認を受けた新築住宅は、国土交通省が定める省エネ基準に適合していることが必要。また、住宅ローン控除の申請には、省エネ基準以上適合の証明書が必要。
- 中古住宅は一定の耐震基準に適合することが必要。

× 繰上げ返済をして、返済期間が最初の返済月から10年未満となった場合、繰上げ返済した年以後については適用不可。

× 親族や知人等からの借入金は適用不可。

× 転居した場合、第三者へ賃貸した場合は適用不可。ただし、本人が転勤（転居）し、転勤後も家族が居住していた場合は適用可。

- 所得税から控除しきれなかった場合、翌年度の個人住民税から控除できる。

【控除率・控除期間】

	居住開始年	借入金等の年末残高の限度額	控除率	控除期間
認定住宅（新築）	2024～2025年	4,500万円※1	0.7%	13年
既存（中古）住宅	2022～2025年	2,000万・3,000万円		10年

※1 子育て世帯等（子育て特例対象個人）は5,000万円。適用は2024年1月1日から12月31日までの間に居住の用に供した場合。

▲「認定住宅（新築）」とは、新築の認定長期優良住宅・認定低炭素住宅をいう。
このほか新築のZEH水準省エネ住宅は限度額3,500万円、新築の省エネ基準適合住宅は限度額3,000万円で、両方とも控除率0.7%、控除期間は13年。

▲既存（中古）住宅の取得または住宅の増改築の控除期間は、すべて10年（2022年～2025年入居）。

▲中古住宅の年末残高の限度額は、一般の中古住宅で2,000万円。
認定住宅等の中古住宅で3,000万円（2022年～2025年入居）。

FP3級の試験では問われる知識は多くない。赤線の部分を確実に覚えれば得点できるよ。

5 配当控除

上場株式等※の配当所得は、配当金分配時に所得税等が源泉徴収されます。**配当控除**は、**総合課税を選択して確定申告**を行うことによって、源泉徴収税額の控除を受けることができる制度です。

申告分離課税、確定申告不要制度を選択した場合は、配当控除は受けられません。

配当控除額は次の計算式で算出します。

※上場不動産投資信託（J-REIT）や外国株式の配当所得は配当控除の適用対象外。（175ページ参照）

配当控除額の計算　出る

● 課税所得金額が1,000万円以下の場合

配当所得金額 ×10%

● 課税所得金額が1,000万円超の場合

・1,000万円超の部分に含まれる配当金額 × 5%
・1,000万円以下の部分に含まれる配当金額 ×10%

過去14年間では、1,000万円以下の場合で10%控除の問題が出ているよ。

例題

・適切なものには○、不適切なものには×をしなさい。

❶ 上場株式の配当について申告分離課税を選択した場合、配当控除の適用はない。

❷ 上場株式の配当について配当控除の適用を受けるためには、確定申告が必要である。

◀2012年9月・2014年5月学科

例題の答え

❶ ○
❷ ○

過去問トレーニング

適切なものには○、不適切なものには×をしなさい。また選択肢があるものは正しい語句・数字・組み合わせをア～ウから選びなさい。

問1 給与所得者が所得税の住宅借入金等特別控除の適用を受ける場合、その適用を受ける最初の年分については、年末調整の対象者であっても、確定申告をしなければならない。 ◀2022年9月学科

問2 給与所得者が所得税の住宅借入金等特別控除の適用を受けるために確定申告をした場合、申告した年の翌年分以後の所得税については、年末調整においてその適用を受けることができる。 ◀2020年9月保険（改）

問3 住宅ローンを利用してマンションを取得し、所得税の住宅借入金等特別控除の適用を受ける場合、借入金の償還期間は、（　）以上でなければならない。 ◀2022年1月学科

ア 10年　**イ** 20年　**ウ** 25年

問4 所得税の住宅借入金等特別控除の適用を受けるためには、原則として取得等した家屋の床面積の（　）以上に相当する部分が専ら自己の居住の用に供されるものでなければならない。 ◀2020年1月学科（改）

ア 2分の1　**イ** 3分の2　**ウ** 4分の3

問5 所得税における住宅借入金等特別控除は、適用を受けようとする者の合計所得金額が（　）を超える年分は、適用を受けることができない。（ただし家屋の床面積を50㎡以上とする） ◀2019年9月学科（改）

ア 1,000万円　**イ** 2,000万円　**ウ** 3,000万円

問6 住宅借入金等特別控除の適用を受けている者が、転勤等のやむを得ない事由により単身赴任で転居した場合、その配偶者が引き続きマンションに居住していたとしても、単身赴任後は住宅借入金等特別控除の適用を受けることができなくなる。 ◀2020年9月保険（改）

問7 配当控除に関する次の設問の正誤を答えなさい。また（　　）にあてはまるものを**ア**～**ウ**から選びなさい。

◀2013年1月学科（改）、2023年1月学科

❶ 居住者が上場株式の配当について配当控除の適用を受けた場合、配当所得の金額に20%を乗じた金額を、その年分の所得税額から控除することができる。

❷ 所得税において、上場株式の配当について配当控除の適用を受けるためには、その配当所得について（　　）を選択する必要がある。

ア 総合課税
イ 申告分離課税
ウ 確定申告不要制度

答え

問1 ○ 給与所得者の場合、最初の年分は確定申告をしなければいけない。

問2 ○ 翌年分以降は年末調整によって適用を受けることができる。

問3 ア 住宅ローン控除の適用要件は、借入金の償還期間10年以上。

問4 ア 住宅の床面積の2分の1以上の部分が自分で居住するためのものでなければ適用は受けられない。

問5 イ 適用を受ける年の合計所得金額が2,000万円以下である必要がある。

問6 × 本人が転勤（転居）し、転勤後も家族が居住していた場合は適用可。

問7 配当控除に関する問題。

❶ × 上場株式の配当控除額は以下の通り。問題文の「20%」は誤り。

課税所得金額が1,000万円以下の場合：配当所得金額×10%

課税所得金額が1,000万円超の場合：

・1,000万円超の部分に含まれる配当金額×5%

・1,000万円以下の部分に含まれる配当金額×10%

❷ ア 配当金の税金は一旦源泉徴収されるが、確定申告することで一定額を差し引くことができる。上場株式の配当金も、配当控除を受けるには、総合課税を選択する必要がある。

所得税の申告と納付

確定申告、青色申告の特典に関する問題が頻出！

- 給与等の金額が2,000万円超、その他の所得金額が20万円を超える者は確定申告が必要。
- 青色申告特別控除の控除額は最高で65万円。

Step 5（191ページ）です。ここでは、源泉徴収、青色申告、確定申告について学習します。

1 源泉徴収制度

給与所得者の場合、給与等から所得税が**源泉徴収**されて給与支払者（企業）が行う**年末調整**で精算されるため、確定申告の必要はありません。これを**源泉徴収制度**といいます。

源泉徴収は、給与所得以外に、利子所得、配当所得、公的年金の老齢給付支払等についても、各々の支払者（源泉徴収義務者）により行われます。

 ことば

源泉徴収：会社（給与等の支払者）が社員に対して、あらかじめ所得税額を差し引いて（天引きして）給与等を支払うこと。こうして差し引いた所得税を国に納付する制度が源泉徴収制度。

2 年末調整

源泉徴収される税額は、概算なので、本来納める税額とは必ずしも一致しません。そのため、年末に計算し直して精算を行います。これを**年末調整**といいます。

年末調整をした結果、源泉徴収額が本来納める税額より少なかった場合には差額が徴収され、多かった場合には還付されます。

3 源泉徴収票の見方

会社は年末調整を行ったのちに、社員に対して**源泉徴収票**を発行します。源泉徴収票には、１年間の給与の**支払金額**や**源泉徴収税額**などが記載されています。

● 源泉徴収票の見方

配偶者や親族が非居住者（国外居住者）の場合、控除対象の右にある「区分」に○と記載。

※妻由利子さんに2024年（令和6年）中の収入はないものとする。

令和 6 年分　給与所得の源泉徴収票

支払を受ける者	住所又は居所	東京都千代田区×××	(受給者番号)
			(役職名)
			氏名 (フリガナ) ナツメ タロウ　夏目 太郎

種別	支払金額	給与所得控除後の金額	所得控除の額の合計額	源泉徴収税額
給与・賞与	5 000 000	❶ 3 560 000	❷ 1840 000	❸ 87806

(源泉)控除対象配偶者の有無等	老人	配偶者(特別)控除の額	控除対象扶養親族の数(配偶者を除く。) 特定	老人	その他	16歳未満扶養親族の数	障害者の数(本人を除く。) 特別	その他	非居住者である親族の数
有 ○			1						

社会保険料等の金額	生命保険料の控除額	地震保険料の控除額	住宅借入金等特別控除の額
❹ 297 000	❺ 50 000	❻ 3 000	

(摘要)

控除対象配偶者　特定扶養親族１名

(源泉・特別)控除対象配偶者	(フリガナ) ナツメ ユリコ 氏名 夏目 由利子	区分

控除対象扶養親族	(フリガナ)	区分	16歳未満の扶養親族	(フリガナ)	区分
1	ナツメ ミツコ 氏名 夏目 光子		1	ナツメ ヒロキ 氏名 夏目 弘樹	
2	氏名		2	氏名	
3	氏名		3	氏名	

源泉徴収票受給者交付用サンプル（国税庁webサイト）改変

❶ **給与所得控除後の金額（課税対象となる金額）**＝給与所得

500万円 － （**500万円×20%＋44万円**） ＝ **356万円**

支払（収入）金額　〈給与所得控除額の速算表〉360万円超〜660万円以下の控除額

❷ **所得控除額の合計額**

48万円（基礎控除）＋ **38万円**（配偶者控除）＋ **63万円**（特定扶養控除）＋ **29万7,000円**（社会保険料控除 ❹）＋ **5万円**（生命保険料控除 ❺）＋ **3,000円**（地震保険料控除 ❻）＝ **184万円**

❸ **源泉徴収税額**

356万円（❶） － **184万円**（❷） ＝ **172万円** ←課税所得金額

172万円×5%＝86,000円 ←復興特別所得税抜き

〈所得税の速算表〉195万円以下の控除額

86,000円＋（86,000円×2.1%）＝87,806円 ←復興特別所得税込み

〈給与所得控除額の速算表〉

給与等の収入金額（年収）		給与所得控除額
	162.5万円以下	55万円
162.5万円超	180万円以下	収入金額×40%－10万円
180万円超	360万円以下	収入金額×30%＋8万円
360万円超	660万円以下	収入金額×20%＋44万円
660万円超	850万円以下	収入金額×10%＋110万円
850万円超		195万円（上限）

〈所得税の速算表〉

課税所得金額A	税率	控除額	税額
195万円以下	5%	0円	A×5%
195万円超 ～ 330万円以下	10%	97,500円	A×10%－ 97,500円
330万円超 ～ 695万円以下	20%	427,500円	A×20%－ 427,500円
695万円超 ～ 900万円以下	23%	636,000円	A×23%－ 636,000円
900万円超 ～1,800万円以下	33%	1,536,000円	A×33%－1,536,000円
1,800万円超 ～4,000万円以下	40%	2,796,000円	A×40%－2,796,000円
4,000万円超	45%	4,796,000円	A×45%－4,796,000円

※各所得税額には、2.1%の復興特別所得税がかかる。

試験では、給与所得控除額の速算表は提示されるので覚えなくてOK！

例題

・**適切なものには○、不適切なものには×をしなさい。**

❶ 所得税において、その年中の給与等の収入金額が55万円以下である場合、給与所得の金額は0（ゼロ）となる。

❷ 2024年分の給与所得の金額の計算において、給与等の収入金額が1,000万円を超える場合、給与所得控除額は上限である195万円が適用される。

◀2014年1月・2017年5月学科（改）

例題の答え

❶ ○
❷ ○

4 確定申告

確定申告は、納税者本人が所得税額を計算し、申告・納付する手続きをいいます。確定申告で本来の納税額より多く納付したことが判明した場合には、法定申告期限（3月15日）から**5年以内**に限り、納め過ぎの税額の還付を受ける更正の請求ができます。本来の納税額より少なく納付したことが判明した場合は、修正申告を行います。

確定申告の申告と納付

期　間	1年間（1月1日〜12月31日）の所得から算出した税額を翌年2月16日〜3月15日の間に申告・納付
申　告	確定申告書を納税地（住所地）を管轄する税務署長へ持参、郵送、またはインターネットやスマートフォンで提出
納　付	金融機関、または所轄税務署で納付。インターネットでの電子申告・納税（e-Tax）、クレジットカードでの納付も可。

給与所得者は源泉徴収なので確定申告の必要はありませんが、次に挙げるケースでは確定申告が必要になります。

確定申告が必要な場合

- その年に支払いを受けた給与等の金額が2,000万円を超える場合。
- 給与を1か所から受けていて、給与所得、退職所得以外の所得金額が20万円を超える場合。
- 給与を2か所以上から受けていて、年末調整をされなかった給与（従たる給与）の収入金額と、各種の所得金額（給与所得、退職所得を除く）との合計所得金額が20万円を超える場合。
- 住宅借入金等特別控除（住宅ローン控除）の適用を受ける場合、初年度のみ確定申告が必要。
- 雑損控除・医療費控除・寄附金控除の適用を受ける場合（領収書や証明書、明細書等の添付が必要）。
- 配当控除の適用を受ける場合。

例題

・**次の給与所得者のうち、所得税の確定申告をする必要がある人物は誰か。適切な人物をア～ウから選びなさい。**

ア　給与の年間収入金額が1,000万円を超える者
イ　給与所得以外の所得の金額の合計額が10万円を超える者
ウ　医療費控除の適用を受けようとする者

◀2021年1月学科

例題の答え
ウ　医療費控除を受けようとする者は確定申告が必要。
アは2,000万円を超えていないので不要。
イは20万円を超えていないので不要。

5 準確定申告

確定申告をすべき居住者が死亡した場合、相続人は、原則としてその相続の開始があったことを知った日の翌日から**4カ月以内**に、死亡した人の所得について確定申告を行います。これを**準確定申告**といいます（316ページ）。

6 青色申告

確定申告には、**青色申告**と**白色申告**があります。青色申告は、正規の簿記[※1]に基づいて所得税、法人税を計算して申告することにより、税法上の特典が受けられる制度です。

青色申告ができるのは、**不動産所得、事業所得、山林所得のいずれかがある人**です。

新たに青色申告の申請をする人は、申告する所得が生じる年の**3月15日**まで（1月16日以後に新規に業務を開始した場合には、業務開始日から**2カ月以内**）に「**青色申告承認申請書**」を納税地の**所轄税務署長**に提出して承認を受ける必要があります。青色申告は一度承認されれば、自ら取りやめるか税務署長からの取消処分がない限り続きます。

青色申告書は、翌年の**2月16日から3月15日**までに提出します。また、貸借対照表や損益計算書等の帳簿書類は、原則として**7年間**保存する必要があります。[※2]

※1 複式簿記による記帳等の要件で、最高65万円の青色申告特別控除を受けることができる。単式簿記による記帳の場合は、10万円の青色申告特別控除となる（次ページ）。

※2 請求書や見積書、納品書、送り状などは、5年間の保存でよいとされている。

7 青色申告の特典

青色申告特別控除、青色事業専従者給与の必要経費への算入、純損失の繰戻還付、繰越控除などの特典があります。

青色申告の特典

● 青色申告特別控除（個人事業主の所得税に対する控除。法人にはない）

控除額	必要な要件（55万円控除では①～③の要件がすべて必要）
55万円	①不動産所得または事業所得を生ずべき事業を営んでいる ▲不動産所得は事業的規模であること※ ②正規の簿記の原則（一般的には複式簿記）により記帳している ③確定申告期限（翌年3月15日）までに青色申告書を提出する
65万円	①～③に該当し、電子申告（e-Tax）または電子帳簿保存を行っている
10万円	上記要件に該当しない青色申告者が受けられる

※事業的規模とは、独立家屋は5棟以上の貸付け、アパート等は貸与可能な独立した室数が10室以上の基準を満たしていること（5棟10室基準）。

● 青色事業専従者給与の必要経費への算入

青色事業専従者給与を支払った場合（6カ月超の従事が条件）、**労務の対価として相当と認められる金額については、全額を必要経費に算入できる。配偶者控除（配偶者特別控除、扶養控除）との併用はできない。**

● 純損失の繰戻還付

純損失（赤字）が生じたとき、前年も青色申告をしていれば前年の所得（黒字）と通算して繰戻還付（前年分の所得税額との差額分が戻ってくる）が受けられる。

● 純損失の繰越控除

純損失を、**翌年以後、各年分の所得金額から控除できる。**繰越できる期間は、**個人事業主は翌年以後3年間**、法人は翌年以後10年間（2018年3月31日までに開始した事業年度に発生した欠損金の繰越期間は9年）。

青色事業専従者と白色事業専従者の違いは、次のとおり。

青色事業専従者	青色申告者と生計を一にする配偶者や15歳以上の親族で、年間6カ月を超えて従業員として従事する者 ・給与（適正額まで）の全額が必要経費
白色事業専従者	白色申告者と生計を一にする配偶者や15歳以上の親族で、年間6カ月を超えて従業員として従事する者 ・年間50万円（配偶者の場合は年間86万円）が必要経費

8 個人住民税

個人住民税には、都道府県が徴収する道府県民税（東京都は都民税）と、市町村が徴収する市町村民税（東京23区は特別区民税）があります。前年（1月1日から12月31日まで）の所得に対して課税され、翌年の1月1日現在、住所がある都道府県または市町村に納付します。

均等割と**所得割**を合算した金額が納税額となります。

均等割	所得金額の大小にかかわらず、全国一律5,000円※
所得割	前年の所得金額をもとに算出され、税率は一律10%

住民税には個人に課す個人住民税と、法人に課す法人住民税がある。3級で出題されるのは個人住民税だけだよ。

※2024年度より導入された森林環境税を含む。

9 個人住民税の納付方法

個人住民税の納付方法には、次の２種類があります。

特別徴収：給与支払者が、市町村・特別区からの通知に基づいて給与支払時に天引きし、給与所得者の代わりに納付します。

普通徴収：納税義務者である個人が、市町村・特別区から納税義務者に送られてくる納税通知書と納付書に基づいて役所、銀行、郵便局の窓口、コンビニ等で納めます。

10 個人事業税

個人事業税は、一定の事業所得や不動産所得のある個人事業主に課される地方税です。税額は、１年間の事業所得から、繰越控除、事業主控除（290万円）を差し引いた金額に税率（３～５％）を掛けて算出します。

翌年3月15日までに申告し、原則８月と11月の２回に分けて納付します。ただし、所得税の確定申告や住民税の申告をしている場合は、事業税の申告は不要です。

過去問トレーニング

次の質問に答えなさい。また選択肢があるものは、適切な語句、数値の組み合わせをア〜ウから選びなさい。

問 1　《設例》を読んで、2024年（令和6年）分のAさんの給与所得の源泉徴収票に関する問題に答えなさい。　◀2013年5月個人（改）

《設例》

- Aさん（31歳）は、妻Bさん（28歳）、子Cさん（5歳）との3人家族である。Aさんは、勤務先における年末調整の結果、以下の2024年分の「給与所得の源泉徴収票」を受け取っている。なお、この源泉徴収票において、問題の性質上、明らかにできない部分は□□□で示してある。
- Aさんが2024年中に支払った医療費の金額は200,000円（すべて医療費控除の対象となる）である。なお、この医療費につき、Aさんは契約している医療保険から60,000円の給付を受けている。
- Aさんが2024年中に受け取った生命保険の満期保険金に係る一時所得の金額（一時所得に係る500,000円の特別控除差引後の金額）は500,000円である。

　※Aさんには上記以外に、2024年中の収入・所得はない。

　※妻Bさんには2024年中の収入・所得はない。

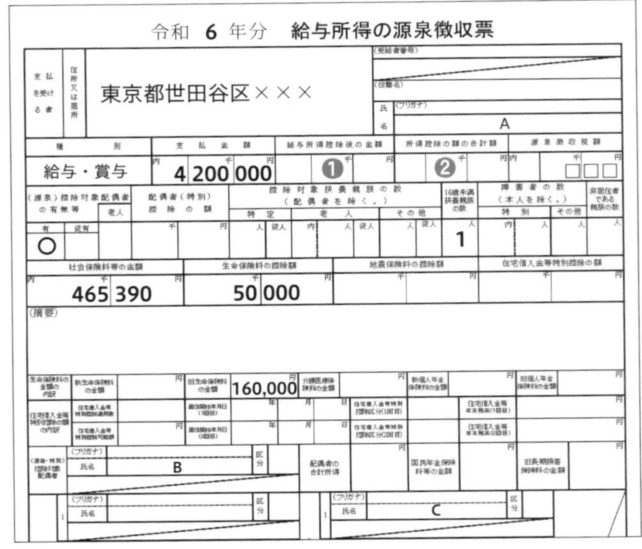

令和 6 年分　給与所得の源泉徴収票

支払を受ける者	住所又は居所	東京都世田谷区×××	（受給者番号） （役職名） 氏名（フリガナ） A

種別	支払金額	給与所得控除後の金額	所得控除の額の合計額	源泉徴収税額
給与・賞与	内 4 200 000 円	❶ 円	❷ 円	内 □□□ 円

（源泉）控除対象配偶者の有無等 有	従有	老人	配偶者（特別）控除の額	控除対象扶養親族の数（配偶者を除く。） 特定	老人	その他	16歳未満扶養親族の数	障害者の数（本人を除く。） 特別	その他	非居住者である親族の数
○			千 円	人 従人	内 人 従人	人 従人	1 人	内 人	人	人

社会保険料等の金額	生命保険料の控除額	地震保険料の控除額	住宅借入金等特別控除の額
内 465 390 円	50 000 円	千 円	千 円

（摘要）

生命保険料の金額の内訳	新生命保険料の金額	円	旧生命保険料の金額	160,000 円	介護医療保険料の金額	円	新個人年金保険料の金額	円	旧個人年金保険料の金額	円

住宅借入金等特別控除の額の内訳						
住宅借入金等特別控除適用数		居住開始年月日（1回目）	年 月 日	住宅借入金等特別控除区分（1回目）	住宅借入金等年末残高（1回目）	円
住宅借入金等特別控除可能額	円	居住開始年月日（2回目）	年 月 日	住宅借入金等特別控除区分（2回目）	住宅借入金等年末残高（2回目）	円

（源泉・特別）控除対象配偶者	（フリガナ） 氏名 B	区分	配偶者の合計所得	円	国民年金保険料等の金額	円	旧長期損害保険料の金額	円

1	（フリガナ） 氏名	区分	1	（フリガナ） 氏名 C	区分

❶　Aさんの源泉徴収票の❶の部分に入る金額はどれか。

〈給与所得控除額〉

給与等の収入金額（年収）		給与所得控除額
	162.5万円以下	55万円
162.5万円超	180万円以下	収入金額×40%−10万円
180万円超	360万円以下	収入金額×30%＋8万円
360万円超	660万円以下	収入金額×20%＋44万円
660万円超	850万円以下	収入金額×10%＋110万円
850万円超		195万円（上限）

ア　1,380,000円　　**イ**　2,920,000円　　**ウ**　3,550,000円

❷　Aさんの源泉徴収票の❷の部分に入る金額はどれか。

ア　895,390円（＝465,390円＋50,000円＋380,000円）

イ　1,375,390円（＝465,390円＋50,000円＋480,000円＋380,000円）

ウ　1,655,390円（＝465,390円＋50,000円＋380,000円＋380,000円＋380,000円）

❸　Aさんの2024年分の所得税に関する次の記述のうち、最も不適切なものはどれか。

ア　Aさんの2024年分の医療費控除の金額は、40,000円である。

イ　Aさんは、《設例》の一時所得の金額（一時所得に係る500,000円の特別控除差引後の金額）500,000円につき、確定申告を行わなければならない。

ウ　給与所得者であるAさんは、勤務先での年末調整により2024年分の医療費控除の適用を受けることができる。

問2　所得税において、青色申告者に損益通算してもなお控除しきれない損失の金額（純損失の金額）が生じた場合、その損失の金額を翌年以後最長で（　　）繰り越して、翌年以後の所得金額から控除することができる。

◀2023年5月学科

ア　3年間

イ　7年間

ウ　10年間

問3　青色申告制度における特典の1つとして、青色申告者は、一定の要件のもとに最高（❶）の青色申告特別控除の適用を受けることができる。青色申告の承認を受けようとする者は、原則として、青色申告の承認を受けようとする年の（❷）までに、納税地の所轄税務署長に青色申告承認申請書を提出し、これを（❸）保存しなければならない。

◀2013年9月個人

ア　❶　60万円　　❷　3月15日　　❸　7年間
イ　❶　65万円　　❷　1月15日　　❸　10年間
ウ　❶　65万円　　❷　3月15日　　❸　7年間

問4　Aさんの在職中は、勤務先であるX社が市町村または特別区からの通知に基づいて、毎月の給与から個人住民税を天引きして納付するが、その納付方法を（❶）という。一方、Aさんの退職後は、Aさんに個人住民税の納付義務があれば、Aさんが市町村または特別区から送付される納税通知書および納付書により直接納付することになるが、この納付方法を（❷）という。

◀2012年1月個人

ア　❶　普通徴収　　❷　特別徴収
イ　❶　一括徴収　　❷　分割徴収
ウ　❶　特別徴収　　❷　普通徴収

答え

問1　源泉徴収票に関する問題。

❶　イ　420万円－(420万円×20％＋44万円)＝420万円－128万円＝292万円

❷　イ　Aさんには、「一般の控除対象配偶者」がいて、「扶養控除の対象者がいない」(16歳未満の子供は扶養控除なし)。Aさんが適用を受けられる所得控除は、社会保険料控除465,390円、生命保険料控除50,000円、基礎控除480,000円、配偶者控除380,000円。
465,390＋50,000＋480,000＋380,000＝1,375,390（円）

❸　ウ　医療費控除の適用を受ける場合には、医療費控除の明細書を添付して確定申告する必要がある。

問2　ア　青色申告により、純損失は最長3年繰り越すことができる。

問3　ウ　一定の要件のもととは、一定の要件を満たして電子申告（e-Tax）または電子帳簿保存を行った場合のこと。

問4　ウ　サラリーマンなどの給与所得者のように、毎月の給与から住民税が天引きされる納付方法は「特別徴収」。納税通知書・納付書で直接納付する方法を「普通徴収」という。

Part 5

不動産

赤い下線と赤い囲みに
注目して覚えていけば
必ず合格できるよ!!

Contents ここで学習すること

1 不動産の登記と評価

不動産登記記録の表題部と権利部の違いが超頻出！

- 不動産の所有権は、権利部（甲区）に記載されている。
- 不動産登記には、公信力がない。
- 公示価格の基準日は毎年１月１日。

1 不動産登記記録（登記簿）

不動産とは、土地や建物のことです。不動産の所在、所有者の住所・氏名などを帳簿に記載して公開し、権利関係などが誰にでもわかるようにする手続きを**不動産登記**、この帳簿を**不動産登記記録（登記簿）**といいます。不動産登記記録は、一筆（いっぴつ）の土地・一個の建物ごとに作成されます。

不動産登記記録は、**法務局（登記所）**で**登記事項証明書**の交付申請をすれば、誰でも記載事項を確認できます。また、インターネットでオンライン請求をして郵送（または窓口交付）してもらうこともできます。

なお、法務局では**公図**の写しを取得して土地の位置、隣地との関係等について確認することもできます。ただし、公図は、形状や面積が正確ではない場合があるので、精査する場合は、同じく登記所で**地積測量図**の写しも取得しておくことが望ましいといえます。

スピード理解!!
不動産登記記録は、
- 誰でも、
- インターネットでも、

確認できる！

※ 2024年４月１日より、相続によって不動産を取得した場合の相続登記の申請が義務化されることとなった（iiページ参照）。

ことば

一筆：「筆（ひつ）」は土地登記上で土地を数える単位。

公図：登記所にある「地図に準ずる図面」。距離、角度、面積など、定量的な精度については低いとされている。

地積測量図：土地の地積（面積）を法的に確定した図面。登記所で誰でも閲覧および写しの交付を請求できる。

2 表題部と権利部

不動産登記記録は、**表題部**と**権利部（甲区・乙区）**から構成されています。

表題部と権利部

不動産登記記録（登記簿）

- **表題部**：表示（物理的状況）に関する事項
  - 土地の所在、地番、地目、**地積（土地の面積）**
  - 建物の所在、家屋番号、構造、床面積
- **権利部**：権利に関する事項
  - **甲区**：所有権に関する事項を記載。所有権の保存・移転・仮登記・差押え
  - **乙区**：**所有権以外の権利**に関する事項を記載。**抵当権**、**賃借権**、借地権、地上権

※表題部記載の土地の所在や地番は、住居表示とは必ずしも一致していない。

※用途地域・防火規制など、建物の「建築規制」は登記事項証明書ではなく、都市計画図に掲載されている。

※マンションの専有部分の床面積は、登記記録では壁その他の区画の内側線で囲まれた部分の水平投影面積（内法面積）で記録されているため、壁芯面積で表示される広告などの床面積よりも狭い。

例題

・**次の記述の正誤を答えなさい。**

❶ Ａさんが法務局で甲土地の登記事項証明書の交付申請を行う場合、当該交付についての許可を甲土地の所有者であるＢさんから得た旨の証明書を申請時に提出する必要がある。

❷ 不動産の登記事項証明書は、対象不動産について利害関係を有する者以外であっても、交付を請求することができる。

❸ 土地の登記記録において、抵当権に関する事項は、権利部（乙区）に記録される。

◀2015年1月個人
2023年9月学科
2023年1月学科

例題の答え

❶ ×　登記事項証明書の交付申請は誰でも可能。現在の所有者に許可を得る必要はない。

❷ ○　登記事項証明書の交付申請により誰でも確認可能。

❸ ○

3 不動産登記の効力

正しい権利を持つ者が**不動産登記**※をしておけば、第三者に対して**対抗**できます。先に代金を支払うより、先に登記をした方が自分の**所有権を主張できる**わけです。

ただし、**不動産登記には公信力がない**ため、登記記録を正しいものと信用して取引を行い、その登記記録の内容が真実と異なっていた場合には保護されません。例えば、登記事項証明書に記載されている所有権者と売買取引を行い、後にその者は真の所有者でないことがわかった場合、その不動産の所有権を取得できるとは限らないわけです。

※物権変動（所有権移転）はしているが、手続き上の要件が整わない場合、仮登記をしておけば、その後に行う本登記の順位を保全できる。ただし第三者に対抗することはできない。

ことば

登記の公信力：登記上の表示を信頼して不動産の取引をした者は、たとえ登記名義人が真実の権利者でないような場合でも、一定の要件のもとでその権利を取得することが認められること。

4 不動産の公的な価格

土地の価格には、実際に売買される**取引価格（実勢価格）**のほかに、公的な機関が発表する**価格**があります。

出る

公的機関が発表する土地の価格

	公示価格（公示地価）	固定資産税評価額	相続税評価額（路線価）	基準地価格（標準価格）
内容	土地取引の指標となる1㎡当たりの価格	固定資産税や不動産取得税などの計算のもととなる評価額	相続税や贈与税の計算の基準となる価格	都道府県知事が公表する基準地の標準価格
決定機関	国土交通省	市町村（東京23区は東京都）	国税庁	都道府県
基準日	毎年1月1日	基準年度の前年の1月1日を基準に3年ごとに評価替え	毎年1月1日	毎年7月1日
発表時期	3月中旬～下旬	4月上旬	7月上旬	9月上旬～中旬
価格水準※	100%	70%	80%	100%

※価格水準は、公示価格を100%としたときの水準。

5 不動産の鑑定評価の方法

不動産の取引価格は、公的な価格を目安に決定されます。その際、その取引価格が適正かどうかの判定は、専門家である**不動産鑑定士**が行います。

これを**鑑定評価**といい、次の方法があります。

3つの鑑定評価方法

原価法	対象不動産の**再調達原価**（現在時点で買い直す場合の価格）を試算し、**減価修正**（経年劣化等で価値が下がった分を減額）して不動産価格を計算する方法
取引事例比較法	市場で現実に発生した類似の不動産取引を参考に、修正、補正を加えて価格を計算する方法
収益還元法	家賃、売却価格など、対象不動産が将来生み出すであろう純収益（収益－費用）を基準に価格を求める方法

ことば

再調達原価：対象不動産を再調達（もう一度建築・造成）することを想定した場合に必要とされる適正な原価の総額。

例題

・土地の価格に関する次の記述の正誤を答えなさい。

❶ 公示価格は、毎年1月1日を基準日とし、一般の土地の取引価格に対して指標を与えるものとして、国土交通省が公表・所管している価格である。

❷ 固定資産税評価額は、毎年1月1日を基準日とし、相続税や贈与税を算出するための基礎となるものとして、国税庁が公表・所管している評価額である。

❸ 相続税路線価は、地価公示の公示価格の70％を価格水準の目安として設定されており、国税庁のホームページで閲覧可能な路線価図で確認することができる。

◀2022年1月個人（改）
2023年5月学科（改）

例題の答え

❶ ○
❷ × 公表・所管は国税庁ではなく市町村。
❸ × 70％ではなく80％が正しい。

過去問トレーニング

次の質問に答えなさい。

問 1 □ □ 土地を取得する際の「権利関係の調査」に係る留意点に関する次の文章の空欄❶～❸に入る語句の組み合わせとして、最も適切なものを**ア**～**ウ**から選びなさい。 ◀ 2013年5月個人

X土地の取得に当たっては、X土地の所在、地積、所有権者、および抵当権その他の権利の設定等について、法務局で（❶）の交付を受け、その記載事項の確認をする。土地の所有権に関する事項は（❶）の（❷）に記載されている。また、法務局で（❶）のほかに（❸）の写しを取得して土地の位置、隣地との関係等についても確認する必要がある。ただし、（❸）は、形状、面積が正確ではない場合もあるので、アパートの建築計画を精査する場合には地積測量図の写しも取得しておくことが望ましい。

ア ❶ 登記事項証明書 ❷ 権利部（甲区） ❸ 公図
イ ❶ 固定資産評価証明書 ❷ 権利部（甲区） ❸ 公図
ウ ❶ 登記事項証明書 ❷ 表題部 ❸ 都市計画図

問 2 □ □ 公的な土地評価に関する下表の空欄（❶）～（❸）にあてはまる語句として、誤っているもの**ア**～**ウ**から選びなさい。 ◀ 2021年1月資産

価格の種類	（❶）	相続税路線価	固定資産税評価額
所　　管	国土交通省	国税庁	（❸）
評価時点	毎年1月1日	（❷）	原則として基準年度の前年1月1日
実施目的	取引の指標など	相続税・贈与税等の財産評価の基礎	固定資産税や登録免許税等の課税標準の基礎

ア ❶ 基準地標準価格
イ ❷ 毎年1月1日
ウ ❸ 市町村（東京23区は東京都）

問3 次の記述の正誤を答えなさい。

◀2013年5月・2014年9月・2022年1月・9月・2023年5月学科

❶ 不動産登記には公信力が認められていないため、登記記録上の権利者が真実の権利者と異なっている場合に、登記記録を信じて不動産を購入した者は、原則として、その不動産に対する権利の取得について法的に保護されない。

❷ 不動産の登記事項証明書の交付を請求することができる者は、当該不動産の所有者に限られる。

❸ 国土交通省の土地鑑定委員会が公表する公示価格は、毎年7月1日を基準日（価格時点）としている。

❹ 土地の登記記録において、賃借権に関する事項は権利部（甲区）に記録され、抵当権に関する事項は権利部（乙区）に記録される。

❺ 土地・建物の所有者（かつ登記記録に記載の所有者）であるAさんが、Bさんのほかに善意の第三者であるCさんにも物件を譲渡した場合、Bさんは先に代金を支払えば、登記をすることなくその物件の所有権をCさんに対抗できる。

答え

問1 ア

問2 ア ❶は正しくは公示価格

問3 不動産の登記記録、価格、鑑定評価方法に関する問題。

❶ ○ 不動産の登記には公信力がないため保護されない。

❷ × 法務局で登記事項証明書の交付申請をすれば、誰でも確認できる。

❸ × 公示価格の基準日は、毎年1月1日。

❹ × 前半が間違い。権利部（甲区）に記録されるのは所有権に関する事項。所有権以外（抵当権、賃借権など）は権利部（乙区）に記録される。

❺ × 民法上、売主が複数の相手に同じ物件を譲渡すること（二重譲渡）は可能だが、譲渡を受けた側は、先に登記をした方が所有権を取得できる。Bさんが先に代金を支払っても、登記をしなければCさんに対抗（自分のものだと主張）できない。

2 不動産の取引

借地・借家権の契約方法、期間、解約条件は必須項目！

- 宅建取引業者の報酬限度額は売買代金の額で決まる。
- 契約不適合責任における不適合の通知は知った日から１年以内。
- 定期借家契約は書面でのみ可能。

1 宅地建物取引業

土地や建物の売買、交換、貸借の媒介（仲介）や代理を行う業務を**宅地建物取引業（宅建業）**といい、これを**業として行う**者を**宅地建物取引業者**といいます。

宅地建物取引業を行う場合は、国土交通大臣、または都道府県知事から免許を受ける必要があります。

また、**宅地建物取引業者名簿**が、国土交通省および都道府県に設置されていて**閲覧が可能**となっています。

なお、自分が所有する建物を人に貸す場合は、宅地建物取引業者の免許を取得する必要はありません。

宅地建物取引業者は、事務所従業員５人に対して１人、専任の**宅地建物取引士**を置くことが義務付けられています。次の業務は、宅地建物取引士の独占業務です。

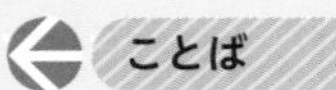

業として行う：不特定多数を対象にその業務を反復して行うこと。

宅地建物取引士の独占業務

- 借主や買主への重要事項の説明（契約成立の前）
- 重要事項説明書（35条書面）への記名
- 契約書面（37条書面）への記名

スピード理解!!

宅地建物取引業者の社員であるだけでは、重要事項の説明はできない。

2 媒介契約

宅地建物取引業者は、宅地・建物の売買または交換の媒介の契約を締結したとき、遅滞なく**媒介契約書**を**作成、記名押印**して、依頼者にこれを**交付**しなければなりません。一方、媒介の契約を締結したとき、買主には宅地建物取引業者への**仲介手数料の支払い**が生じます。※

媒介契約には、次の３つの種類があります。

※取引態様が「売主」→不動産業者自身が売主なので仲介手数料は不要。
取引態様が「媒介」→売主は別なので不動産業者に仲介手数料を支払う。

	一般媒介契約	専任媒介契約	専属専任媒介契約
依頼方法	・依頼者は複数の業者に依頼できる ・自己発見（自分で取引相手を見つけること）ができる	・依頼者は複数の業者に依頼できない ・自己発見ができる	・依頼者は複数の業者に依頼できない ・自己発見はできない
契約有効期間	自由	3カ月	
依頼者への報告義務	なし	2週間に１回以上	1週間に１回以上

3 宅地建物取引業者の報酬限度額

宅地建物取引業者が不動産の売買・交換・賃貸の媒介や代理を行った場合は、各取引に応じた**報酬限度額**が宅地建物取引業法で定められています。売買・交換を媒介する場合の報酬限度額は、次のとおりです。

●**報酬限度額（売買・交換の媒介を行った場合）**

売買代金	報酬限度額（消費税抜き）
200万円以下	売買代金×５％
200万円超 400万円以下	売買代金×4％＋２万円
400万円超	売買代金×３％＋６万円

この報酬限度額の表は覚えなくてOK。

賃貸借を媒介する場合、貸主・借主双方から受け取ることができる**仲介手数料の合計額**の上限は、**賃料の１カ月分＋消費税**までです。

4 手付金

手付金とは、契約の成立を確認するために、買主から売主に支払われるお金のことで、通常は**解約手付**（契約を解除できるようにしておくための手付金）として扱われます。

手付金の出題ポイント

- 宅地建物取引業者は、自らが売主となる不動産の売買契約で取引相手が宅地建物取引業者でない場合、代金の額の2割（10分の2）を超える額の手付金を受領することはできない。
- 解約手付が交付されると、相手方が契約の履行に着手するまで（売主の物件引渡し、買主の代金支払いまで）は、買主は交付した手付金を放棄することで、売主は手付金の倍額を支払うことで、契約の解除ができる。

5 危険負担

売買契約後から建物の引渡しまでの間に対象の建物が双方の過失なく毀損（きそん）や滅失（火災や地震などによる建物の崩壊や消滅）によって引渡しができなくなった場合（履行不能になった場合）の損害を売主、買主のどちらが負担するかという問題を**危険負担**といいます。

民法では、この危険負担は売主にあるとされています。もし建物の引渡しがされない場合、買主は債務の履行（売主への代金支払）を拒絶および契約解除をすることができます。

6 契約不適合責任

売買の対象物である不動産が、種類・品質・数量に関して契約の内容に適合しないものであるとき、買主は売主に対し、追完の請求、代金減額の請求、損害賠償の請求、契約の解除を行うことができます。これを売主の**契約不適合責任**(けいやくふてきごうせきにん)といいます。

買主が売主に対して、契約不適合責任を追及するには、不適合を知った時から1年の間に売主に不適合を通知する必要があります。なお、買主が自らの権利を行使できることを知った時から5年を経過した時、または権利を行使できる時から10年を経過した時には時効となります。

「契約不適合責任」の時効は不適合を知った時から何年経過した時かがポイントだよ！

例題

・次の記述の正誤を答えなさい。

❶ アパートやマンションの所有者が、当該建物を賃貸して家賃収入を得るためには、宅地建物取引業の免許を取得しなければならない。

❷ 宅地建物取引業法の規定によれば、宅地建物取引業者が依頼者と締結する宅地または建物の売買の媒介契約のうち、専任媒介契約の有効期間は、最長で6カ月である。

❸ 不動産の売買契約において、買主が売主に解約手付を交付した場合、売主は、買主が契約の履行に着手するまでは、受領した手付と同額を買主に提供することで、契約の解除をすることができる。

◀2019年5月・2022年1月・2023年5月学科

例題の答え

❶ × 所有する物件を自ら賃貸する場合は、宅地建物取引業に該当せず、免許取得は不要。

❷ × 有効期間の最長は3カ月。

❸ × 売主側は手付の倍額を買主に支払うことで解除できる。なお、買主側からは売主に払った手付を放棄することで解除できる。

7 借地権

土地や建物の**賃貸借契約**については、**借地借家法**で定められています。

借地権は、他人の土地を借りて使用する権利のことで、**普通借地権（普通借地契約）**と**定期借地権（定期借地契約）**があります。

借地権者（借主）は、借地権の登記がなくても、**自分名義の建物を所有**していれば第三者に対抗することができます。

普通借地権は、貸主側に正当な理由がない場合、借主が望めば契約が更新されるものです。**普通借地権の契約存続期間**は**30年**※です。

定期借地権は、定められた期間で契約が終了し、土地が貸主に返還されて契約更新がない借地権のことです。定期借地権には、**一般定期借地権**、**事業用定期借地権**、**建物譲渡特約付借地権**の３種類があります。

※ただし、地主と借地人の合意により、存続期間が30年を超える契約も可能。

定期借地権の出題ポイント

種類	一般定期借地権	事業用定期借地権	建物譲渡特約付借地権
契約の締結	書面で契約（公正証書以外も可）	公正証書での契約が必要	口頭・書面どちらでも契約できる
契約存続期間	50年以上	10年以上50年未満	30年以上
利用目的	制限なし	事業用の建物（居住用建物は不可）	制限なし
契約終了時の建物	建物を取り壊し土地を返還	建物を取り壊し土地を返還	土地所有者が建物を買い取る（建物譲渡）

8 借家権

借家権とは、借地借家法で定められた、他人の建物を借りて使用する権利をいいます。借家権には、**普通借家権（普通借家契約）**と**定期借家権（定期借家契約）**があります。

普通借家契約では、貸主（大家）の同意を得て、畳や建具、エアコンなどの造作を取り付けることができます。その場合、借主は、特約がない限り、契約満了時に、貸主にその造作を**時価で買い取るよう請求**ができます。これを**造作買取請求権**といいます。

借家権の出題ポイント

種類	普通借家契約（建物賃貸借契約）	定期借家契約（定期建物賃貸借契約）
契約の締結	口頭・書面どちらでも契約できる	書面（公正証書でなくても可）で契約
存続期間	1年以上。 1年未満の契約は「期間の定めがない賃貸借」とみなされる	制限なし。 1年未満の契約でも契約期間と認められる
更　新	自動更新	更新なし※（再契約はできる）
解約の条件	貸主が解約する場合は、期間満了の6カ月前までに正当な事由をもって借主に通知しなければならない	契約期間が1年以上の場合、貸主から借主へ期間満了の1年前から6カ月前までに「契約の終了」を通知しなければならない

※貸主は、借主に対し、定期建物賃貸借契約であること（契約の更新がない旨の定め）を記載した書面を交付して説明しなければならない。**貸主がこの説明をしなかったときは「契約の更新がない旨の定め」が無効となる。**

過去問トレーニング

次の質問に答えなさい。

問1 次の記述の正誤を答えなさい。

◀2017年9月・2018年5月・2020年1月・2021年1月・2022年1月学科

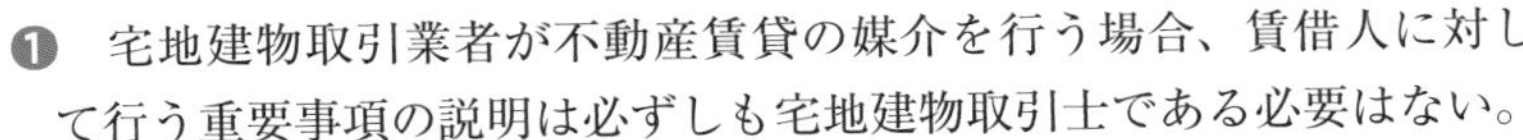

❶ 宅地建物取引業者が不動産賃貸の媒介を行う場合、賃借人に対して行う重要事項の説明は必ずしも宅地建物取引士である必要はない。

❷ 宅地建物取引業者は、宅地・建物の売買または交換の媒介の契約を締結したときは、遅滞なく、媒介契約書を作成して記名押印し、依頼者にこれを交付しなければならない。

❸ 宅地建物取引業者は、買主が宅地建物取引業者ではない宅地・建物の売買の媒介に際して、当該宅地・建物の買主に対して、売買契約が成立するまでの間に、宅地建物取引士をして、宅地建物取引業法第35条に規定する重要事項について、これらの事項を記載した書面を交付して説明させなければならない。

❹ 宅地建物取引業者は、自らが売主となる宅地または建物の売買契約の締結に際して、取引の相手方が宅地建物取引業者でない場合、代金の額の10分の1を超える額の手付を受領することができない。

❺ 借地借家法では、借地権設定契約を締結する場合の存続期間は、堅固建物では30年以上、非堅固建物では20年以上とされている。

❻ 借地借家法の規定では、定期建物賃貸借契約（定期借家契約）の期間満了時、借主から更新の請求があった場合、貸主は、正当の事由がなければ、その更新の請求を拒むことができない。

❼ 借地借家法において、事業用定期借地権等は、専ら事業の用に供する建物の所有を目的とし、存続期間を10年以上20年未満として設定する借地権である。

問2 定期借家契約に関する次の記述の正誤を答えなさい。

◀2020年1月個人

❶ 定期借家契約は、契約の更新がなく、期間満了により賃貸借契約が終了し、確実に建物の明渡しを受けることができる。なお、期間満了後に、当事者間で再度定期借家契約を締結することはさしつかえない。

❷ 定期借家契約では2年未満の契約期間の設定はできないが、最長期間の制限はない。自宅の売却予定時期に応じて、契約期間を設定することができる。

❸ 定期借家契約を締結する際は、公正証書により行わなければならない。

答え

問1 不動産の売買契約・貸借契約等に関する問題。

❶ × 宅地建物取引士が宅地建物取引士証を明示の上、契約成立前に行う。

❷ ○

❸ ○

❹ × 宅地建物取引業者が売主で取引相手が宅地建物取引業者でない場合、受け取る手付金の上限は、代金の額の2割（10分の2）まで。

❺ × 普通借地権の設定当初の期間は、借地上の建物の構造に関係なく最短30年。

❻ × 定期借家契約は、原則更新がないため、借主は、契約期間満了後は退去が必要。ただし貸主と借主の合意があれば再契約できる。

❼ × 正しくは10年以上50年未満。

問2 定期借家契約に関する問題。

❶ ○

❷ × 定期借家契約は存続期間に制限がないため、1年未満の契約も可能で、貸主と借主が合意すれば、期間を自由に設定できる。

❸ × 公正証書に限らず、書面であればOK。

3 不動産に関する法令

接道義務とセットバックが超頻出！

- 市街化調整区域とは、市街化を抑制すべき区域のこと。
- 敷地面積に対する建築面積の割合を建蔽(ぺい)率という。
- 最大延べ面積＝敷地面積×容積率の上限

1 都市計画法

都市計画法は、計画的なまちづくりを行うための基本的な法律で、**都市計画区域**を定めています。都市計画区域は、**線引き区域（市街化区域＋市街化調整区域）**と**非線引き区域**に分かれます。**市街化区域**は用途を定めて**市街化を進める区域**、**市街化調整区域**は自然環境を残すため、用途を定めないで**市街化を抑制すべき区域**です。

ことば

線引き区域：都市計画区域は線引き区域（市街化区域＋市街化調整区域）とそれ以外の非線引き区域に分かれる。

出る

市街化区域と市街化調整区域

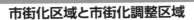

都市計画区域

線引き区域：市街化区域＋市街化調整区域

市街化区域	市街化調整区域
「すでに市街地を形成している区域」、および「おおむね10年以内に優先的かつ計画的に市街化を図るべき区域」	「市街化を抑制すべき区域」

非線引き区域：市街化区域でも、市街化調整区域でもない都市計画区域

2 開発許可制度

開発行為を行う場合、**市街化区域**では**1,000㎡以上**の規模であるものは**都道府県知事の開発許可が必要**です。

市街化調整区域では**規模にかかわらず都道府県知事の開発許可が必要**です。

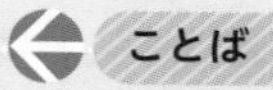

開発行為：建築物の建設、特定工作物の建設のために、土地の区画形質を変更すること。

3 建築基準法の用途制限

都市計画法では、用途地域を住居系、商業系、工業系に分け、13種類の用途地域を定めています。

建築基準法では、**工業専用地域には住宅を建ててはいけない**など、建築用途を制限しています。1つの敷地が異なる2つ以上の用途地域にまたがる場合、その敷地の全体について、**過半の属する用途地域の用途制限が適用**されます。

なお、用途地域・防火規制など、建物の「建築規制」は都市計画図（地方公共団体で有償配布）に掲載されています。

スピード理解!!
2つ以上の用途地域にまたがるときは、大きい面積の地域の用途になる！

〈用途地域別の建築制限〉

用途地域 / 建築物の用途	住居系								商業系		工業系		
	第一種低層住居専用地域	第二種低層住居専用地域	第一種中高層住居専用地域	第二種中高層住居専用地域	第一種住居地域	第二種住居地域	準住居地域	田園住居地域	近隣商業地域	商業地域	準工業地域	工業地域	工業専用地域
診療所、公衆浴場、保育所、幼保連携型認定こども園、神社、教会、派出所	●	●	●	●	●	●	●	●	●	●	●	●	●
住宅、共同住宅、図書館、老人ホーム	●	●	●	●	●	●	●	●	●	●	●	●	×
幼稚園、小・中学校、高校	●	●	●	●	●	●	●	●	●	●	●	×	×
病院	×	×	●	●	●	●	●	×	●	●	●	×	×
カラオケボックス	×	×	×	×	×	●	●	×	●	●	●	●	●
大学、高等専門学校、専修学校	×	×	●	●	●	●	●	×	●	●	●	×	×
ホテル、旅館	×	×	×	×	●	●	●	×	●	●	●	×	×

●は建築可。×は建築不可。赤い×や●は必ず覚えておこう。

4 接道義務とセットバック

建築基準法では、道路を次のように定義しています。

道路	幅員（道幅）４m以上の道路
2項道路（にこうどうろ）	都市計画区域にある幅員（道幅）４m未満の道。 特定行政庁により道路と指定されるもの

建築基準法では、建築物と道路に関して**接道義務**と**セットバック**という制限を定めています。

ことば

2項道路：名前の由来は、建築基準法第42条2項の規定によることから。

接道義務とセットバック

● **接道義務**：建築物の敷地は、原則として幅員4m以上の道路に2m以上接しなければならない。

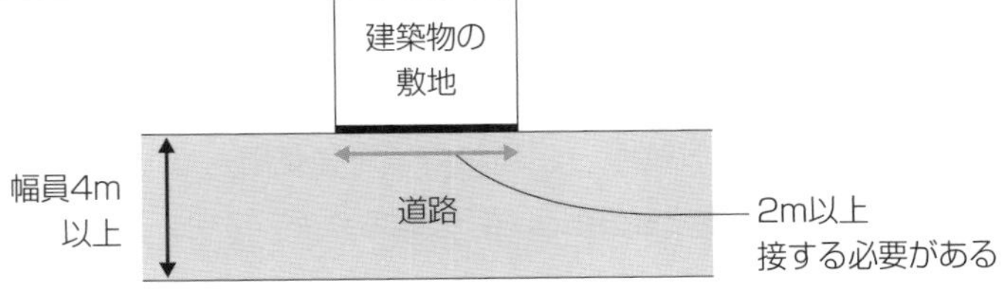

● **2項道路のセットバック**：2項道路では、道路の中心線から2m下がった線を境界線とみなして、道沿いの建物を建て直すときはこのみなし道路境界線まで下がって建て直さなければならない。なお、道路の片側が川やがけ地の場合は、道路と川やがけ地との境界線から4mのセットバックが必要。

【例】幅員3mの2項道路の場合

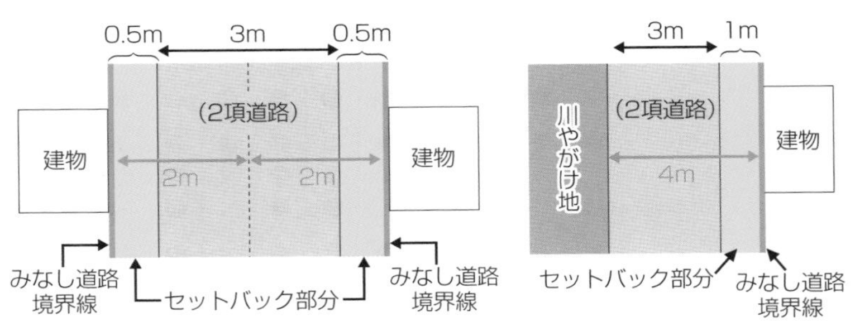

5 建蔽率の制限

敷地面積に対する建物の建築面積の割合を**建蔽率**といいます。

建物の**最大建築面積（建築面積の上限）**は、敷地面積に用途地域ごとに定められている**指定建蔽率**を乗じて算出します。

$$建蔽率＝\frac{建築面積}{敷地面積}$$

最大建築面積＝敷地面積×建蔽率

【例】指定建蔽率が80％の地域で敷地面積300 m^2の土地に建物を建てる場合の最大建築面積は、
300×0.8＝240 m^2

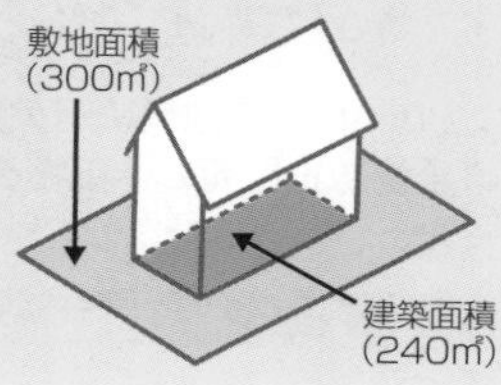

指定建蔽率が異なる用途地域にまたがって建築する場合、建蔽率は加重平均（各土地の建築面積の合計を、敷地面積の合計で割る）で計算します。

【例】地域Aと地域Bにまたがって建築する場合の建蔽率※

地域A	地域B
建蔽率：60％	建蔽率：50％
敷地面積：300 m^2	敷地面積：200 m^2

最大建築面積＝敷地面積×建蔽率

- 地域Aの最大建築面積＝300×0.6＝180 m^2
- 地域Bの最大建築面積＝200×0.5＝100 m^2
- AとBの建築面積の合計＝180＋100＝280 m^2

$$敷地全体の建蔽率＝\frac{建築面積の合計}{敷地面積の合計}$$

- 建蔽率＝280÷(300＋200)＝0.56＝56％

ことば

建築面積：その建物の水平投影面積（上から見た面積）で、一般的には建築物の1階が占める面積にほぼ等しい。これに対して延べ面積とは、建物各階の床面積を合計したものをいう。

スピード理解!!

用途は、大きい面積の地域の用途になる。建蔽率は大きい方ではなく加重平均！

※左のように建築面積を合計してから算出する方法と、次のように建蔽率を合計する方法がある。
0.6×300÷500 = 0.36
0.5×200÷500 = 0.2
0.36 + 0.2 = 0.56

6 建蔽率の緩和規定

指定建蔽率は、次の場合に緩和されます。

建蔽率の上限が緩和される場合

①**防火地域内（建蔽率の上限80％の地域を除く）**にある耐火建築物、および耐火建築物と同等以上の延焼防止性能の建築物 ②**準防火地域内**に建築する耐火建築物、準耐火建築物およびこれらの建築物と同等以上の延焼防止性能の建築物	プラス10％
特定行政庁の指定する角地にある建築物	プラス10％
上記の両方に該当する場合（10％＋10％）	プラス20％
防火地域内で、かつ上限80％の地域に耐火建築物および耐火建築物と同等以上の延焼防止性能の建築物を建築した場合	**制限無し（建蔽率100％）**

7 容積率の制限

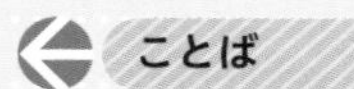

延べ面積：建物各階の床面積を合計した面積。

敷地面積に対する建物の延べ面積の割合を**容積率**といいます。建物の**最大延べ面積（延べ面積の上限）**は、敷地面積に用途地域ごとに定められた**指定容積率**を乗じて算出します。

容積率＝$\frac{延べ面積}{敷地面積}$

最大延べ面積＝敷地面積×指定容積率

【例】指定容積率が200％の地域で
敷地面積300 m²の土地に
建物を建てる場合の最大延べ面積は、
300 × 2=600m²

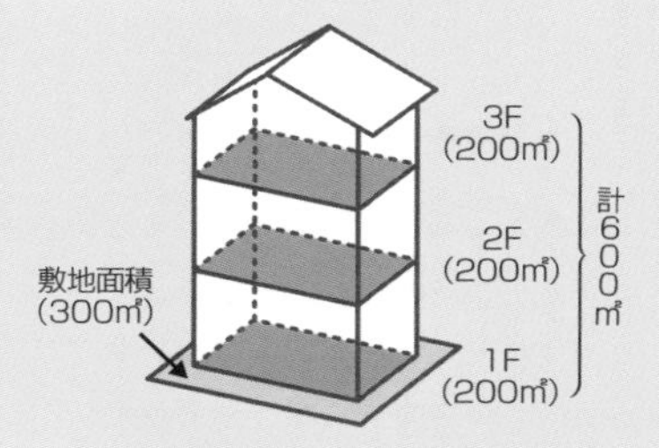

指定容積率が異なる用途地域にまたがって建築する場合、**容積率は加重平均（各土地の延べ面積の合計を、敷地面積の合計で割る）で計算**します。

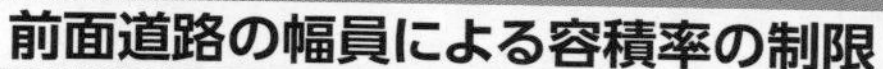

前面道路の幅員による容積率の制限

● 前面道路の幅員が12m未満の場合：用途地域別に次の制限がある。

住居系用途地域 (法定乗数4/10)	前面道路の幅員×4／10 ❶ 幅員8mなら8×4/10＝3.2で、容積率320%
その他の用途地域 (法定乗数6/10)	前面道路の幅員×6／10 ❷ 幅員8mなら8×6/10＝4.8で、容積率480%

これによって算出された数値と、指定容積率の数値のうち、小さい方の容積率が用いられる。例えば、指定容積率400%のときは、「❶の場合…容積率320%、❷の場合…容積率400%」が用いられる。

前面道路の幅員が12m未満の場合は、容積率に上のような制限があります。敷地が2つ以上の道路に面している場合は、**最も幅の広い道路が前面道路**になります。

スピード理解!!
建蔽率も、容積率も、加重平均で求める！

例題

・**建築基準法に従い、下記<資料>の土地に建築物を建築する場合の延べ面積（床面積の合計）の最高限度として、正しいものはどれか。なお、記載のない条件については一切考慮しないこととする。**

〈資料〉

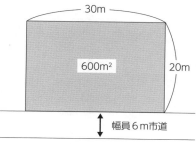

30m
600m²
20m
幅員6m市道

・近隣商業地域
・指定建蔽率　60%
・指定容積率　400%
・前面道路の幅員に対する法定乗数　6／10

ア　360m²
イ　2,160m²
ウ　2,400m²

◀2021年1月資産

例題の答え

イ　前面道路幅員による容積率の制限と、指定容積率とを比べる必要がある。本問は近隣商業地域なので6×6/10＝3.6で360%となり、指定容積率400%よりも小さいので、360%を用いる。上の600m²×360%＝2,160m²

8 防火規制

建築基準法では、建築物が**防火地域**および**準防火地域**にわたる場合、原則として、その**全部について防火地域内の建築物に関する規定が適用**されます。つまり、敷地内において防火規制が最も厳しい地域の規制が適用されるわけです。

9 農地法

農地を取引する際は、**農地法**による制限があります。

農地を転用（農地以外のものにすること）する場合、**都道府県知事（または指定市町村の長）の許可**[※1]が必要です。ただし、市街化区域内の一定の農地の転用は、農業委員会への届出だけで手続きが終わります[※2]。

10 区分所有法

分譲マンションなどの集合住宅における共通の管理や使用について定めた法律が、**区分所有法**です。

区分所有者は、所有者自身の意思にかかわらず、**区分所有者の団体（管理組合）の構成員**となります。

・**集会による議決**：建物を取り壊して建て替えるには区分所有者および議決権の各**5分の4以上**、**規約の設定・変更・廃止**の場合には各**4分の3以上**の多数による集会の決議が必要です。

・**分離処分の禁止**：区分所有者は原則として、**専有部分**とその**専有部分に係る敷地利用権**とを分離して処分することはできません。また、専有部分と共用部分の持分を分離して処分することもできません。

・**管理費滞納**：以前の所有者が**管理費を滞納**していた場合、**新たに購入した買主に滞納分の支払い義務**が発生します。

※1 許可申請書に必要な書類を添付し、転用しようとする農地の所在する市町村の農業委員会を経由して都道府県知事等に提出し、許可を受ける。

※2 農地を農地のまま転売する場合（権利移動）は、都道府県知事ではなく、農業委員会の許可が必要（農地法3条許可）。

ことば

区分所有法：マンション等に適用される「建物の区分所有等に関する法律」。

区分所有者：分譲マンションの各住戸の所有者。

専有部分：独立性を備え、区分所有権の対象となる建物の部分。住居、店舗、事務所等。

共用部分：共同玄関、階段、エレベーター等、共同で利用する部分。

敷地利用権：敷地についての各人の共有持分のこと。

過去問トレーニング

適切なものには○、不適切なものには×をしなさい。また選択肢があるものは正しい記号を選びなさい。

問1 都市計画法の規定では、市街化区域内において行う開発行為で、原則としてその規模が（　　）以上であるものは、都道府県知事等の許可を受けなければならない。

◀2014年9月学科

ア 400㎡
イ 800㎡
ウ 1,000㎡

問2 都市計画法において、市街化区域内で行う開発行為は、その規模にかかわらず、都道府県知事等の許可を受けなければならない。

◀2021年1月学科

問3 建築基準法において、建築物の敷地が2つの異なる用途地域にわたる場合、その全部について、敷地の過半の属する用途地域の建築物の用途に関する規定が適用される。

◀2021年5月学科

問4 都市計画法で定める用途地域のうち、商業地域内では住宅の建築が禁じられている。

◀2014年5月学科

問5 建築基準法の規定では、都市計画区域および準都市計画区域内の建築物の敷地は、原則として、幅員（❶）以上の道路に（❷）以上接しなければならない。

◀2021年9月学科

ア ❶ 2m ❷ 4m
イ ❶ 4m ❷ 2m
ウ ❶ 6m ❷ 4m

問6 都市計画区域内にある幅員4m未満の道で、建築基準法第42条第2項により道路とみなされるものについては、原則として、その中心線からの水平距離で（　　）後退した線が道路境界線とみなされる。

◀2021年1月学科

ア 2m　**イ** 3m　**ウ** 4m

問7 次の文章の（　）内にあてはまる最も適切な数字を**ア**～**ウ**から選びなさい。 ◀2023年9月学科

下記の2,000㎡の土地に建築物を建築する場合の最大延べ面積は、（　）である。

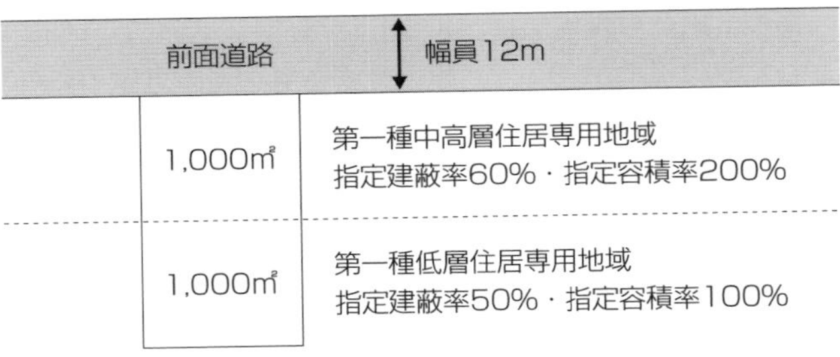

ア 1,100㎡　　**イ** 3,000㎡　　**ウ** 4,000㎡

問8 下記〈資料〉の土地に建築物を建築する場合の次の記述のうち、誤っているものを**ア**～**ウ**から選びなさい。なお、記載のない条件については、一切考慮しないこととする。 ◀2011年9月資産

〈資料〉

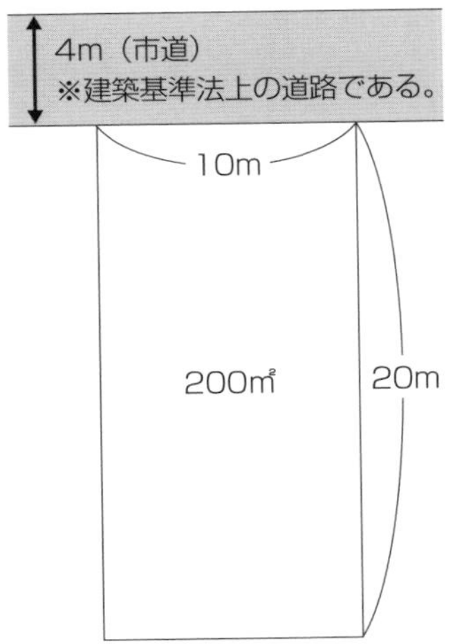

・指定建蔽率：50%
・指定容積率：150%
※前面道路の幅員に対する法定乗数4／10

ア この土地は建築基準法上の道路に２m以上接しているため、同法の接道義務を満たしている。

イ この土地に対する建築物の最大建築面積は100㎡である。

ウ この土地に対する建築物の最大延べ面積は、指定容積率150%と前面道路の幅員（４m）に４／10を乗じた160%の、いずれか大きい数値を敷地面積に乗じて求める。

問9 区分所有法に関する文章の空欄❶～❸に入る語句の組み合わせとして、最も適切なものを**ア～ウ**から選びなさい。 ◀2012年1月個人・2023年9月学科

区分所有法では、分譲マンションの各住戸のように、1戸ごとに「構造上の独立性」と「利用上の独立性」を備え、区分所有権の対象となる建物の部分を（❶）といい、エントランスロビー、廊下などのように区分所有者が共同で利用する建物の部分は（❶）とはならない。

区分所有者は、全員で、建物やその敷地および附属施設の管理を行うための、一般に（❷）といわれる団体を構成し、集会を開き、規約を定め、管理者を置くことができる。集会において、区分所有者および議決権の各（❸）以上の多数により、区分所有建物を取り壊し、その敷地上に新たに建物を建築する旨の決議（建替え決議）をすることができる。

ア ❶ 共用部分 ❷ 管理組合 ❸ 過半数
イ ❶ 専有部分 ❷ 建替組合 ❸ 4分の3
ウ ❶ 専有部分 ❷ 管理組合 ❸ 5分の4

答え

問1 ウ 1,000㎡以上のとき、都道府県知事等の許可が必要。

問2 × 市街化区域での開発行為については、1,000㎡以上の開発を行う場合、都道府県知事等の開発許可が必要。

問3 ○

問4 × 住宅は工業専用地域のみ建築禁止。飲食店・病院なども不可。

問5 イ

問6 ア

問7 イ 建築物の敷地が容積率の異なる2つ以上の地域にわたる場合、敷地全体の最大延べ面積は「各地域の面積×各容積率」の合計。前面道路は12mなので、用地制限はない。
第一種中高層住居専用地域部分：1,000㎡×指定容積率200％＝2,000㎡
第一種低層住居専用地域部分：1,000㎡×指定容積率100％＝1,000㎡
最大延べ面積＝2,000＋1,000＝3,000㎡

問8 ウ 「いずれか大きい数値」ではなく、「いずれか小さい数値」。指定容積率150％と前面道路の幅員4mに4／10を乗じた16/10（160％）のいずれか小さい方なので、150％。この土地の最大延べ面積は、200×1.5＝300㎡

問9 ウ 取り壊し・建て替えは5分の4以上の賛成が必要。なお、規約の設定・変更・廃止は4分の3以上の賛成が必要。

5 不動産

4 不動産の取得と保有にかかる税金

課税標準の特例に関する問題が出る！

- 不動産取得税の課税標準は、不動産の固定資産税評価額。
- 所有権移転登記の登録免許税の納税義務者は、売主と買主。
- 都市計画税は、市街化区域内の土地・家屋の所有者に課税。

1 不動産取得税

不動産取得税は、土地や家屋を購入・新築・増改築したり、贈与されたりしたとき、取得者にかかる税金です。相続による不動産の取得や借地権に対しては課されません。

課税標準（税額を算出するうえで基礎となる課税対象）は、不動産の**固定資産税評価額**です。

出る

不動産取得税の出題ポイント

納税義務者	不動産の取得者（個人・法人）
課税取引	不動産の売買・交換・贈与・新築・増改築
課税主体	不動産がある都道府県（地方税）
課税標準	固定資産税評価額 （固定資産課税台帳登録価格）

- **不動産取得税の計算式**

不動産取得税＝課税標準×税率3%※

※税率は本則４％。2027年３月31日までの取得については特例として3%。

2 不動産取得税の課税標準の特例

不動産取得税には、課税標準から一定額を控除できる特例があります。これは、新築・増改築だけでなく、**中古住宅**を取得した場合にも適用されます。

不動産取得税の課税標準の特例

- **新築住宅の課税標準の特例…課税標準－1,200万円※**

※2026年3月31日までに新築した認定長期優良住宅（長期にわたり良好な状態で使用するための措置が講じられた優良な住宅）は、1,300万円。

不動産取得税＝(課税標準－1,200万円)×税率3%

【例】課税標準(固定資産税評価額)2,000万円の住宅の不動産取得税は、(20,000,000－12,000,000)×0.03＝240,000円

主な要件：床面積50㎡（一戸建て以外の貸家住宅は1区画40㎡）以上240㎡以下

- **中古住宅の課税標準の特例…課税標準－新築時期により異なる控除額**

主な要件：
1 床面積50㎡以上240㎡以下
2 1982年1月1日以降に新築された住宅、または一定の新耐震基準に適合した住宅
3 居住用、セカンドハウス。賃貸住宅は適用不可

- **宅地の課税標準の特例…課税標準×1/2**

不動産取得税＝課税標準×1/2×税率3%

例題

・次の記述の正誤を答えなさい。

次の甲マンションはその専有面積、構造、築年数等からみて不動産取得税の課税標準の特例の適用を受けることができない。

◀2014年1月個人（改）

〈甲マンションの売却物件情報〉
専有面積：69.08㎡（壁芯面積）
築年月：2007年12月（現在2024年）
所在階：8階／13階建
建物構造：鉄骨鉄筋コンクリート造、総戸数：68戸
用途地域：第1種住居地域　土地権利：所有権

例題の答え

×
床面積は69.08㎡。1982年1月1日以降の新築なので、特例の適用対象。

3 登録免許税

登録免許税は、不動産登記を行うときに課されます。

所有権移転登記をする場合、登録免許税は売主と買主に連帯して納付する義務があります。ただし、実際には売買契約等により**買主が負担するのが一般的**です。

登録免許税の種類と基本ポイント

● **登録免許税の種類**

所有権保存登記	新築の建物を購入したときなど、所有権を初めて登録するときの登記。登録免許税は売主と買主が連帯して納付。
所有権移転登記	不動産の売買、贈与、相続※などで、所有権が移転するときの登記。売主と買主が連帯して納付。
抵当権設定登記	土地や建物を担保にして、ローンなどの抵当権を設定するときの登記。

※相続により土地を取得した者が所有権移転登記を受ける前に死亡した場合、2025年３月31日までの間に、その死亡した者を登記名義人とするため行う移転登記については登録免許税は免税。

● **登録免許税の基本ポイント**

納税義務者	不動産登記をする者（個人・法人）
課税主体	国（国税）
課税標準	固定資産税評価額※（固定資産課税台帳登録価格）

※抵当権設定登記の課税標準は債権金額。

● **登録免許税の計算式**

登録免許税＝課税標準×税率

登録免許税の税率は出題されないので、覚える必要はない。

例 題

◀ 2020年９月資産（改）

・**次の記述の正誤を答えなさい。**

❶ 不動産取得税は相続により取得した場合は非課税である。

❷ 登録免許税の課税標準は抵当権設定登記を除き、相続税評価額である。

例題の答え

❶ ○

❷ × 固定資産税評価額が正しい。

4 消費税

不動産取引には、消費税がかかる取引（課税取引）とかからない取引（非課税取引）があります。

課税取引	・建物の譲渡（居住用も含む） ・建物の貸付け（居住用を除く） ・貸付期間が１カ月未満の居住用建物の貸付け ・不動産の仲介手数料
非課税取引	・土地の譲渡 ・貸付期間が１カ月以上の土地の貸付け ・**貸付期間が１カ月以上の居住用建物の貸付け**

スピード理解!!
１カ月以上住まいを貸す場合は、家賃、敷金、礼金などに消費税はかからない。

5 印紙税

印紙税は、不動産売買契約書等の課税文書を作成したときに課される税金（国税）で、文書に収入印紙を貼って消印することで納税します。

土地・建物の売買で、売買契約書の原本を２通作成して売主・買主のそれぞれが所持する場合は、**双方の契約書に収入印紙を貼付し消印**することが必要です。

収入印紙の貼付や消印がない場合、過怠税が課されますが、契約自体は有効です。

例題

・正しければ○、誤っていれば×をつけなさい。

◀2013年5月・2014年1月学科

❶ 住宅の貸付けは、貸付期間が１カ月に満たない場合などを除き、消費税が課されない。

❷ 土地・建物の売買契約書を２通作成し、売主・買主がそれぞれ保管する場合の印紙税の納付は、売主または買主のいずれか一方の契約書に印紙を貼付して消印することにより完了する。

例題の答え

❶ ○
❷ × ２通の契約書それぞれに、収入印紙を貼付し消印する必要がある。

ライフプランニングと資金計画 リスク管理 金融資産運用 タックスプランニング 5 不動産 相続・事業承継

6 固定資産税

固定資産税は、不動産を取得した翌年度から課税される地方税です。

固定資産税の出題ポイント

納税義務者	毎年1月1日現在、固定資産課税台帳に登録されている者※1
課税主体	不動産がある市町村（地方税）
課税標準	固定資産税評価額（固定資産課税台帳登録価格）

※1 実務上、売買契約により売主と買主の間で固定資産税の負担割合を所有期間で按分して精算することが一般的。

●**固定資産税の計算式**

固定資産税＝課税標準×税率1.4%※2

※2 1.4%は標準税率。各市町村の条例で変えることができる。

固定資産税の納税義務者の要件は超頻出問題。

7 固定資産税の課税標準の特例

住宅用地（賃貸住宅の用地を含む）の固定資産税には、課税標準から一定額を控除できる特例があります。※

※「不動産取得税の課税標準の特例」と混同しないこと。

固定資産税の課税標準の特例

●**小規模住宅用地（住宅1戸につき200㎡以下の部分）…課税標準×1/6**

固定資産税＝課税標準×1/6×税率1.4%

【例】200㎡で課税標準1,800万円の住宅用地の固定資産税は、
18,000,000×1/6×0.014＝42,000円

●**一般住宅用地（住宅1戸につき200㎡超の部分）…課税標準×1/3**

固定資産税＝課税標準×1/3×税率1.4%

※自宅、賃貸住宅（アパート等）の敷地も控除の対象となる。

新築住宅の固定資産税には、税額軽減特例があります。

新築住宅の税額軽減特例

● **新築住宅の税額軽減…床面積が120㎡までの部分について、新築後3年間**（新築中高層建築物は5年間）、**固定資産税が2分の1に軽減される。**（2026年3月31日までに宅地を取得した場合の特例）。

8 都市計画税

都市計画税は、公園や道路などの都市計画事業の費用に充てるために課される地方税です。

都市計画税の基本ポイント

納税義務者	**市街化区域内の土地・建物の所有者** （毎年1月1日現在、固定資産課税台帳に登録されている者）
課税主体	不動産がある市町村（地方税）
課税標準	固定資産税評価額

● **課税標準と税率**

都市計画税＝課税標準（固定資産評価額）×制限税率0.3%※

※制限税率0.3%までの範囲内で市町村が決定できる。

住宅用地（賃貸住宅の用地を含む）の都市計画税には、課税標準から一定額を控除できる特例があります。

都市計画税の課税標準の特例

● **小規模住宅用地（200㎡以下の部分）…課税標準×1/3**
● **一般住宅用地（200㎡超の部分）…課税標準×2/3**

ライフプランニングと資金計画　リスク管理　金融資産運用　タックスプランニング　5 不動産　相続・事業承継

過去問トレーニング

適切なものには○、不適切なものには×をしなさい。また空欄にあてはまるものをア～ウから選びなさい。

問1 新築の戸建て住宅の取得に対する不動産取得税の課税標準の算定上、「不動産取得税の課税標準の特例」の適用を受けることにより、固定資産税評価額から最高で1,500万円を控除することができる。 ◀2019年5月個人

問2 贈与により不動産を取得した場合、不動産取得税は課されない。 ◀2021年5月学科

問3 土地・家屋の固定資産税の標準税率は1.4％と定められているが、各市町村は条例によってこれと異なる税率を定めることができる。 ◀2013年5月学科

問4 都市計画税は、原則として、都市計画区域のうち市街化調整区域内に所在する土地・家屋の所有者に対して課される。 ◀2014年9月学科

問5 固定資産税における小規模住宅用地（住宅用地で住宅１戸当たり200㎡以下の部分）の課税標準については、当該住宅用地に係る固定資産税の課税標準となるべき価格の（　　）の額とする特例がある。 ◀2022年9月学科

ア　2分の1　　**イ**　4分の1　　**ウ**　6分の1

答え

問1 × 正しくは1,200万円。

問2 × 贈与による不動産の取得に対しては、不動産の名義変更の際に登録免許税や不動産取得税がかかる。なお、相続による不動産の取得に対しては、不動産取得税は課されない点に注意。

問3 ○ 各市町村は条例で税率を変更できる。

問4 × 市街化区域内に所在する土地・家屋の所有者に課税される。

問5 ウ 小規模住宅用地（住宅１戸当たり200㎡まで）については、固定資産税の課税標準は６分の１となる。

不動産の譲渡・賃貸にかかる税金

長期譲渡所得と短期譲渡所得の税率の違いが超頻出！

- 土地や建物の概算取得費は譲渡価額の５％。
- 3,000万円の特別控除と軽減税率の特例のみ併用できる。
- 所有期間５年超の居住用財産の譲渡損失は損益通算できる。

1 不動産の譲渡所得

土地や建物を**譲渡（売却）**することで生じた所得を**譲渡所得（譲渡益）**といい、所得税・住民税が課せられます。譲渡所得は、他の所得と区別して計算する**分離課税**です。

譲渡所得金額の算出式

譲渡所得金額（譲渡益）＝総収入金額－（取得費＋譲渡費用）

- **総収入金額**：売却時の譲渡価額の合計額
- **取得費**：売った土地や建物の購入代金、建築代金、購入手数料、設備費などの合計額から、減価償却費相当額を差し引いた金額。また、購入、贈与、相続したときに納めた登録免許税、不動産取得税、印紙税等も含まれる。

※取得の日以後譲渡の日までに納付した**固定資産税は取得費には含まれない**！

- **概算取得費**：買い入れた時期が古いなどのため、取得費が不明の場合には、**取得費の額を譲渡価額の5%相当額にできる**。また、実際の取得費が譲渡価額の5%相当額を下回る場合も5%相当額にできる。
- **譲渡費用**：仲介手数料、売主負担の印紙税、**建物の取壊し費用**、立退料等、売るために直接かかった費用。

スピード理解!!

例えば、先祖伝来の土地を 5,000 万円で売り、取得費が不明のときは、５%相当額の 250 万円を取得費にできる。

譲渡所得の税率は、所有期間によって異なります。

譲渡所得の税率の出題ポイント

譲渡所得税額＝譲渡所得金額×税率（長期なら20.315%、短期なら39.63%）

長期譲渡所得	譲渡した年の1月1日現在において所有期間が5年を超えるもの	税率20.315%※1
短期譲渡所得	譲渡した年の1月1日現在において所有期間が5年以内であるもの	税率39.63%※2

※1 所得税15%＋復興特別所得税0.315%＋住民税5%=20.315%

※2 所得税30%＋復興特別所得税0.63%＋住民税9%=39.63%

2 居住用財産の譲渡所得の特別控除

居住用財産（マイホームの家屋、敷地）を譲渡した場合に、譲渡所得から**最高3,000万円**を控除できます。

これを「居住用財産を譲渡した場合の3,000万円の特別控除の特例」といいます。

居住用財産の譲渡所得の特別控除のポイント

課税譲渡所得＝譲渡所得金額（譲渡益）－3,000万円（特別控除）

- 特別関係者（配偶者、父母、子、生計を一にする親族等）への譲渡では利用できない。→妻や子に居住用財産を売却しても控除は受けられない！
- 住まなくなった日から3年目の年の12月31日までに譲渡すること。
- 前年・前々年に同じ特例を受けていると利用できない。
- 所有期間は短期でも長期でも利用できる。→所有期間は関係ない！
- この特例によって、譲渡所得が0円になる場合も、確定申告が必要。

※譲渡した年の譲渡者の合計所得金額など、所得に関する制限はない。

3 居住用財産の軽減税率の特例

所有期間[※1]が10年を超える居住用財産を譲渡した場合、前ページ「居住用財産の譲渡所得の特別控除」後の金額のうち、6,000万円以下の部分に、14.21%の軽減税率が適用されます。これを「居住用財産を譲渡した場合の長期譲渡所得の課税の特例」といいます。6,000万円を超える部分は、税率20.315%です。

軽減税率の特例

● 譲渡所得税額＝課税長期譲渡所得金額×税率

課税長期譲渡所得金額	所得税[※2]	住民税
6,000万円以下の部分	10.21%	4%
6,000万円を超える部分	15.315%	5%

4 特定居住用財産の買換えの特例

所有期間[※1]が10年を超える居住用財産を買い換えた場合[※3]、譲渡益に対する税金を将来に繰り延べることができます。

特定居住用財産の買換えの特例の出題ポイント

買換え資産の取得価額に対応する部分について、譲渡益の100%相当分の課税を繰り延べることができる。

【買換えの特例の要件】

- 所有期間が10年超、居住期間合計が10年以上の居住用財産の譲渡。
- 譲渡資産の対価の額（旧宅の売却額）が1億円以下であること。
- 買換え資産について、個人が居住の用に供する部分の床面積が50㎡以上、敷地の面積が500㎡以下であること。

※1 譲渡した年の1月1日現在における所有期間。

※2 復興特別所得税（基準所得税額の2.1%）を含めた税率。
10%→10×1.021＝10.21%
15%→15×1.021＝15.315%

ことば

特定居住用財産の買換えの特例：「特定の居住用財産の買換えの場合の長期譲渡所得の課税の特例」。

※3 2025年12月31日までの売却。

5 空き家に係る譲渡所得の特別控除の特例

被相続人の居住用財産（家屋または取壊し後の土地）を相続して譲渡した場合、譲渡益から**最高3,000万円を控除**できる制度です。相続開始日から３年目の年の12月31日まで[※1]、譲渡価額**１億円以下**の譲渡に適用されます。

※1 2027年12月31日までに譲渡した場合に適用される。

6 損益通算・繰越控除の特例

所有期間が５年を超える居住用財産を譲渡[※2]して、新たに住宅ローンを利用した居住用財産に買い換えて損失が出たとき、その損失は他の所得と**損益通算**できます。また、その年に控除しきれない場合は、**翌年以降３年間**にわたって**繰越控除**できます。これを「居住用財産の買換え等の場合の譲渡損失の損益通算および繰越控除の特例」といいます。

また、買換えの場合でなくても、住宅ローンが残っていて**所有期間が５年を超える居住用財産**を譲渡して、その譲渡価額で住宅ローン残債を返済しきれない場合には、住宅ローン残高から譲渡価額を控除した額を限度として譲渡損失を他の所得と損益通算できます。また、その年に控除しきれない場合は、**翌年以降３年間**にわたって**繰越控除**できます。これを「特定居住用財産の譲渡損失の損益通算および繰越控除の特例」といいます。

なお、どちらの特例も繰越控除の適用を受ける年の**合計所得金額が3,000万円以下**であることが要件です。

※2 譲渡した年の1月1日現在における所有期間が５年。なお、損益通算・繰越控除の特例は2025年12月31日までの取引について適用。

スピード理解!!

居住用財産の譲渡所得に関する特例の中で「2 居住用財産の譲渡所得の特別控除」と「3 居住用財産の軽減税率の特例」は**併用可**。また、「5 空き家に係る譲渡所得の特別控除の特例」は「2」と「4 特定居住用財産の買換えの特例」の**いずれかと併用可**。他は、**前年・前々年に他の特例を受けていると利用できない**。

7 不動産所得にかかる税金

不動産の貸付けによる**不動産所得**には、所得税が課せられます。不動産所得の金額は、その年中の不動産所得に係る総収入金額から必要経費を差し引いて計算します。

不動産所得＝総収入金額－必要経費

総収入金額には、賃貸料のほか、敷金や保証金等のうち、**賃借人に返還しなくてもよい分の金額**が含まれます。

8 損益通算できる不動産所得の損失

不動産所得に損失（赤字）が出たときは、他の所得の金額（黒字）と損益通算（差引計算）を行うことになっています。ただし、不動産所得の金額の損失のうち、次に掲げる損失の金額は、損益通算の対象となりません。

1　別荘等のように主として趣味、娯楽、保養または鑑賞の目的で所有する不動産の貸付けに係るもの

2　不動産所得の金額の計算上必要経費に算入した**土地等を取得するために要した負債（借金）の利子**※に相当する部分の金額。

※建物を取得するために要した負債（借金）の利子は、損益通算できる。

9 借地権にかかる税金

土地に借地権を設定し、対価として受け取った権利金などの一時金は、原則として不動産所得となります。ただし、その**土地の価額の２分の１を超える権利金**は、土地の一部分を譲渡したものと判断されて**譲渡所得**となります。

過去問トレーニング

次の質問に答えなさい。

問1 空欄❶、❷、❸に入る数値の組み合わせとして、最も適切なものを**ア**～**ウ**から選びなさい。 ◀2014年1月・2022年5月学科（改）

居住用財産の譲渡について、長期譲渡所得の課税の特例（軽減税率の特例）の適用を受ける場合の所得税額は、下記のとおり計算される。

課税長期譲渡所得金額	所得税額（復興特別所得税を含む）
（❶）円以下の場合	課税長期譲渡所得金額×（❷）
（❶）円超の場合	（課税長期譲渡所得金額－6,000万円）×（❸）＋600万円

ア ❶ 6,000万 ❷ 10.21％ ❸ 15.315％
イ ❶ 6,000万 ❷ 15.315％ ❸ 20.315％
ウ ❶ 1億 ❷ 10.12％ ❸ 15.315％

問2 次の売却予定住宅について、「居住用財産の譲渡所得の特別控除（3,000万円の特別控除の特例）」および「居住用財産を譲渡した場合の長期譲渡所得の課税の特例」の適用を受けた場合における、所得税および住民税の合計額として最も適切なものを選びなさい。取得費については概算取得費を用い、復興特別所得税は考慮しないものとする。 ◀2013年9月個人

売却予定住宅（譲渡資産）
・取得日：1965年8月3日
・取得費：不明
・譲渡価額：5,000万円
・譲渡費用：100万円

ア （5,000万円－250万円－100万円－3,000万円）×14％＝231万円
イ （5,000万円－250万円－100万円－3,000万円）×20％＝330万円
ウ （5,000万円－100万円－3,000万円）×20％＝380万円

問3 次の記述の正誤を答えなさい。

◀2014年5月・2016年1月・2021年5月・2023年5月（改）学科

❶ 「居住用財産を譲渡した場合の3,000万円の特別控除」の適用を受けるためには、譲渡した居住用財産の所有期間が譲渡した日の属する年の1月1日において10年を超えていなければならない。

❷ 「特定居住用財産の譲渡損失の損益通算および繰越控除の特例」の適用要件の１つとして、譲渡資産の所有期間は、譲渡の年の１月１日で５年を超えていなければならない。

❸ 不動産を賃貸する際に受け取った敷金（後に全額返還を要するもの）は不動産所得の金額の計算上、総収入金額に含めない。

❹ 個人が自宅の土地および建物を譲渡し、「特定の居住用財産の買換えの場合の長期譲渡所得の課税の特例」の適用を受けるためには、譲渡した年の1月1日において譲渡資産の所有期間が5年を超えていることや、譲渡資産の譲渡対価の額が1億6,000万円以下であることなどの要件を満たす必要がある。

問4 不動産所得の損益通算に関する次の文中の（　）にあてはまるものを**ア～ウ**から選びなさい。

◀2020年9月学科

〈不動産所得に関する資料〉
総収入金額：200万円
必要経費：250万円
※必要経費のなかには、土地を取得するために要した負債利子の金額30万円が含まれている。

資料の不動産所得の金額の計算上生じた損失のうち、他の所得の金額と損益通算が可能な金額は、（　　）である。なお、損益通算をするに当たって他に必要とされる要件は満たしているものとする。

ア　20万円　　**イ**　50万円　　**ウ**　80万円

5 不動産

問5 空き家の譲渡所得の特別控除に関する次の文中の（　　）にあてはまるものを**ア**～**ウ**から選びなさい。 ◀2021年9月学科

被相続人の居住用家屋およびその敷地を相続により取得した被相続人の長男が、当該家屋およびその敷地を譲渡し、「被相続人の居住用財産（空き家）に係る譲渡所得の特別控除の特例」の適用を受けた場合、譲渡所得の金額の計算上、最高（　　　）を控除することができる。

ア　2,000万円　　**イ**　3,000万円　　**ウ**　5,000万円

答え

問1　ア　6,000万円以下の部分は所得税10.21%・住民税4%、6,000万円超の部分は所得税15.315%・住民税5%。この問題では、所得税（復興特別所得税含む）についてだけ聞かれていることに注意。

問2　ア　譲渡所得金額＝総収入金額－（取得費＋譲渡費用）－特別控除
総収入金額は譲渡価額の5,000万円、概算取得費は譲渡価格の5%、譲渡費用100万円、控除額は3,000万円。従って譲渡所得金額は、
5,000－(5,000×0.05＋100)－3,000＝1,650万円
「居住用財産を譲渡した場合の長期譲渡所得の課税の特例」では、6,000万円以下の部分は税率14%（所得税10%・住民税4%）。
所得税・住民税合計＝1,650×14%＝231万円
検定では、計算はしないで税率だけ見て14%のアを選ぶこと。

問3　不動産の譲渡所得にかかわる特例に関する問題。

❶　×　3,000万円特別控除は、所有期間の長短に関係なく適用できる。

❷　○

❸　○　不動産所得額を計算する際は、敷金や保証金等のうち賃借人に返還不要の分の金額は総収入金額に算入され、返還が必要な部分の金額は総収入金額に算入されない。

❹　×　「譲渡資産の所有期間が10年」「譲渡資産の譲渡対価の額が1億円以下」がこの特例の条件なので誤り。

問4　ア　必要経費の250万のうち、負債利子30万円を除いた220万円が必要経費になる。不動産所得の損失＝200−220＝−20万円

問5　イ　被相続人の居住用財産（家屋または取壊し後の土地）を相続して譲渡した場合、譲渡益から最高3,000万円が控除される。

6 不動産の有効活用

頻出ではないが、事業手法と投資判断から出る。

- **単純利回り（％）＝年間賃料収入÷投資額×100**
- **等価交換方式は、土地→土地所有者が、建設費→デベロッパーが拠出。完成後の床面積を拠出割合で配分する。**

1 土地活用の形態

土地活用の形態には、次のようなものがあり、それぞれメリットとデメリットがあります。

この表の内容は、検定では出題されていないよ。

形態		
アパート・マンション 駅からの距離など、立地条件に大きく左右される。		 メリット ●長期的な安定収入が期待できる。 ●専門性を必要としない。 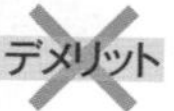 デメリット ●空き室リスクがある。 ●管理コストがかかる。
オフィスビル 法人が対象。景気の変動に大きく左右される。		 メリット ●賃貸のアパート、マンションよりも収益性が高い。  デメリット ●初期費用がかかる。
駐車場 青空駐車場・立体駐車場、月極・時間貸しの選択肢がある。		 メリット ●借地権など、法的なトラブルが起きにくい。  デメリット ●固定資産税の減税措置がない。 ●相続税評価額が高い。
ロードサイド店舗 駅からの距離、人通りなど、立地条件に大きく左右される。		 メリット ●立地がよければ、高い収益性が期待できる。  デメリット ●広い敷地を必要とする。 ●途中退去のリスクがある。

2 土地活用の事業方式

この表の内容は、
赤い下線部分以外は検定で出題されていないよ。

土地活用の代表的な方法に、次のようなものがあります。

方式	メリット・デメリット
等価交換方式 **土地所有者が土地を、デベロッパーが建設費等の事業費を拠出し、完成後の建物の床面積をそれぞれの拠出割合に応じて配分する。**	 ●建築資金などが必要なく、安定した収入が得られる。  ●土地をデベロッパーと共有しなくてはならない。
事業受託方式 事業計画、建設、管理運営までを業者（デベロッパー）に任せる。	 ●業者の豊富な事業ノウハウの提供を受けられる。  ●事業報酬を支払わなくてはならない。
土地信託方式 信託銀行に土地の管理・運営を任せ、その配当を受け取る。	 ●資金調達を始め、事業の一切を信託銀行に任せられる。  ●配当は保証されず、運用実績により変動がある。
（事業用）定期借地権方式 **一定期間、土地を借地人に賃貸して、地代を受け取る。**	 ●資金の負担がない。  ●一般的に建物の賃貸収入より少ない。
自己建設方式 土地・建物を自分で所有し、企画・資金調達・管理運営まですべて自分で行う。	 ●土地所有者が収益のすべてを受け取ることができる。  ●建設・管理などの一切を自分で行わなければならない。
建設協力金方式 **土地所有者が建物を建設するが、建設資金の全部および一部には、その建物に入居予定のテナント等から預かった保証金や建設協力金を充てる。**	 ● 建設資金のための借入れが不要で、金利もかからない。 ● テナントが中途解約した場合、保証金の返済義務がなくなる。  ● **契約更新は可能だが、更新されずに契約期間満了により退去する際、テナント側には建物の撤去や更地での返還の必要はない。そのため、撤退後の使途が限定されやすい。**

 **ことば**

デベロッパー：宅地造成、マンション分譲、開発事業などを行う企業。

3 不動産投資の採算性

不動産投資をする際、採算がとれるかどうかを判断する指標として、**利回り**（投資金額に対する「利子も含めた年間収益」の割合）や**内部収益率**（IRR法）があります。

採算性を評価する指標

単純利回り（表面利回り）	年間の賃料収入を投資額（物件購入価格）で割った数字（割合）で表す。グロス利回りともいう。 **単純利回り(%)＝年間賃料収入÷投資額×100** 【例】投資金額5,000万円の不動産物件で、年間の家賃収入が500万円とすると、単純利回り = 500÷5,000×100 = 10%。
純利回り（実質利回り）	純収益（年間賃料収入から、手数料や税金など諸経費を引いたもの）を、投資額で割った数字で表す。このため、単純利回りよりもより現実的な数字が得られる。NOI（エヌオーアイ）利回り、ネット利回り、キャップレートともいう。 **純利回り(%)＝純収益÷投資額×100** （純収益＝年間賃料収入－諸経費）
内部収益率（IRR法）	不動産投資の採算性（収益性）の評価に用いられる。不動産投資から得られる純収益の現在価値の総和が、投資額と等しくなる場合の割引率のこと。内部収益率が大きければ、投資価値が高いと判断される。

例題

・次の空欄にあてはまる語句をア〜ウから選びなさい。

投資総額1億円で購入した賃貸用不動産の年間収入の合計額が1,000万円、年間費用の合計額が350万円であった場合、この投資の純利回り（NOI利回り）は、（　　）である。

ア 3.5%　**イ** 6.5%　**ウ** 10.0%

◀2021年1月学科

例題の答え

イ
（1,000万円−350万円）÷1億円×100 = 6.5（%）

過去問トレーニング

次の各問いの答えや空欄にあてはまる適切な語句、数値をア～ウから選びなさい。

問1 右の〈建替え計画建物の概要〉をもとに、アパートの純利回り（ネット利回り）を試算したとき、次の計算式のうち、最も適切なものを選びなさい。

◀2012年5月個人

〈建替え計画建物の概要〉
構造・規模：
鉄骨造2階建て・アパート
投資額：6,000万円
年間賃料収入：720万円
年間実質費用：180万円
※上記以外の条件は考慮せず、各問に従うこと。

ア （720万円－180万円）／6,000万円×100
イ 720万円／6,000万円×100
ウ （720万円－180万円）／720万円×100

問2 不動産投資の採算性を示す指標の1つである（　）は、年間賃料収入を投資額で除して算出する。

◀2014年1月学科

ア 単純利回り　**イ** ネット利回り　**ウ** 内部収益率

問3 土地所有者が土地の全部または一部を拠出し、デベロッパーが建設資金を負担してマンション等を建設し、出資比率に応じて土地・建物に係る権利を取得する土地の有効活用方式を（　）という。◀2022年1月学科（改）

ア 定期借地権方式　**イ** 建設協力金方式　**ウ** 等価交換方式

問4 土地の有効活用において一般に、土地所有者が入居予定の事業会社から建設資金を借り受けて、事業会社の要望に沿った店舗等を建設し、その店舗等を事業会社に賃貸する手法を（　）という。◀2023年5月学科（改）

ア 等価交換方式　**イ** 建設協力金方式　**ウ** 事業用定期借地権方式

答え

問1 ア　純利回りの計算式は、
純利回り（%）＝（年間賃料収入－諸経費）÷投資額×100
年間賃料収入720万円、諸経費（＝年間実質費用）180万円、総投資額（＝投資額）6,000万円を式に当てはめる。

問2 ア　単純利回り（%）＝年間賃料収入÷投資額×100

問3 ウ　**問4** イ

Part 6

相続・事業承継

赤い下線と赤い囲みに
注目して覚えていけば
必ず合格できるよ!!

Contents ここで学習すること

1 贈与税の基本

贈与税の課税対象、申告と納税方法が出る！

- 死因贈与は贈与税ではなく、相続税の課税対象。
- 贈与税では暦年課税または相続時精算課税を選択できる。
- 贈与税の暦年課税は翌年の２月１日～３月15日に支払う。

1 贈与とは

財産を無償でだれかに与える契約を**贈与**といいます。このとき、与える人を**贈与者**、もらう人を**受贈者**といいます。

民法上、贈与は当事者間の合意で成立するため、口頭または書面のどちらでも契約は有効となります。

2 贈与の取得時期と取り消し

口頭での贈与契約など、書面によらない贈与契約は、すでに履行が終わった部分を除いて[※1]、贈与者または受贈者のどちらからでも撤回することができます。そのため、**口頭での贈与財産**の取得時期は、名義変更など**贈与の履行**があったときとされています。

書面での贈与財産の取得時期は、**贈与契約の効力が発生**したときです[※2]。書面で契約した場合は、相手方の承諾がなければ撤回できません。

※1「履行の終わった部分」とは、財産の引渡しなどが済んだ部分のこと。

※2「贈与契約の効力が発生したとき」とは、契約書に書かれた効力発生日のこと。書面の贈与契約でも、夫婦間では第三者への影響がなければ一方的な取り消しが可能。

3 贈与の種類

贈与には、次のようなものがあります。

贈与の種類

定期贈与	贈与者から受贈者に定期的に給付する贈与。贈与者または受贈者の死亡によって効力を失う。 例）毎年200万円、10年間で2,000万円を贈る
負担付贈与	受贈者に一定の債務を負わせることを条件にした贈与契約。受贈者が債務を履行しない場合、贈与者は負担付贈与契約を解除できる 例）ローン返済を引き継いでくれたら自動車をあげる
停止条件付贈与	所定の条件が成就することにより、その効力が生じる贈与契約。条件を満たすときまで「効力が停止」している 例）大学に合格したら、マンションを与える
死因贈与	贈与者の死亡によって実現する契約。これは贈与税ではなく、相続税の課税対象となる 例）私が死んだら店をあげる

例題

・次の記述の正誤を答えなさい。

❶ 書面によらない贈与契約は、既に履行が終わった部分を除き、各当事者が解除することができる。

❷ 個人が死因贈与によって取得した財産は、課税の対象とならないものを除き、贈与税の課税対象となる。

❸ 書面による贈与において、相続税法上、財産の取得時期は当該贈与契約の効力が発生した時とされる。

◀2020年1月・2022年5月・2023年9月学科

例題の答え

❶ ○
❷ ×
死因贈与は相続税の対象。
❸ ○

4 贈与税の申告と納付

贈与税は、個人から財産を贈与された個人（受贈者）に課せられます。法人が個人から贈与された場合は法人税、個人が法人から贈与された場合は所得税の課税対象です。

課税方法は、受贈者が**暦年課税**または**相続時精算課税**（288ページ参照）を選択できます。

ことば

暦年課税：1月1日から12月31日までの1年間に取得した財産の合計額を課税対象とする税。

暦年課税：申告と納税の出題ポイント

- 1月1日から12月31日までに受けた贈与財産の価額を合計して計算する。
- 贈与を受けた年の翌年2月1日から3月15日の間に申告と納税を行う。
- 受贈者の居住地を管轄する税務署長に申告書を提出し納付する。
- 納税は、申告期限までに、税額の全額を金銭で一括に納付が原則。ただし所定の要件を満たすことにより延納できる。物納による納付はできない。
- 贈与税額が10万円超で、納期限までに金銭で納付することが困難な場合には、担保を提供することによって延納が可能（5年まで）。
- 基礎控除額は110万円。贈与財産の合計額が110万円を超えた場合に申告義務が生じる。110万円以下なら非課税となり、申告は不要。
- 1暦年間に複数人から贈与を受けた場合、贈与財産の合計額から基礎控除額を控除して、贈与税額を算出する。

5 贈与税の課税財産

贈与税の課税対象には、**本来の贈与財産**と**みなし贈与財産**があります。

本来の贈与財産：実際の贈与によって取得した、現金・預金・有価証券・不動産・貴金属など。

みなし贈与財産：贈与によって取得した財産ではないが、実質的に贈与と同様の性質をもつ次のような財産。

- **生命保険金**：保険料の支払いを負担した人ではない人が受け取った保険金は贈与とみなされる。
- **低額譲渡**：親族・個人間で時価と比較して特に低い価額で財産を譲り受けた場合、その**差額が贈与**とみなされる。
- **債務免除**：借金を免除してもらうと、その金額が贈与とみなされる。

スピード理解!!
時価3,000万円の土地を1,000万円で譲り受けたら、差額の2,000万円が贈与とみなされる。

6 贈与税の非課税財産

贈与税の課税対象とならない**非課税財産**には、次のものがあります。

- 一般に認められる額の祝金、香典、見舞金、贈答など。
- 通常必要とみなされる額の扶養義務者から**扶養家族への生活費、教育費**。
- **法人から個人への贈与**（給与所得や一時所得の対象）。※
- 相続開始年に、被相続人から受けた贈与（生前贈与加算の対象→306ページ）。
- 離婚にともなう慰謝料や財産分与、奨学金など。

※雇用関係があれば給与所得、雇用関係がなければ一時所得として所得税がかかる。

例題

・次の記述の正誤を答えなさい。

生命保険契約において、契約者（＝保険料負担者）が夫、被保険者が妻、死亡保険金受取人が子である場合、被保険者の死亡により死亡保険金受取人が受け取る死亡保険金は、相続税の課税対象となる。

◀2022年5月学科

例題の答え

× 相続税が誤り。契約者、被保険者、受取人が異なると、契約者から保険金受取人への贈与とみなされ、贈与税の課税対象。

⇒105〜106ページで「死亡保険金の課税」をまとめてある。

7 贈与税の計算

贈与税額は、次のように算出します。

贈与税額の計算式

①課税価格を計算する。

課税価格＝（本来の贈与財産）＋（みなし贈与財産）−（非課税財産）

②基礎控除金額を引いたものに、贈与税率を掛けて贈与税額を計算する。

贈与税額＝（課税価格ー基礎控除110万円）×速算表税率ー速算表控除額

〈贈与税の速算表〉 ※直系尊属（祖父母や父母など）から、18歳（2022年3月31日以前の贈与では20歳）以上の者（子・孫など）への特例贈与財産。

	一般（特例以外）		特例（直系尊属からの贈与）※	
基礎控除後の課税価格	税率	控除額	税率	控除額
200万円以下	10%	−	10%	−
200万円超 〜 300万円以下	15%	10万円	15%	10万円
300万円超 〜 400万円以下	20%	25万円		
400万円超 〜 600万円以下	30%	65万円	20%	30万円
600万円超 〜1,000万円以下	40%	125万円	30%	90万円
1,000万円超 〜1,500万円以下	45%	175万円	40%	190万円
1,500万円超 〜3,000万円以下	50%	250万円	45%	265万円
3,000万円超 〜4,500万円以下	55%	400万円	50%	415万円
4,500万円超			55%	640万円

この表は、検定で提示されるので、覚えなくてOK！

例題

・暦年課税の贈与税額に関する次の質問に答えなさい。

◀2014年9月個人（改）

Aさん（42歳）が、2024年中に、父親から現金300万円、母親から現金200万円の贈与を受けた場合、Aさんが納付すべき2024年分の贈与税額は、次のうちどれか。ただし、Aさんは暦年課税を選択し、これ以外の贈与を受けていないものとする。なお、計算においては、上記の〈贈与税の速算表〉を参照すること。

ア （300万円－110万円）×10％＋（200万円－110万円）×10％＝28万円

イ （300万円＋200万円－110万円）×15％－10万円＝48.5万円

ウ （300万円＋200万円）×30％－65万円＝85万円

例題の答え

イ
父母の贈与額の合計額から、基礎控除額の110万円を引いた額に速算表の特例税率を乗じ、最後に速算表の控除額を差し引く。

スピード理解!!
贈与者の人数にかかわらず、基礎控除額は110万円！

過去問トレーニング

次の質問に答えなさい。

問1　贈与税に関する次の記述の正誤を答えなさい。

◀2022年1月・2023年5月（改）・2023年9月学科

❶　受贈者は、原則として、贈与を受けた年の翌年の2月16日から3月15日までに贈与税を納付しなければならない。

❷　親族間において著しく低い価額の対価で土地の譲渡が行われた場合、原則として、その譲渡があった時の土地の時価と支払った対価との差額に相当する金額が、贈与税の課税対象となる。

❸　個人が法人からの贈与により取得する財産は、贈与税の課税対象となる。

問2　Aさんと兄Gさんの贈与税に関する次の記述の正誤を答えなさい。

◀2012年1月 個人（改）

❶　2024年中にAさんが父Eさんから贈与された現金200万円を、2024年中にAさんが妻Bさんに贈与した場合には、妻Bさんに贈与税の申告義務があり、Aさんに贈与税の申告義務はない。

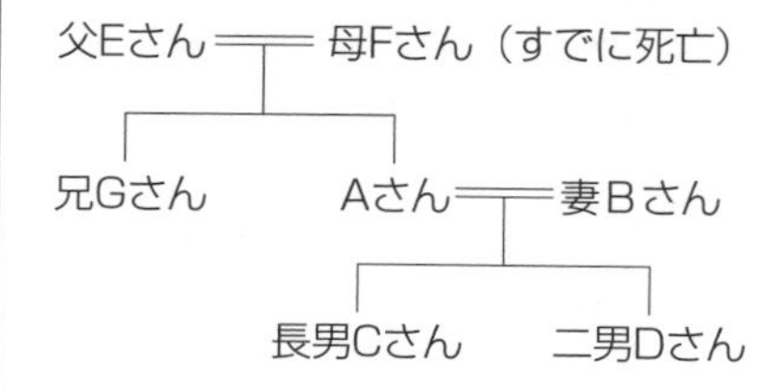

＜父Eさんが2024年中に行った贈与＞

・Aさんに対する贈与
　現金：200万円

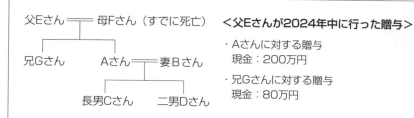

・兄Gさんに対する贈与
　現金：80万円

❷　Aさんが妻Bさんに対して通常必要と認められる生活費（必要な都度直接これに充てるもの）を贈与した場合、贈与税が課税されない。

❸　兄Gさんが贈与により取得した財産の価額の合計額は、贈与税の基礎控除額以下であるため、兄Gさんに贈与税の申告義務はない。

問3 Iさん（32歳）は、2024年１月に叔父から乗用車購入資金として現金150万円、同年６月に叔母から現金100万円の贈与を受けた。2024年中において、Iさんはこれ以外には贈与を受けておらず、相続時精算課税制度を選択していない。正しいものを**ア**～**ウ**から選びなさい。

◀ 2014年5月資産（改）

〈贈与税の速算表〉

基礎控除後の課税価格		一般税率	控除額
	200万円以下	10%	−
200万円超	300万円以下	15%	10万円
300万円超	400万円以下	20%	25万円
400万円超	600万円以下	30%	65万円
600万円超	1,000万円以下	40%	125万円
1,000万円超	1,500万円以下	45%	175万円

ア いずれも親族間の贈与であるため非課税であり、贈与税額は「０円」となる。

イ 叔母からの贈与は基礎控除額以下であるため贈与税はかからず、贈与税額は「(150万円－110万円) ×10%＝４万円」となる。

ウ 贈与を受けた年分の合計額が贈与税の課税対象となるため、贈与税額は「{(150万円+100万円) －110万円} ×10%＝14万円」となる。

答え

問1

❶ × 贈与税の申告は、翌年の２月１日から３月15日まで。

❷ ○ 対価と財産の時価との差額が贈与。

❸ × 法人からの贈与は、雇用関係がある個人には給与所得、雇用関係がなければ一時所得とみなされ所得税の対象。

問2

❶ × 自分が贈与された金額から、別の人に贈与した金額を引くことはできない。暦年課税の基礎控除110万円を超えた贈与分に、贈与税の申告義務が生じる。また、妻Bにも贈与税の申告義務がある。

❷ ○ 扶養義務者間での生活費・教育費の贈与での贈与税は非課税。

❸ ○ 110万円までの贈与なら、贈与税はかからず申告義務もない。

問3 ウ

１年間に複数の人から贈与を受けた場合、贈与税は贈与された財産の合計額から基礎控除110万円を控除して計算する。つまり、贈与財産（150万円＋100万円）−基礎控除（110万円）＝140万円。速算表より、一般税率は10%なので、140万円×10%で、14万円。

贈与税の特例

配偶者控除の要件と控除最高額が頻出！

- 贈与税の配偶者控除は、最高2,000万円が非課税。
- 相続時精算課税は、贈与時点で最高2,500万円が非課税。
- 相続時精算課税制度での贈与税額の計算が頻出。

1 贈与税の配偶者控除

贈与税の配偶者控除は、配偶者から贈与を受けた場合、基礎控除とは別に、**最高2,000万円**までの贈与額が**非課税**になる特例です。

贈与税の配偶者控除の要件

〈配偶者控除の要件〉

- 贈与時点の婚姻期間が20年以上（1年未満切捨て）あること。
- 居住用不動産、または居住用不動産を取得するための金銭の贈与で、贈与を受けた年の翌年3月15日までに居住し、その後も居住し続ける見込み。
- 贈与を受けた年の翌年3月15日までに贈与税の申告書を提出すること（贈与税額が0円でも贈与税の申告書の提出が必要）。
- 過去に同一の配偶者からの贈与で、この特例を受けていないこと（1度のみの適用）。

〈ポイント〉

- 控除額は最高2,000万円。
- 暦年課税の基礎控除110万円と併用できる（2,000万円＋110万円→最高2,110万円まで控除可能）。
- 配偶者控除で控除された金額（最高2,000万円）は、贈与後3年以内（2024年以降は最長7年以内まで順次延長）に配偶者が死亡した場合でも相続税の課税価格に加算されない。

2 相続時精算課税

相続時精算課税制度は、贈与時点の贈与税を軽減し、後に相続が発生したときに贈与分と相続分を合算して相続税として支払う制度です。

推定相続人：その時点で贈与者が死亡した場合、相続人となる人。

出る

相続時精算課税の要件

〈適用対象者と手続き〉

- **贈与者→**贈与年の1月1日時点で満**60歳**以上の者（父母と祖父母）。
- **受贈者→**贈与年の1月1日時点で満**18歳**以上の推定相続人である子（養子・代襲相続人を含む）または孫。所得制限なし。
- **相続時精算課税を選択後、同一の贈与者（特定贈与者）からの贈与について、暦年課税を選択することはできない**（暦年課税との併用不可）。

〈相続時精算課税の特別控除額〉

- 2024年1月1日以降の贈与に対して、「相続時精算課税の基礎控除（110万円）」が創設された。年間110万円までの贈与には贈与税がかからず、相続開始時に課税財産として加算されない。基礎控除以下の贈与は申告不要。
- 贈与財産の価額から、特別控除（**累計2,500万円**まで）と「相続時精算課税の基礎控除額（**年間110万円**）」の合計金額を控除できる（**贈与税の申告は必要**）。
- 非課税分を超えた贈与額には、一律**20%**を乗じた額が課税され、課税された贈与税分は、将来相続が発生したときに支払う相続税から控除される。
- 相続時精算課税を選択した場合、その贈与者からの贈与は選択年以降、暦年課税の基礎控除（年110万円）の利用と、暦年課税に戻すことがどちらも不可。

〈例〉

3,000万円贈与

相続時精算課税を選択

110万円贈与

暦年課税を選択

特別控除**2,500**万円＋基礎控除**110**万円※
＝**2,610**万円まで非課税
（3000－2610＝390万円に贈与税20%がかかる。

基礎控除を超える場合は毎回申告が必要

基礎控除**110**万円※
（全額非課税）

申告不要

※相続時精算課税の基礎控除（新設）、暦年課税の基礎控除（従来）、ともに金額は同じ110万円なので、混同しないよう注意。

FP3級の過去5年間の試験では、赤線の部分だけが出題されている。
「60歳以上」「2,500万円」「20%」が頻出。

3 住宅取得等資金の贈与税の特例

直系尊属から住宅取得等資金の贈与を受けた場合の贈与税の非課税（住宅取得等資金の贈与税の特例）※は、直系尊属（父母、祖父母）から、住宅購入資金の贈与を受けた場合に一定金額が非課税となる特例です。

※2024年1月1日～2026年12月31日に受贈した住宅資金に適用。対象となる家屋の省エネ基準は引き上げ。

住宅取得等資金の贈与税の特例の要件

〈適用対象者と適用住宅〉

- **贈与者→**直系尊属（父母、祖父母）。**年齢制限なし。**
- **受贈者→贈与年の1月1日時点で満18歳以上**※**で、贈与を受けた年の合計所得金額が原則2,000万円以下**。新築等を行う住宅用の家屋の床面積が50㎡以上240㎡以下で、2分の1以上に相当する部分が居住の用に供されるもの。なお、受贈者の合計所得金額が1000万円以下の場合の床面積は、40㎡以上に引き下げ。

※2022年4月1日以後の贈与に適用。従って2022年3月31日以前の贈与については法改正前の20歳以上。

〈非課税限度額〉

住宅取得等資金のうち以下の金額について贈与税が非課税。

省エネ等住宅用家屋※	左記以外の住宅用家屋
1,000万円	500万円

※**省エネ等住宅用家屋とは**…省エネ等基準（断熱等性能、一次エネルギー消費量、耐震、免震、高齢者等配慮対策等）に適合する住宅用の家屋。

〈ポイント〉

- **暦年課税の基礎控除110万円、または相続時精算課税制度と併用できる。**
- 受贈者1人につき、1回だけ適用が可能。贈与者は複数でも可。
- 通常の贈与では、贈与者が贈与後3年以内※に死亡すると贈与財産は相続税の課税価格に加算するが、この特例の適用で非課税となった金額は、贈与者が贈与後3年以内※に死亡した場合でも、相続税の課税価格に加算されない。

※2024年以降の贈与より、相続税に加算される期間が最長7年まで順次延長される。

- 贈与を受けた年の翌年3月15日までに住宅取得等資金の全額を充てて住宅用の家屋の新築等をすること。
- 中古住宅を取得する場合、建築年数要件は廃止、新耐震基準に適合していること。

4 教育資金、結婚・子育て資金の一括贈与

直系尊属から教育資金の一括贈与を受けた場合の贈与税の非課税（教育資金の一括贈与の特例）では、直系尊属から教育資金の贈与を受けた際に一定金額が非課税となります。

教育資金の一括贈与の特例の要件

〈適用対象者〉

- **贈与者**→直系尊属（父母や祖父母）
- **受贈者**→原則、満30歳未満の直系卑属（子や孫）。適用を受ける受贈者は前年の合計所得金額が1,000万円を超える場合は適用を受けることができない。

〈受贈者1人当たりの非課税額の上限〉

- 次の①と②を合計して最大1,500万円（うち②は最大500万円）
  ①学校等に支払う教育費用（入学金や授業料など）→1,500万円。
  ②学校以外の教育サービス費用（塾、レッスン、通学定期、留学渡航費など）→500万円。23歳以上30歳未満の受贈者の場合、教育訓練給付金等に限定。
- 契約の途中で贈与者が死亡した場合、死亡までの年数にかかわらず、死亡日における贈与資金の残額（管理残額）[※1]に対して相続税が課税される。なお、同日において受贈者が、①23歳未満、②学校等に在学中、③教育訓練給付金の支給対象となる教育訓練を受講中、のいずれかに該当する場合は課税対象外。ただし贈与者が死亡した際の相続税の課税価格の合計が5億円を超える場合は、上記①～③の要件に関わらず、管理残額すべてが相続税の課税対象となる。

直系尊属から結婚・子育て資金の一括贈与を受けた場合の贈与税の非課税[※2]は、18歳以上[※3]50歳未満の個人が、直系尊属から結婚・子育て資金の一括贈与を受け、所定の要件を満たした場合、受贈者1人につき**1,000万円**までの金額に相当する部分の価額について、贈与税が非課税となる特例です。ただし、受贈者が孫やひ孫で、贈与者の死亡時に、贈与資金のうちに結婚・子育て資金として使い切れていない残額があり、相続税が課される場合には、その残額に対する相続税額が2割加算されます。**住宅取得等資金の贈与税の特例、教育資金の一括贈与の特例**との**併用が可能**です。

※1 管理残額とは、贈与者の死亡日において「贈与した金額」から「教育資金支出額」を差し引いた残りの金額。

※2「結婚・子育て資金の一括贈与の特例」も、前年の合計所得金額が1,000万円超の受贈者は適用対象外。

※3 受贈者の年齢要件は、2022年4月1日以後の贈与より、20歳以上から18歳以上に引き下げられた。

過去問トレーニング

正しいものまたは適切なものには○、誤っているものまたは不適切なものには×をしなさい。

問1 Aさんは、妻Bさんと２人暮らしである。Aさんは、2021年8月に妻Bさんに居住用不動産（相続税評価額：2,000万円）を贈与し、妻Bさんは、贈与税の配偶者控除の適用を受けた。2024年5月に、Aさんについて相続が開始した場合、妻Bさんの相続税の課税価格に加算すべき生前贈与財産の価額は、相続税評価額2,000万円から、配偶者控除110万円を差し引いた1,890万円である。 ◀2011年5月個人（改）

問2 贈与税の配偶者控除は、婚姻期間が20年以上である配偶者から居住用不動産の贈与または居住用不動産を取得するための金銭の贈与を受け、所定の要件を満たす場合、贈与税の課税価格から基礎控除額のほかに最高2,500万円を控除することができる特例である。 ◀2023年1月学科（改）

問3 贈与税の配偶者控除を適用すると納付すべき贈与税額が０（ゼロ）円となるときは、配偶者からその適用に係る贈与を受けた者は、贈与税の申告書を提出する必要はない。 ◀2016年9月資産

問4 妻Bさんが、夫Aさんから相続税評価額3,000万円の居住用不動産の贈与を受け、贈与税の配偶者控除の適用を受けた場合、妻Bさんが納付すべき贈与税額は速算表に従って231万円となる。 ◀2012年5月個人（改）

〈贈与税の速算表〉（一部抜粋）

	一般	
基礎控除および配偶者控除後の課税価格	税率	控除額
200万円以下	10%	－
200万円超　～　300万円以下	15%	10万円
300万円超　～　400万円以下	20%	25万円
400万円超　～　600万円以下	30%	65万円
600万円超　～　1,000万円以下	40%	125万円
1,000万円超　～　1,500万円以下	45%	175万円

問5 Aさんは、次のような贈与を行ってきた。

・妻Bに対する贈与：2022年2月 居住用不動産3,000万円（相続税評価額）贈与税の配偶者控除の適用を受けている。

・子Dに対する贈与：2019年8月 上場株式 2,000万円（相続税評価額）相続時精算課税制度を選択している。

Aさんが2024年11月に死亡した場合、相続税の計算に当たり、妻Bが贈与税の配偶者控除の適用を受けて贈与された居住用不動産については1,000万円、子Dには2,000万円が加算される。◀2010年9月個人（改）

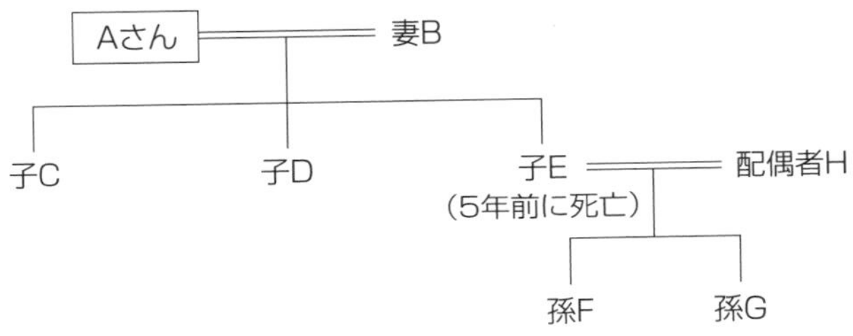

答え

問1 ×　贈与時に配偶者控除で控除された金額（最高2,000万円）は、贈与後3年（2024年以降は順次延長され最終的に7年）以内に配偶者が死亡した場合でも相続税の課税財産に加算されない。つまり、妻Bさんの相続税の課税価格に加算すべき生前贈与財産の価額はない。

問2 ×　正しくは「婚姻期間が20年以上」「最高2,000万円を控除」。

問3 ×　贈与税額がゼロになる場合でも、贈与税の申告書の提出が必要。期限は翌年3月15日まで。

問4 ○　相続税評価額から最高2,000万円と基礎控除110万円を控除。
課税対象の贈与額＝3,000－2,000－110＝890万円
税率40%を掛けて、890×0.4＝356万円
ここから125万円を控除して、356−125＝231万円

問5 ○　妻B：贈与税の配偶者控除2,000万円は相続開始前3年以内の贈与でも、相続税の課税価格に加算されない。従って、妻Bには3,000万円（相続税評価額）－2,000万円（贈与税の配偶者控除額）＝1,000万円が相続税の課税価格に加算される。

子D：相続時精算課税は、贈与時は2,500万円まで贈与税がかからず、その際の非課税額を相続時に相続財産に加算する制度。贈与を受けた上場株式は、贈与時に全額非課税となっているので、全額2,000万円が相続税の課税価格に加算される。

相続の基礎知識

法定相続分と分配割合に関する問題が超頻出！

- 配偶者と子２人なら、配偶者２分の１、子４分の１ずつ。
- 配偶者と兄弟姉妹なら、配偶者４分の３、兄弟姉妹４分の１。
- 遺産分割方法では、換価分割、代償分割が出る。

1 相続とは

相続とは、**被相続人**（死亡した人）の財産（資産および負債）を、**相続人**（配偶者、子など）が引き継ぐことをいいます。民法上、被相続人の財産を相続する権利がある人を**法定相続人**といいます。法定相続人は、被相続人の配偶者と、一定の血族（**尊属・卑属**）に限られています。被相続人が死亡すると、**相続が開始**されます。

尊属：父母、祖父母など、被相続人より前の世代。

卑属：子、孫、ひ孫など、被相続人よりあとの世代。

出る

法定相続人の順位

- 配偶者は常に法定相続人。
- 配偶者とともに、次の３つの順位の最上位の血族だけが法定相続人。※

第１順位…子（養子、非嫡出子、胎児含む）

▲子が亡くなっている場合は孫、ひ孫

第２順位…直系尊属（父母）

▲父母が亡くなっている場合は祖父母

第３順位…兄弟姉妹

▲兄弟姉妹が亡くなってる場合は甥（おい）、姪（めい）

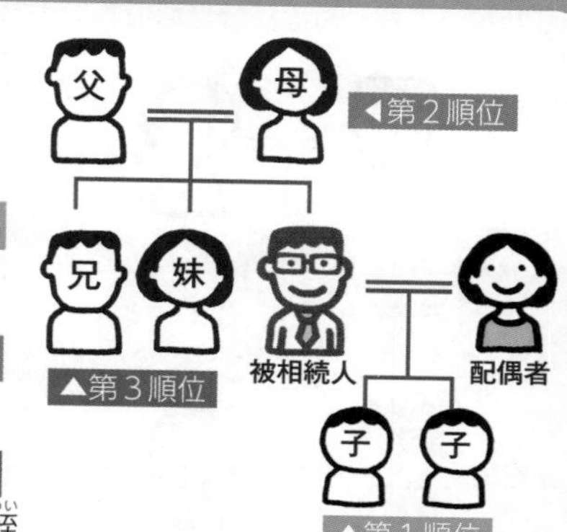

※上位の者がいる場合は、下位の者は相続人になれない。

2 代襲相続

相続の開始時に、法定相続人が死亡、**欠格**、**廃除**によって、相続権がなくなっている場合、その**法定相続人の直系卑属（子や孫、被相続人にとっての孫や甥・姪）**が代わって相続することができます。これを**代襲相続**（だいしゅう）といいます。

欠格：不正な事由による相続権の失効。

廃除：被相続人が家庭裁判所に申し立て、相続権をなくすこと。

代襲相続のしくみ

●法定相続人が第１順位の子だった場合、「孫→ひ孫→…」のように代襲していける。

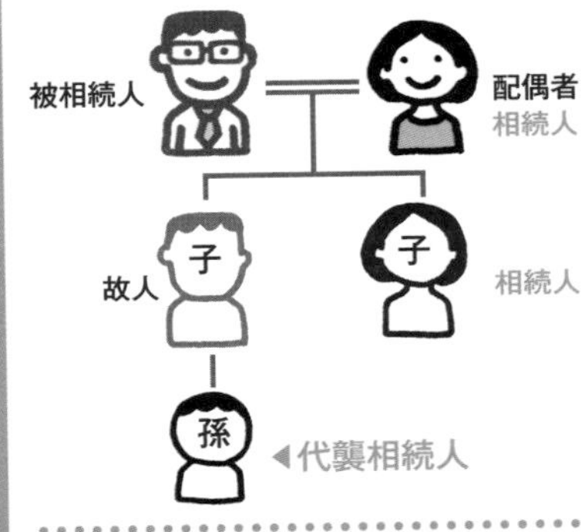

●法定相続人が第２順位の父母だった場合、祖父母は代襲しない。※

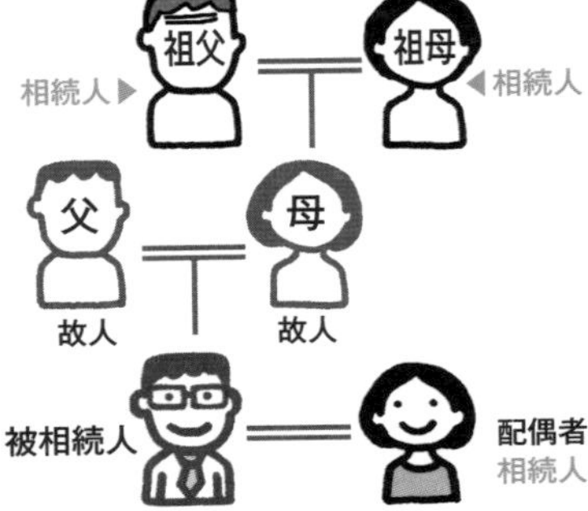

●法定相続人が第３順位の兄弟姉妹だった場合、兄弟姉妹の子（甥・姪）まで代襲できる。兄弟姉妹の孫（甥・姪の子）は代襲できない。

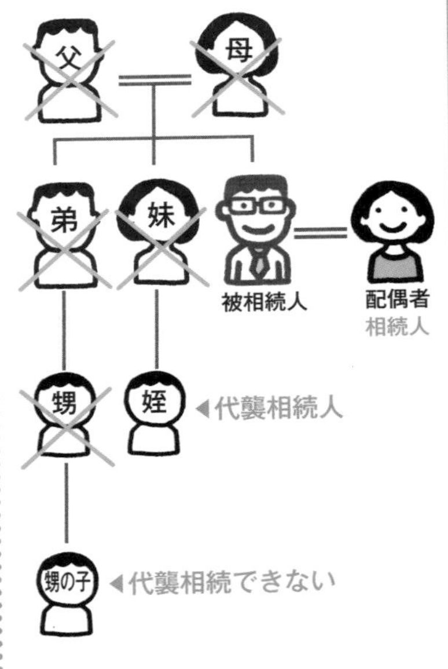

※直系尊属に代襲相続はない。被相続人に子がなく、相続発生前に被相続人の父母が死亡している場合、第２順位の祖父母が相続人となるが、代襲相続とはいわない。

3 子の種類

子には、**養子**、**非嫡出子**、**胎児**も含まれます。

子の種類

養子	**普通養子**：養子が実方の父母との法律上の親族関係を存続したまま、養親と親子関係を結ぶ →**実父母・養父母どちらの相続人にもなる**
	特別養子：養子が実方の父母との親子関係を断って、養父母と縁組する。**特別養子縁組が成立すると、養子と実方の父母との親族関係は終了する**→**養父母のみの相続人になる**
非嫡出子	正式な婚姻関係のない人との間に生まれた子 →嫡出子と同順位の相続人になる。被相続人が男性の場合には、血縁を確認するために「認知」が必要
胎児	被相続人死亡時に生まれていない子→実子として相続人になる

ことば

実方：自然血族関係にある親族。

4 相続の承認と放棄

財産相続を承認するか、放棄するかの選択ができます。

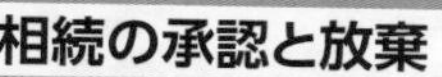

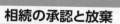

相続の承認と放棄

単純承認	●被相続人の資産および負債をすべて無制限に相続する ●以下の申述をしなければ自動的に単純承認になる
限定承認	●被相続人の資産の範囲内で負債も相続する ●相続開始を知った日から**3カ月以内**に、**相続人全員が共同で家庭裁判所に申述**する必要がある
相続放棄	●被相続人の資産および負債をすべて相続しない ●相続開始を知った日から**3カ月以内**に、**家庭裁判所に申述**する必要がある。単独で申述できる ●**原則として撤回できない**

5 指定相続分と法定相続分

複数の相続人が、遺産相続する割合を**相続分**といい、**指定相続分**と**法定相続分**があります。

指定相続分：被相続人が遺言（いごん）で指定する各相続人の相続分で、法定相続分より優先されます。

法定相続分：民法に規定されている相続分です。

出る

相続人と法定相続分

● 相続人が配偶者のみの場合
配偶者がすべて相続

● 配偶者と子が相続する場合
配偶者 1/2、子 1/2

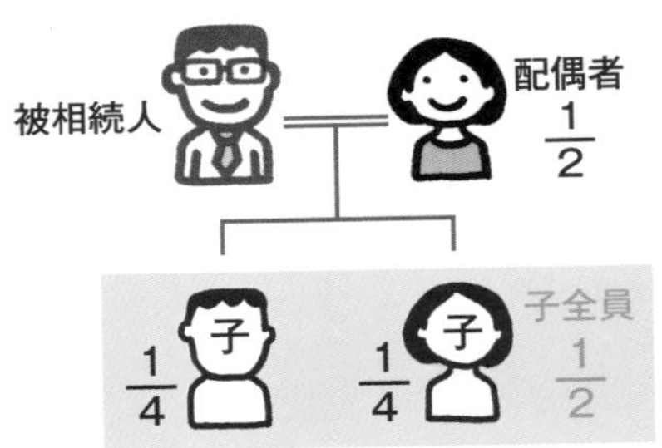

● 配偶者と父母が相続する場合
配偶者 2/3、父母 1/3

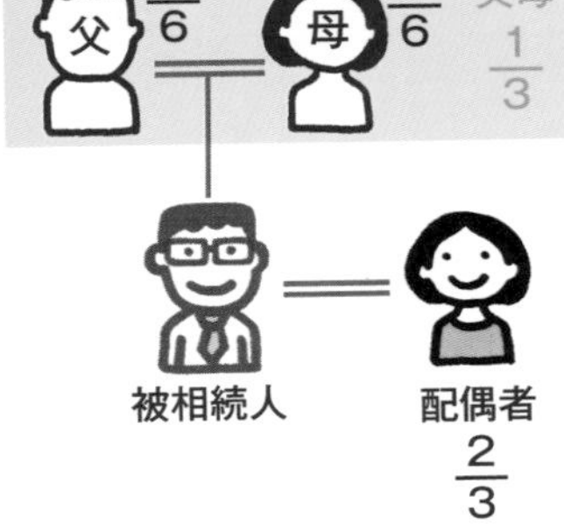

● 配偶者と兄弟姉妹が相続する場合
配偶者 3/4、兄弟姉妹 1/4

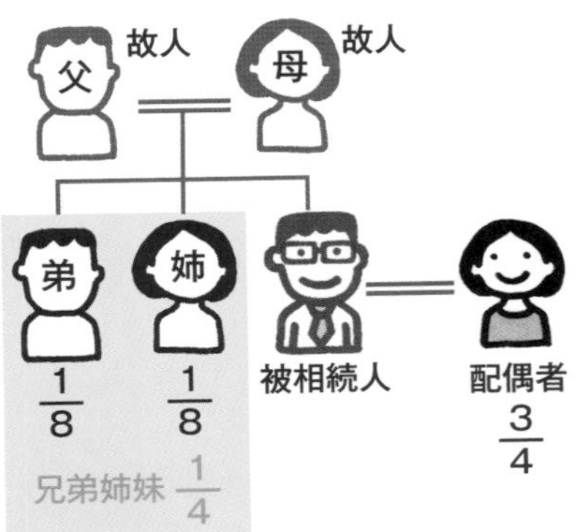

6 遺産分割の種類

相続財産を相続人で分けることを**遺産分割**といいます。

遺産分割には、被相続人の遺言による**指定分割**と、**共同相続人**の協議で決める**協議分割**があります。

遺産分割では、まず指定分割が最優先されます。遺言がない場合は協議分割を行います。**協議分割**を行うには、**共同相続人全員**が分割の内容について**合意**し、遺産分割協議書を作成して署名・押印する必要があります[※1]。協議が成立しない場合は、家庭裁判所の**調停**、もしくは**審判**によって分割します。

なお、配偶者が相続開始時に居住していた被相続人所有の建物を対象に、配偶者の終身または一定期間の居住を認める**配偶者居住権**が創設されました（2020年4月1日より）。

7 遺産分割の方法

遺産分割には、**現物分割**、**換価分割**、**代償分割**という3つの方法があります[※2]。

出る

遺産分割の方法

現物分割	遺産を、個別の財産ごとにそのままの形で相続する方法
換価分割	共同相続人のうち1人または数人が、相続により取得した財産の全部または一部を売却処分し、その代金を分割する方法
代償分割	特定の相続人が遺産を取得し、他の相続人は特定の相続人から金銭等の財産を受け取る方法

ことば

共同相続人：相続人が複数いる場合のすべての相続人。被相続人が亡くなった時に自動的に共同相続人となる。

※1 生活費や葬儀費用の支払など一定の範囲内であれば、他の共同相続人の同意無しでも相続人単独で遺産分割前の預金の一部払い戻しが可能。

※2 現物分割では個別財産ごとの不公平が出てくる。これを解消するために換価分割や代償分割がある。

過去問トレーニング

正しいものまたは適切なものには○、誤っているものまたは不適切なものには×をしなさい。

問1 □□ 養子には、普通養子と特別養子があり、普通養子は養子縁組により実方の父母との親族関係が終了しない。 ◀2021年5月学科

問2 □□ 特別養子縁組によって養子となった者は、原則として、養子縁組の成立と同時に実方の父母との法律上の親族関係が終了する。 ◀2019年9月学科

問3 □□ 相続放棄をするためには、原則として他の共同相続人全員の承認が必要である。 ◀2012年9月個人

問4 □□ 相続人が相続の放棄をする場合は、原則として、自己のために相続の開始があったことを知った時から10カ月以内に、家庭裁判所にその旨を申述しなければならない。 ◀2019年5月学科

問5 □□ 相続人が複数人いる場合、相続の限定承認は、共同相続人の全員が共同して行わなければならない。 ◀2013年1月学科

問6 □□ 相続人は、自己のために相続の開始があったことを知った時から原則として4カ月以内に、その相続について単純承認、限定承認または放棄をしなければならない。 ◀2013年5月学科

問7 □□ 被相続人の子が、被相続人の相続の開始以前に死亡している場合、その者（被相続人の子）の配偶者が代襲相続人となる。 ◀2012年1月学科

問8 □□ 遺産分割において、共同相続人の1人または数人が、遺産の一部または全部を相続により取得し、他の共同相続人に対して生じた債務を金銭などの財産で負担する方法を代償分割という。 ◀2019年1月学科

問9 □□ 相続人が複数いる場合、各相続人は、被相続人の遺言により相続分や遺産分割方法の指定がされていなければ、法定相続分どおりに相続財産を分割しなければならない。 ◀2021年9月学科

問10　下記の〈親族関係図〉において、Aさんの相続における父Cさんの法定相続分は4分の1である。

◀2022年5月学科

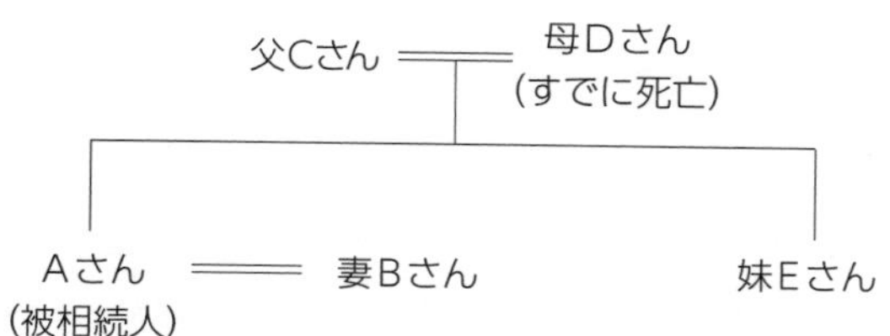

問11　下記の〈親族関係図〉において、孫Aの法定相続分は6分の1である。

◀2013年5月学科

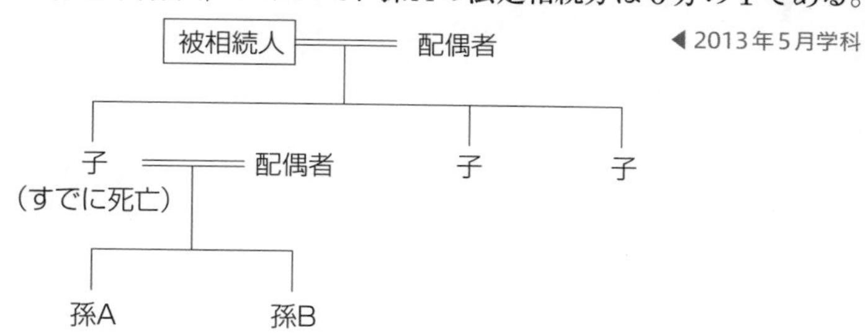

問12　Aさんの相続における民法上の相続人は、妻Bさんおよび長男Dさんの2人である。

◀2014年1月個人

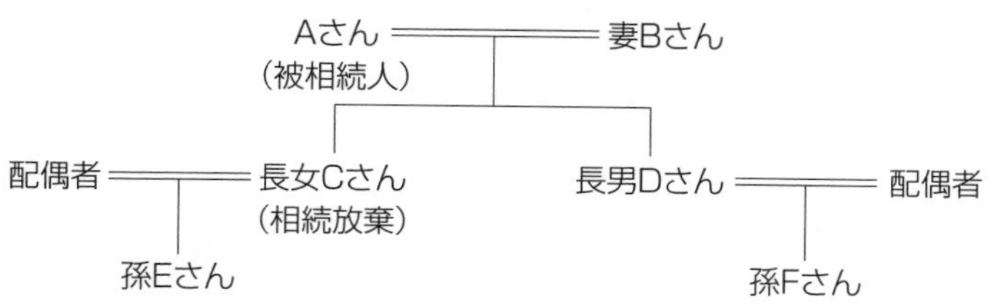

6 相続・事業承継

問13　下記の〈親族関係図〉において、Aさんの相続における兄Cさんの法定相続分は6分の1である。　◀2022年1月学科

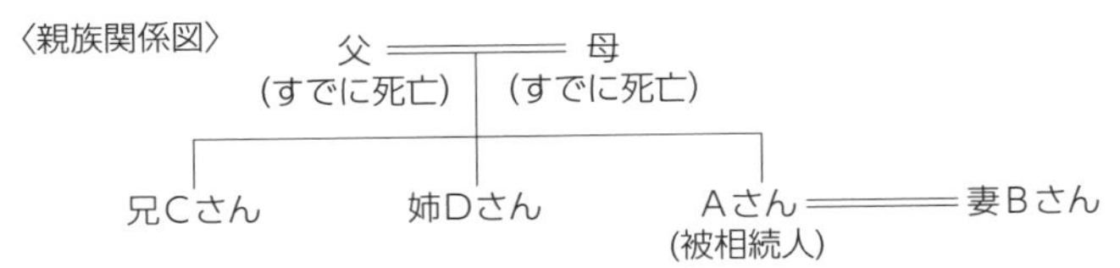

答え

問1　○　普通養子は、実親との親子関係も存続する。

問2　○　特別養子縁組では養子と実方の父母との親族関係は終了する。

問3　×　相続の放棄は、単独で行うことができる。

問4　×　正しくは「3カ月以内」。「10カ月以内」は相続税の申告書の提出期限（316ページ参照）。

問5　○　限定承認は、相続人全員が共同しなければならない（放棄は単独で可）。

問6　×　限定承認、相続放棄の期限は、相続開始があったことを知った日から3カ月以内。また、単純承認の手続きは不要。

問7　×　被相続人の子の配偶者は、代襲相続人にならない。

問8　○　特定の相続人が、遺産相続の代償として金銭などを他の相続人を支払うのが代償分割。

問9　×　協議分割も可能であり、必ずしも法定相続分に従う必要はない。

問10　×　死亡した人の配偶者（妻Bさん）は常に法定相続人。それ以外の親族は、子→直系尊属→兄弟姉妹の順。子がいないので直系卑属の父Cさんも法定相続人。妻Bさんが3分の2、父Cさんが3分の1。

問11　×　被相続人の配偶者と子3人が相続する（すでに死亡している子の相続分は孫が代襲相続する）。配偶者2分の1、子2分の1。子の2分の1は3人で等分する。代襲相続人である孫Aと孫Bは、さらに2人で等分した12分の1となる。

子1人分：$\frac{1}{2}\times\frac{1}{3}=\frac{1}{6}$　　孫1人分：$\frac{1}{6}\times\frac{1}{2}=\frac{1}{12}$

問12　○　相続放棄すると、相続人とみなされない。また代襲相続もなし。よって、CやEは法定相続人とならない。

問13　×　まず配偶者の妻Bさんが法定相続人。第2順位は子→直系卑属→兄弟姉妹で本問のAさんには子がおらず親も死亡しているため、兄Cさんと姉Dさんが法定相続人。配偶者と兄弟姉妹が法定相続人の場合、兄弟姉妹の割合は4分の1。兄Cさんの法定相続分は8分の1になる。

4 遺言と遺留分

遺言（いごん）の種類と作成方法が頻出！

- 自筆証書遺言は立会不要、日付の特定がないものは無効。
- 公正証書遺言の原本は公証人役場に保管される。
- 兄弟姉妹には遺留分はない。

1 遺言

ことば

検認：遺言書の偽造等を防止するための証拠保全手続き。

自らの死後のために意思表示をすることを**遺言**[※1]、遺言によって財産を相続人などに与えることを**遺贈**（いぞう）といいます。

普通方式による遺言の種類

自筆証書遺言 証人不要	●遺言者が遺言文、日付、氏名を自書し、押印（認印・拇印可）。財産目録に限りパソコン作成、通帳コピーの添付等が可。日付の特定がないもの（◎月吉日等）は無効。証人の立会いは不要 ●一般的には、相続開始後に、遅滞なく家庭裁判所で検認が必要 ●ただし法務局（遺言書保管所）で保管する場合は検認が不要[※2]
公正証書 証人必要 検認不要	●公証人役場で証人2名以上（推定相続人、受遺者、およびその配偶者・直系血族は不可）の立会いのもと、遺言者が遺言の趣旨を公証人に口授し、公証人が筆記する。遺言者、証人、公証人の署名・押印が必要。推定相続人や受遺者等は証人になれない ●原本は公証人役場に保管される ●相続開始後の家庭裁判所の検認は不要
秘密証書遺言 証人必要 検認必要	●遺言者が作成し、署名押印し、封印。証人２人以上の前で公証人が日付を記入する。遺言者自身が保管する ●ワープロや代筆での作成でもよい ●相続開始後に家庭裁判所で検認の手続きが必要

- 遺言書は、いつでも内容の変更（作り直し）・撤回ができる。
- 検認前に遺言書を開封した場合でもその遺言書は無効にはならない。

※1 民法上、15歳に達した者は遺言をすることができる。
※2 自筆証書遺言保管制度。自筆証書遺言の遺言者が法務局に遺言書の保管を申請する。

2 遺留分

遺留分：民法で定められている一定の相続人が最低限相続できる財産のことで、被相続人の生前の贈与や遺贈によっても奪われることのないもの。

遺留分侵害額請求：遺留分を侵害された者が、贈与や遺贈を受けた者に対し、その侵害額に相当する金銭の支払を請求すること。

遺言者は、「全財産を特定の人にすべてあげる」という遺言も残すことができます。しかし、これでは遺族が生活できなくなる事態も起こり得るため、民法では**遺留分**（いりゅうぶん）として、遺族が最低限相続できる財産を保証しています。

遺留分権利者（遺留分が保証されている人）は、被相続人の**配偶者、子（子の代襲相続人を含む）、父母**です。被相続人の兄弟姉妹に遺留分はありません。

遺留分の確保には、遺言書での相続人に**遺留分侵害額請求**を行う必要があります。請求する権利は、

・相続の開始および遺留分の侵害を知った日から１年

・相続の開始を知らなかった場合は相続の開始から10年

を過ぎると、時効で消滅します。

遺留分の割合

❶遺留分権利者が父母のみの場合……相続財産の３分の１

❷遺留分権利者が配偶者のみ、子（子の代襲相続人を含む）のみ、配偶者と子、配偶者と父母など、❶以外の場合……相続財産の２分の１

● １人の相続分＝相続財産×遺留分×法定相続分（296ページ）

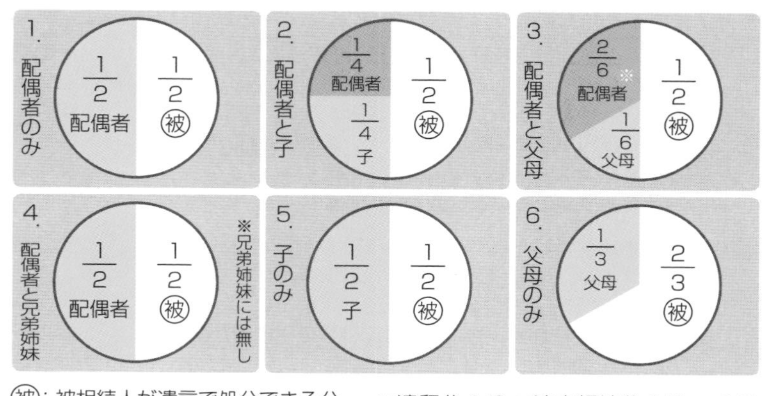

㊙: 被相続人が遺言で処分できる分

※遺留分 1/2 ×法定相続分 2/3 = 2/6

例題

・**次の記述の正誤を答えなさい。**

◀2021年5月学科

下記の〈親族関係図〉において、遺留分を算定するための財産の価額が3億円である場合、長女Cさんの遺留分の金額は、5,000万円となる。

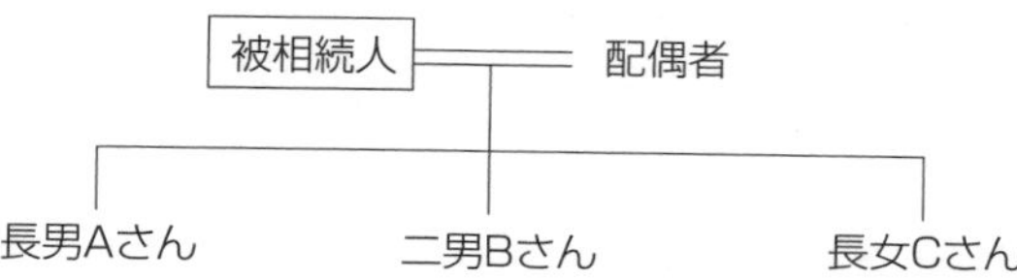

3 成年後見制度

知的障害や認知症などにより、判断能力が不十分な人が、財産管理や相続で不利益を被らないよう、こうした人々の権利を保護する制度が**成年後見制度**です。

成年後見制度には、**法定後見制度**と**任意後見制度**があり、法定後見制度には、3つの制度があります。

後見	本人が、判断能力を欠く常況にある＝ほとんど自分では判断できない
保佐	本人が、判断能力について著しく不十分＝少しは自分でもできる
補助	本人が、判断能力について不十分＝おおよそのことは自分でできる

任意後見制度は、本人の判断能力が十分なうちに、将来に備えて、あらかじめ後見人を選任しておく制度です。

例題の答え

×

相続人が配偶者と子（3人）の場合、法定相続分は配偶者が2分の1、3人の子がそれぞれ6分の1ずつ。財産の価額が3億円であれば、子1人分の法定相続分は、6分の1の5,000万円。遺留分は、その2分の1なので、長女Cさんの遺留分は2,500万円となる。

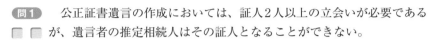

過去問トレーニング

適切なものには○、不適切なものには×をしなさい。

問1 □□ 公正証書遺言の作成においては、証人2人以上の立会いが必要であるが、遺言者の推定相続人はその証人となることができない。

◀ 2023年1月学科

問2 □□ 自筆証書遺言は、遺言者が、その全文、日付および氏名を自書し、これに押印して作成するものであるが、自筆証書に添付する財産目録については、自書によらずにパソコンで作成しても差し支えない。

◀ 2022年1月学科

問3 □□ 自筆証書遺言書保管制度を利用して、法務局（遺言書保管所）に保管されている自筆証書遺言については、家庭裁判所による検認の手続を要しない。

◀ 2023年5月学科

問4 □□ 「私の財産はすべて妻Bに相続させる」旨の遺言により、妻Bさんが被相続人の財産をすべて取得した場合、被相続人の妹Cさんおよび弟Dさんは、妻Bさんに対して遺留分の侵害額請求をすることができる。

◀ 2015年9月保険（改）

問5 □□ 成年後見制度には法定後見制度と任意後見制度があり、法定後見制度の種類には後見・保佐・補助がある。

◀ 2017年9月学科

問6 □□ 遺言は、遺言者の死亡の時からその効力を生ずる。

◀ 2015年9月学科

答え

問1 ○ 推定相続人や受遺者等は証人になれない。

問2 ○ 2019年以降に作成した自筆証書遺言の財産目録については、ワープロ・パソコンでの作成が可能となった。

問3 ○ 自筆証書遺言は原則、検認が必要だが、「自筆証書遺言書保管制度」で保管されている遺言は検認が不要。

問4 × 兄弟姉妹に遺留分の権利はなく、遺留分侵害額請求権もない。

問5 ○ なお、試験では「保佐」が「保護」と表記され×になる問題もある。

問6 ○ 遺言の効力は死後に生じる。

相続税のしくみ

贈与財産の合計額の計算が頻出！

- 原則、相続開始前7年以内の贈与は相続税の課税対象。
- 生前贈与財産は、贈与取得時の価額で評価される。
- 相続税額の計算時、相続放棄者も法定相続人の数に含める。

1 相続税の課税価格の計算

相続税は、相続や遺贈によって、財産を取得したときに課される税金です。**相続税の課税価格**（相続税の課税対象となる金額）は、**相続財産**（相続したすべての財産）から、**非課税財産**（課税しない財産：墓地、墓石、生命保険金の一部など）と**債務控除**の対象（債務、葬式費用※など）を差し引いて求めます。

※初七日や四十九日などの法会に要した費用は、葬式費用として債務控除の対象にはならない。

相続財産 − 非課税財産 − 債務控除 ＝ 課税価格

相続財産		
	本来の相続財産 （預貯金や不動産）	非課税財産 （墓地や保険金の一部）
		債務控除 （債務、葬式費用など）
	みなし相続財産 （保険金など）	課税価格 （相続税の課税対象となる金額）
	生前贈与加算	
	相続時精算課税による贈与財産	

ことば

みなし相続財産：本来は相続財産ではないが、被相続人の死亡により、実質的に相続人に入る、相続財産と同じ効果のある財産。生命保険金や死亡退職金、弔慰金など。

2 相続財産の種類

次の財産には、相続税が課されます。

本来の相続財産

本来の相続財産とは、被相続人が所有していた預貯金、株式、債券、現金、貴金属、不動産など、金銭に換算できる価値のあるものには、相続税が課されます。

みなし相続財産

生命保険金や死亡退職金など、被相続人の死亡で相続人が取得する財産は、みなし相続財産とされて、相続税が課されます。

相続税が課されるみなし相続財産

生命保険金	被相続人が契約者（保険料負担者）で、被相続人の死亡により相続人に支払われる生命保険金。なお、**相続人以外が受取人**の場合には**遺贈として相続税の課税対象**になる
死亡退職金	被相続人の死亡により支払われる退職金で、**被相続人の死後３年以内に支給が確定**したもの

生前贈与加算

相続人が被相続人から**相続開始前の７年以内**※に暦年課税制度により贈与を受けた財産は、**生前贈与財産**として相続税が課されます。その際の加算価額は**贈与時の価格**を適用します。贈与時に支払っていた贈与税は、控除の対象となります。なお、贈与税の配偶者控除（287ページ）の控除額（最高2,000万円）については、相続税は課されません。

※2024年以降の贈与より、相続税の対象になる期間が最長7年まで順次延長される。

相続時精算課税による贈与財産

相続時精算課税（288ページ）の適用を受けていた贈与財産には、相続税が課されます。その際、加算価額は**贈与時の価格**を適用します。

3 相続税の非課税財産

次の財産には、相続税が課されません。

墓地や仏具

墓地、墓石、仏壇、仏具、神を祭る道具など日常礼拝をしているものには、相続税は課されません。

弔慰金(ちょういきん)や葬祭料

被相続人の死亡によって受ける弔慰金、花輪代、葬祭料などには、相続税は課されません。

ただし、勤務先などからの**弔慰金の非課税の範囲**を超える部分の金銭は、退職手当金等として相続税が課されます。

ことば

弔慰金：被相続人の死亡により、勤務先の会社などから受けるお見舞金。

弔慰金の非課税の範囲

業務上の事由による死亡のとき	被相続人の死亡当時の普通給与の3年分に相当する額 **死亡時の普通給与額×36カ月分**
業務外の事由による死亡のとき	被相続人の死亡当時の普通給与の半年分に相当する額 **死亡時の普通給与額×6カ月分**

生命保険金・死亡退職金の非課税限度額

相続人が生命保険金や死亡退職金を受け取ったときは、生命保険金や死亡退職金のそれぞれについて、次の限度額までは非課税となります。

非課税限度額 ＝ 500万円 × 法定相続人の数

各相続人の非課税限度額は、各相続人が受け取った保険金の割合に応じて按分されます。

各人の非課税限度額 ＝ 非課税限度額 × その相続人が受け取った保険金 / 全相続人が受け取った保険金合計額

ただし、相続を放棄した人が取得した**生命保険金・死亡退職金**には、非課税限度額の適用はありません。

4 法定相続人の数

相続税の計算上、法定相続人の数は次のように決められています。

相続税の計算における法定相続人の数

- 相続放棄者も法定相続人の数に含める。
- 被相続人に実子がいる場合、法定相続人に加える養子の数は１人まで。
- 被相続人に実子がいない場合、法定相続人に加える養子の数は２人まで。

次の場合は、実子とみなしてすべて法定相続人の数に含める。

- 特別養子縁組により養子となっている者（実父母との親子関係を断った養子）。
- 代襲相続人で、かつ被相続人の養子となっている者。
- 配偶者の実子で、かつ被相続人の養子となっている者。

5 債務控除

被相続人が残した債務（借入金など）は、相続財産から控除することができます。また、被相続人の葬儀にかかった費用も、相続財産から控除することができます。

控除できる債務・葬儀費用の例

控除できるもの	控除できないもの
債務（借入金、未払いの税金、未払いの医療費）	被相続人が生前に購入した墓地、墓石の未払金
通夜・葬儀・火葬・納骨の費用	香典返戻費用（香典返し）

スピード理解!!

墓地や墓石などはもともと非課税財産なので、その未払金は債務控除にならない。

過去問トレーニング

正しいものまたは適切なものには○、誤っているものまたは不適切なものには×をしなさい。

問1 子が父の所有する土地を無償で借り受け、その土地の上に建物を建築した場合には、父から子へ借地権の贈与があったものとして贈与税の課税対象となる。

◀ 2016年9月学科

問2 川田勉さんは、2024年6月22日に病気のため死亡した。妻の華子さんが受け取った死亡保険金が下記〈資料〉のとおりである場合、定期保険特約付終身保険からの保険金2,200万円が相続税の対象となる。

◀ 2013年1月資産（改）

〈資料〉

保険種類	保険料払込方法	保険契約者（保険料負担者）	被保険者	死亡保険金受取人	死亡保険金額
定期保険特約付終身保険	月払い	川田勉	川田勉	川田華子	2,200万円
養老保険	年払い	川田華子	川田勉	川田華子	500万円

問3 Aさんは、2024年2月1日に死亡した。Aさんは、生前に妻Bさんと長男Cさんに対して財産の贈与をしている。

◀ 2012年5月保険（改）

① 妻Bさんに対する贈与：2018年3月8日に、妻Bさんに対して居住用不動産を取得するための資金として現金1,000万円の贈与をした。妻Bさんは、この贈与について贈与税の配偶者控除の適用を受けたため、贈与税を納付しなかった。

② 長男Cさんに対する贈与：2019年6月20日に、長男Cさんに対して事業資金として現金3,500万円の贈与をした。長男Cさんは、この贈与について初めて相続時精算課税を選択し、特別控除について、その限度額までの控除を受けた。

Aさんに係る相続税において、相続人となった妻Bさん、長男Cさんの相続税の課税価格に加算される贈与財産の価額の合計額は4,500万円である。

問4 Aさんは、2024年8月に病気により75歳で死亡した。

① 二男Eさんは、2019年4月にAさんから現金2,000万円の贈与を受け、相続時精算課税を選択している。

② 孫Fさんは、2019年8月にAさんから現金200万円の贈与を受け、暦年課税により贈与税を納付している。

Aさんに係る相続において、二男Eさんおよび孫Fさんの相続税の課税価格に加算される贈与財産の価額の合計額は、2,000万円である。

◀ 2014年1月保険（改）

問5 相続人が負担した被相続人に係る香典返戻費用は、相続税の課税価格の計算上、葬式費用として控除することができる。

◀ 2023年5月学科

問6 X社は、業務外の事由により死亡した同社の役員Aさんの妻Bさんに対し、死亡退職金および弔慰金を支給する予定である。

このとき、妻Bさんが受け取る死亡退職金は、『500万円×法定相続人の数』の算式で計算した金額までは相続税の課税価格に算入されず、また弔慰金は、『Aさん死亡時の普通給与月額×36カ月分』に相当する金額までは、相続税が課税されない。

◀ 2012年9月保険

問7 Aさんの家族はAさんの死亡に伴い、生命保険の死亡保険金を受け取った。この死亡保険金のうち、Aさんの相続に係る各相続人の相続税の課税価格に算入される金額の合計額（非課税金額控除後の金額）は3,900万円である。

◀ 2013年1月保険

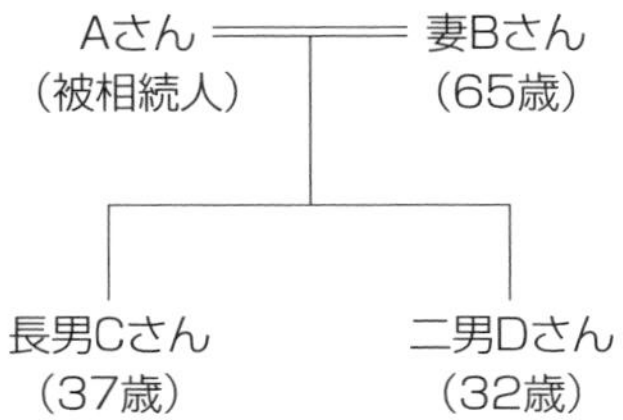

〈Aさんを被保険者として加入していた生命保険契約の概要〉

契約形態			死亡保険金額	保険の種類
契約者 （＝保険料負担者）	被保険者	死亡保険金 受取人		
Aさん	Aさん	妻Bさん	1,200万円	終身保険
Aさん	Aさん	長男Cさん	2,400万円	定期保険
妻Bさん	Aさん	二男Dさん	1,800万円	終身保険

問8　死亡したAさんの相続人は、妻B、長女C、および養子Dの3人である。長女Cさんと養子Dさんは、Aさんが加入していた生命保険から次の死亡保険金を受け取っている。

①終身保険
契約者（＝保険料負担者）・被保険者：Aさん
死亡保険金受取人：長女Cさん
死亡保険金額：1,000万円
②終身保険
契約者（＝保険料負担者）・被保険者：Aさん
死亡保険金受取人：養子Dさん
死亡保険金額：1,500万円

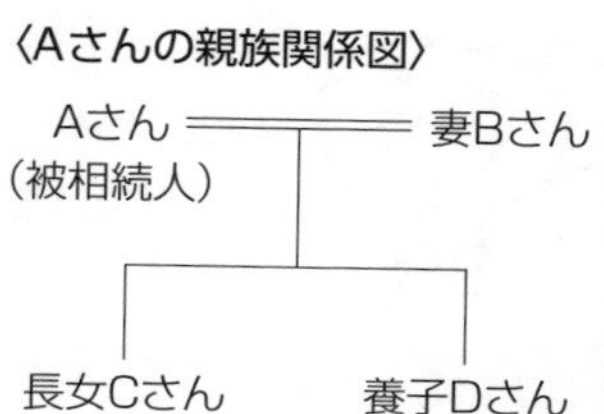

このときAさんの相続に係る相続税額の計算上、長女Cと養子Dが受け取った死亡保険金からそれぞれ控除することができる非課税金額は、長女Cが600万円、養子Dが900万円である。　◀2014年5月保険

答え

問1　×　個人間の土地の使用貸借では、贈与税等の課税関係は発生しない。

問2　○　定期保険特約付終身保険は、夫（川田さん）が契約者＝被保険者で、受取人は妻（相続人）である。従って、死亡保険金（2,200万円）はみなし相続財産として相続税の課税対象となる。

問3　×　妻Bさんへの贈与（住宅取得資金1,000万円）は、配偶者控除を受けて贈与済みのため、相続税の課税価格に加算されない。相続税の課税価格に加算される贈与財産は、相続時精算課税を適用した長男への3,500万円のみ。

問4　○　二男Eさんの相続時精算課税の2,000万円のみ。相続開始前3年以内に暦年課税に係る贈与によって取得した財産は、相続税の課税価格に加算されるが、孫Fさんへの贈与は5年前のため、加算対象外。

問5　×　香典返しや墓地・墓石の購入代金等は葬式費用に含まれない。

問6　×　業務外の事由による死亡では、普通給与月額×6カ月分。

問7　×　契約者がAさんである終身保険と定期保険が相続税の課税対象。1,200万円+2,400万円＝3,600万円。ここから、「500万円×法定相続人3人＝1,500万円」が控除される。よって、相続税の課税価格に算入される金額は、3,600万円－1,500万円＝2,100万円。

問8　○　控除できる非課税金額は、「500万円×法定相続人3人＝1,500万円」。これを、各自が受け取った保険金額の割合で按分するので、
長女C…1,500万円×（1,000万円／2,500万円）＝600万円
養子D…1,500万円×（1,500万円／2,500万円）＝900万円

6 相続税の計算

課税遺産総額と相続税額の計算問題が頻出！

- 相続の申告期限は相続開始を知った翌日から10カ月以内。
- 配偶者が取得する財産の価額が1億6,000万円までは相続税がかからない。

1 相続税の計算の流れ

相続税の計算は、次のような流れで行います。

Step 1　課税価格の算出
各相続人の課税価格を算出し、合計して課税価格の合計額を求める。

Step 2　課税遺産総額の算出
課税価格の合計額から遺産に係る基礎控除を差し引いて、課税遺産総額を算出する。

Step 3　相続税の総額の算出
課税遺産総額をいったん法定相続分で分割してから各人の相続税額を求め、合計して相続税の総額を算出する。

Step 4　相続税額の按分
相続税額を各人の相続分に按分して、各人の税額を求める。

「Step 1▶課税価格の算出」は「5 相続税のしくみ」（305ページ）で解説しました。ここからは【具体例】をもとにして、相続税の算出手順を見ていきます。

【具体例】相続人と各人の課税価格

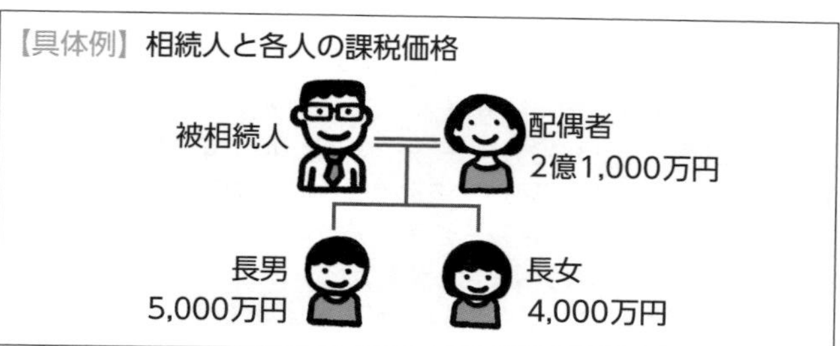

2 Step 2 ▶ 課税遺産総額の算出

課税遺産総額は、課税価格の合計額から**遺産に係る基礎控除額**を差し引いた額です。

「遺産に係る基礎控除額」の計算式

遺産に係る基礎控除額＝3,000万円＋600万円×法定相続人の数※

※法定相続人の数には、相続放棄者も加える。

【具体例】課税遺産総額の算出

課税遺産総額＝課税価格の合計額－遺産に係る基礎控除額

課税価格の合計額＝2億1,000万円＋5,000万円＋4,000万円＝3億円
遺産に係る基礎控除額＝3,000万円＋600万円×3人＝4,800万円
課税遺産総額＝3億円－4,800万円＝2億5,200万円

3 Step 3 ▶ 相続税の総額の算出

相続税額を次の手順で算出します。

❶ 課税遺産総額を各相続人の法定相続分で分割して「法定相続分に応ずる取得金額」を求める。
❷ 〈相続税の速算表〉の税率を掛け、控除額を差し引いて、各人の相続税額を求める。
❸ 各人の相続税額を合計して、相続税の総額を算出する。

【具体例】相続税の総額の算出

❶ 課税遺産総額＝2億5,200万円を法定相続分（妻1/2、子1/2）で分割すると、
妻＝2億5,200万円×1/2＝1億2,600万円 ← 法定相続分に応ずる取得金額
長男＝2億5,200万円×1/4＝6,300万円 ← 法定相続分に応ずる取得金額
長女＝2億5,200万円×1/4＝6,300万円 ← 法定相続分に応ずる取得金額

❷ 〈相続税の速算表〉の税率を掛け、控除額を差し引く。
妻＝1億2,600万円×40%－1,700万円＝3,340万円 ← 相続税額
長男＝6,300万円×30%－700万円＝1,190万円 ← 相続税額
長女＝6,300万円×30%－700万円＝1,190万円 ← 相続税額

〈相続税の速算表〉

法定相続分に応ずる取得金額	税率	控除額
1,000万円以下	10%	－
1,000万円超 ～ 3,000万円以下	15%	50万円
3,000万円超 ～ 5,000万円以下	20%	200万円
5,000万円超 ～ 1億円以下	30%	700万円
1億円超 ～ 2億円以下	40%	1,700万円
2億円超 ～ 3億円以下	45%	2,700万円
3億円超 ～ 6億円以下	50%	4,200万円
6億円超	55%	7,200万円

相続税の速算表は検定で提示されるので、覚えなくてOK。

❸ 各人の相続税額を合計する。
3,340万円＋1,190万円＋1,190万円＝5,720万円← 相続税の総額

4 Step 4▶相続税額の按分

相続税額の按分をします。

各人の相続税額を合計した相続税の総額を、今度は各人が実際に取得した課税価格の割合で按分して各人の税額を求めます。

【具体例】相続税額の按分

$$\textbf{各人の税額＝相続税の総額} \times \frac{\textbf{各人の課税価格}}{\textbf{課税価格の合計額}}$$

妻＝5,720万円×$\frac{2億1,000万円}{3億円}$＝4,004万円 ← 税額（ここから控除される）

長男＝5,720万円×$\frac{5,000万円}{3億円}$＝953.3万円 ← 税額

長女＝5,720万円×$\frac{4,000万円}{3億円}$＝762.7万円 ← 税額

配偶者や１親等の血族（子、父母）以外の人が、相続または遺贈によって財産を取得した場合、ここで算出された各人の税額に**２割**相当額が加算されます。これを**相続税額の２割加算**といいます。なお、子を代襲して孫が相続人となった場合は２割加算の対象にはなりません。

スピード理解!!
2割加算の対象となる人は、被相続人の
- 兄弟姉妹・祖父母（2親等)、甥・姪（3親等)
- 養子にした孫（被相続人の生存している実子の子)

5 相続税の税額控除

３級検定では**配偶者に対する相続税額の軽減**が頻出です。これは、配偶者が相続した遺産のうち、**１億6,000万円または法定相続分のうち、いずれか多い金額**※までは相続税が控除される制度です。内縁関係・事実婚は対象外です。

なお、この制度で配偶者の**納付額が０円**になっても、相続税の申告書を提出することは必要です。

※仮に配偶者の法定相続分が１億円の場合は１億6,000万円まで非課税。配偶者の法定相続分が２億円の場合は２億円まで非課税となる。

〈その他の税額控除〉

税額控除	控除の要件と控除額
贈与税額控除	・相続開始前７年以内に被相続人から贈与を受けていた場合 控除額：贈与時に支払った贈与税額（相続時精算課税の適用を受けた際に支払った贈与税額も同じ扱い)
未成年者控除	・法定相続人である未成年者（18歳未満）が相続した場合 **控除額：(18歳※－相続開始時の年齢）×10万円**
障害者控除	・法定相続人である障害者が相続した場合 控除額：(85歳－相続開始時の年齢）×10万円 ・法定相続人である特別障害者が相続した場合 控除額：(85歳－相続開始時の年齢）×20万円
相次（そうじ）相続控除	・10年以内に相続を２回以上受けた場合 １回目の相続税額の一定額を２回目には控除できる

※2022年４月１日以後の相続・贈与に適用。

未成年者控除については、控除額を求める式が出題されているよ。

6 相続税の申告と納付

相続税の申告書の提出義務のある人は、期限内に**被相続人の納税地**の所轄税務署長に申告書を提出します。

相続税の申告のポイント

- 相続税の課税価格の合計額が基礎控除額以下の場合は申告不要。
- **配偶者に対する相続税額の軽減**を受ける場合は納付額が０円でも**申告必要**。
- 相続税の申告書の提出は、原則として、その相続の開始があったことを知った日の翌日から**10カ月以内**にしなければならない。
- 申告書の提出先は、**死亡した被相続人の納税地（住所地）**の所轄税務署長。
- **死亡した被相続人の分の確定申告（準確定申告）**は、相続人が相続の開始があったことを知った翌日から**４カ月以内**に行う。

相続税の納付は、申告書の提出期限内に金銭一括納付が原則ですが、要件を満たせば、**延納（分割納付）**が認められています。

相続税延納（分割納付）の要件

- 金銭一括納付が困難であること。
- **相続税額が10万円を超えていること。**
- 相続税の申告期限までに、**延納申請書を提出すること。**

延納でも金銭納付が困難な場合、相続税の申告期限までに物納申請書を提出することで、**物納**も認められています。ただし、抵当権の目的となっている不動産※は、相続税の物納に充てることはできません。

※抵当権の目的となっている不動産とは、抵当権が設定されている不動産のこと。

過去問トレーニング

適切なものには○、不適切なものには×をしなさい。また、相続税についての質問に答えなさい。

問1 被相続人の父母が相続により財産を取得した場合、その者は相続税額の2割加算の対象となる。
◀2023年5月学科（改）

問2 被相続人の直系卑属で当該被相続人の養子となっている者（いわゆる孫養子）は、代襲相続人である場合を除き、相続税額の2割加算の対象となる。
◀2020年1月学科

問3 「配偶者に対する相続税額の軽減」の適用を受けた場合、配偶者の相続税の課税価格が、相続税の課税価格の合計額に対する配偶者の法定相続分相当額または1億8,000万円のいずれか多い金額までであれば、原則として、配偶者が納付すべき相続税額は算出されない。
◀2023年9月学科

問4 相続税額の計算において、「配偶者に対する相続税額の軽減」の適用を受けることにより、納付すべき相続税額が算出されない場合、相続税の申告書を提出する必要はない。
◀2021年1月学科

問5 相続税の申告書の提出は、原則として、その相続の開始があったことを知った日の翌日から10カ月以内にしなければならない。
◀2023年9月学科

問6 相続税の申告書の提出義務がある者は、死亡した者の納税地の家庭裁判所に対して相続税の申告書を提出しなければならない。◀2012年1月保険

問7 所得税の確定申告書を提出すべき居住者が死亡した場合、その相続人は、原則として、その相続の開始があったことを知った日の翌日から10カ月以内に、所轄税務署長に対し当該確定申告書を提出しなければならない。
◀2012年9月学科

問8 抵当権の目的となっている不動産は、相続税の物納に充てることができない。
◀2010年9月学科

問9　次の場合、Aさんの相続における遺産に係る基礎控除額は、4,200万円である。

◀ 2014年1月個人

Aさん（被相続人）＝＝ 妻Bさん

長女Cさん（相続放棄）

長男Dさん

（一部省略）

問10　次の場合、Aさんの相続における遺産に係る基礎控除額は、4,800万円である。

◀ 2014年5月個人

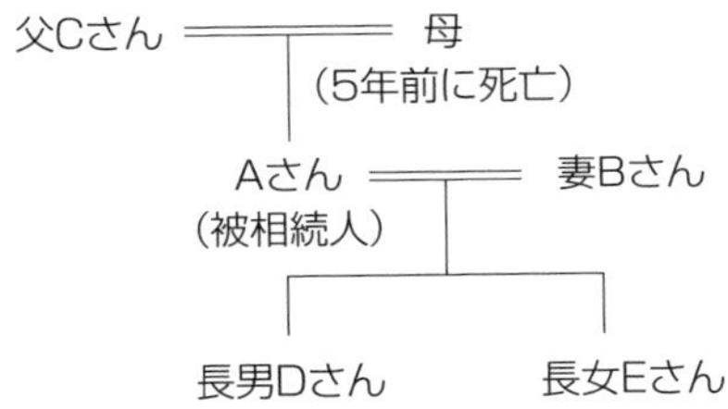

問11　次の場合の相続税の総額を答えなさい。計算の際は次に挙げた相続税の速算表を用いなさい。

法定相続分に応ずる取得金額	税率	控除額
1,000万円以下	10%	－
1,000万円超　～3,000万円以下	15%	50万円
3,000万円超　～5,000万円以下	20%	200万円
5,000万円超　～　1億円以下	30%	700万円
1億円超　～　2億円以下	40%	1,700万円

❶　Aさんの相続に係る課税遺産総額（「課税価格の合計額－遺産に係る基礎控除額」）が2億1,000万円であった場合の相続税の総額。

◀ 2014年5月保険

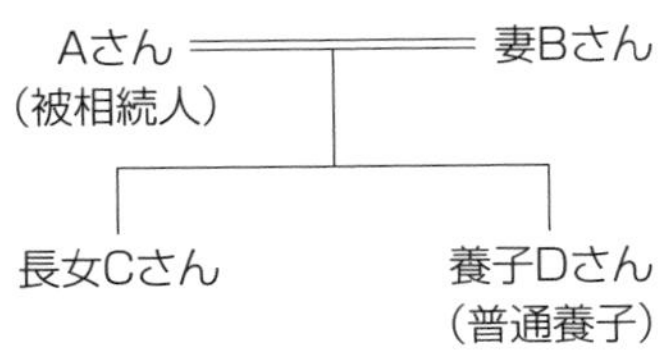

❷ Aさんの相続に係る課税遺産総額（「課税価格の合計額－遺産に係る基礎控除額」）を１億2,000万円と仮定した場合の相続税の総額。

※相続税額の２割加算は考慮しない。

◀2012年9月保険

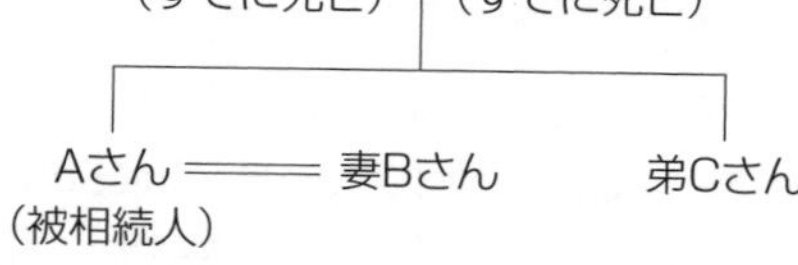

答え

問1 × １親等の血族（子、父母）は対象外。

問2 ○ 代襲相続人ではない孫養子は、２割加算の対象。

問3 × 「1億8,000万」が誤り。配偶者の法定相続分相当額または「1億6,000万円」のいずれか多い金額。

問4 × 相続税が0円でも、申告書の提出が必要。

問5 ○

問6 × 提出先は、死亡した人の納税地の所轄税務署長。

問7 × 準確定申告は4カ月以内に申告書を提出。

問8 ○

問9 × 相続放棄者も、相続税の基礎控除の計算では法定相続人の数に入る。B・C・Dの3名が法定相続人なので、基礎控除額は、
3,000万円＋3名×600万円＝4,800万円。

問10 ○ 法定相続人はB・D・Eの３人（配偶者は常に法定相続人。それ以外は最上位の血族だけが法定相続人）。基礎控除額は、
3,000万円＋3名×600万円＝4,800万円。

問11

❶ （**4,250万円**） 法定相続分は妻Bが1／2、長女Cと養子Dがそれぞれ1／4ずつ（養子の法定 相続分は、実子と同一）。

Bの相続税：2億1,000万円×$\frac{1}{2}$×40%－1,700万円＝2,500万円

C（Dも同額）の相続税：2億1,000万円×$\frac{1}{4}$×30%－700万円＝875万円

相続税の総額＝2,500万円＋875万円＋875万円＝4,250万円

❷ （**2,400万円**） 法定相続分は妻Bが3／4、弟Cが1／4。

Bの相続税：1億2,000万円×$\frac{3}{4}$×30%－700万円＝2,000万円

Cの相続税：1億2,000万円×$\frac{1}{4}$×15%－50万円＝400万円

7 財産の評価

財産の評価額の計算、小規模宅地の特例が出る。

- **借地権の評価額＝自用地としての価額×借地権割合**
- **小規模宅地の特例で貸付事業用宅地は200㎡を限度に50%を減額。**
- **貸家の評価額＝自用家屋評価額×（1－借家権割合×賃貸割合）**

相続税や贈与税を計算するためには、財産を評価する必要があります。[※1] 宅地の評価方法から見ていきましょう。

1 宅地の評価

宅地とは、建物の敷地として用いられる土地をいいます。市街地にある宅地の評価は**路線価方式**、路線価が定められていない、郊外地や農村部などにある宅地の評価は**倍率方式**で行います。

路線価方式：**路線価**とは、路線（道路）に面する標準的な宅地の**1㎡**当たり、**千円単位**で表示される価格です。[※2]

路線価方式の評価額は、路線価に地積（土地の面積）を掛けて算出します。

評価額＝路線価×地積(土地の面積)

倍率方式：その宅地の固定資産税評価額に、一定の倍率を掛けて評価額を算出する評価方法です。

※1 土地は原則として宅地、田、畑、山林などの地目（土地の用途）ごとに評価する。

※2 路線価図には、各路線上に数字とアルファベットが記載される。数字は路線価（1㎡当たり千円）、アルファベットは借地権割合で、A：90% B：80% C：70% D：60% E：50% F：40% G：30% を示す。

2 宅地の分類と評価額

宅地は次の４つに分類されています。

自用地：土地所有者が、自分で使用している土地を自用地といいます。宅地は、奥行きの長短と地区区分によって利用効率に差があるため、路線価に**奥行価格補正率**で補正をします。これが宅地の路線価方式の基本式となります。

路線価の計算は千円単位。奥行価格補正率や借地権割合は、問題で提示されるよ。

自用地評価額＝路線価×奥行価格補正率×地積

【例】路線価200、奥行価格補正率0.9、地積500㎡
200×0.9×500＝90,000千円

借地権：人から賃借している土地の借地権（土地だけ借りて使用する権利）の評価額は次のとおりです。

借地権評価額＝自用地評価額×借地権割合

【例】路線価200、奥行価格補正率0.9、地積500㎡、借地権割合80%
200×0.9×500＝90,000千円←自用地評価額
90,000×0.8＝72,000千円←借地権評価額

貸宅地（かしたくち）：借地権の目的となっている土地（借地権が設定されている宅地）を貸宅地（底地（そこち））といいます。自用地評価額から借地権を差し引いた分になります。

貸宅地評価額＝自用地評価額×（１－借地権割合）

【例】路線価200、奥行価格補正率0.9、地積500㎡、借地権割合80%
200×0.9×500＝90,000千円←自用地評価額
90,000×（1－0.8）＝18,000千円←貸宅地評価額

貸家建付地：自己所有の貸家を建てた自己所有の土地を貸家建付地といい、借地権割合※、借家権割合（全国一律30%）、賃貸割合（貸している床面積割合）を考慮して評価します。

※借地権割合は路線価の末尾にアルファベットＡ～Ｇで表記。試験で提示される。

貸家建付地評価額＝自用地評価額×（1－借地権割合×借家権割合×賃貸割合）

【例】自用地評価額90,000千円、借地権割合80%、借家権割合30%、賃貸割合60%
90,000×（1－0.8×0.3×0.6）＝77,040千円

3 小規模宅地等の評価減の特例

被相続人の居住地や事業用地は、相続人が居住や事業を続けられるように評価額のうち一定割合が減額されます。これを、**小規模宅地等の評価減の特例**（小規模宅地等についての相続税の課税価格の計算の特例）といいます。

特例を適用するためには（特例を使って計算したら相続税がゼロ円になる場合でも）、**相続税の申告が必要**です。

小規模宅地等の評価減の特例

● **特定居住用宅地等**：自宅の敷地（被相続人等の居住用宅地）を

①**配偶者が相続したもの（被相続人との同居・居住継続・保有の要件なし。第三者への賃貸も可）**。

②同居親族が相続したもの（相続税申告期限まで宅地所有、居住継続が必要）。

③被相続人に配偶者・同居親族がなく、別居親族が相続したもの（相続税申告期限までの宅地所有が必要）。

・**特定事業用宅地等と併用**する場合の**対象限度面積は330＋400＝730㎡**。

・**貸付事業用宅地等と併用**する場合は、特例を適用する敷地面積に応じて適用対象面積の**調整計算が必要**。

評価減の対象となる限度面積330㎡、減額割合80%

● **特定事業用宅地等**：被相続人等の事業用宅地を一定の親族が承継、相続したもの（相続税申告期限まで宅地所有・事業継続が必要）。

評価減の対象となる限度面積400㎡、減額割合80%

● **貸付事業用宅地等**：被相続人等の貸付事業に使用されていた土地（または借地権）を一定の親族が相続したもの（相続税申告期限まで貸付け・保有継続が必要）。ただし、相続開始前３年以内に新たに貸付事業の用に供された宅地等を除く。

評価減の対象となる限度面積200㎡、減額割合50%

● **特例により減額される金額の計算式**

宅地等の評価額×（限度面積／その宅地等の敷地面積）×減額割合

4 建物の評価

自用家屋：評価額は、固定資産税評価額と同一です。

自用家屋評価額＝固定資産税評価額×1.0

貸家：評価額は、次の計算式で求めます。

貸家評価額＝自用家屋としての評価額×（1－借家権割合×賃貸割合）

5 株式の評価

上場株式は、❶～❹のうち**最も低い価格**で評価します。

上場株式の評価額（前々月～当月）

❶ 相続開始日（例：8月5日死亡）の最終価格（8月5日の最終価格）
❷ 相続開始日の月の毎日の最終価格の月平均額（8月の月平均額）
❸ 相続開始日の前月の毎日の最終価格の月平均額（7月の月平均額）
❹ 相続開始日の前々月の毎日の最終価格の月平均額（6月の月平均額）

非上場株式には、会社の規模や相続者によって、次の3つの評価方式があります。

非上場株式の評価方式

●**原則的評価方式**（同族株主［経営権を握る株主］が持つ株式の評価方式）

類似業種比準方式	上場している類似の企業と比較し、配当・利益・純資産の３つの要素を勘案して決める
純資産価額方式	会社が保有する純資産を発行済株式数で割り、１株当たりの価格とする

●**特例的評価方式**（同族株主以外の株主等が持つ株式の評価方式）

配当還元方式	過去２年間の配当金の平均額から株価を算定する

6 その他の相続財産の評価

以下の相続財産については、それぞれ、次のように評価します。

ゴルフ会員権

相続が発生した日の、通常の取引価格の70%で算定します。

生命保険契約に関する権利

相続開始時において保険事故が発生していない生命保険契約に関する権利の価額は、**解約返戻金の額**に基づいて評価します。

定期預金

預入額に、利息分を加え、源泉徴収税額を差し引いた額で評価します。

投資信託

相続が発生した日の基準価額から、解約手数料などを差し引いた額で評価します。

例題

・各問の空欄にあてはまる適切な語句をア〜ウから選びなさい。

◀2021年1月学科

❶ 自用地としての価額が5,000万円、借地権割合が70%、借家権割合が30%、賃貸割合が100%の貸家建付地の相続税評価額は、（　）である。

ア 1,500万円　**イ** 3,500万円　**ウ** 3,950万円

❷ 相続開始時において保険事故が発生していない生命保険契約に関する権利の価額は、（　）の額に基づいて評価する。

ア 死亡保険金
イ 解約返戻金
ウ 払込保険料

例題の答え

❶ ウ
貸家建付地評価額
＝自用地評価額×（1－借地権割合×借家権割合×賃貸割合）
5,000万円×(1－0.7×0.3×1)＝3,950万円
❷ イ

過去問トレーニング

適切なものには○、不適切なものには×をしなさい。また（　）内には、適切な語句、数値を入れなさい。

問1 下記の宅地（貸家建付地）について、路線価方式による相続税評価額の計算式を完成せよ。

◀2013年9月資産（改）

(200千円×1.0×500㎡)×(　　　❶　　　)=(　❷　)千円

※奥行価格補正率は1.0
※普通住宅地区内にある宅地の上に賃貸アパートを建築し、各部屋を普通借家契約により貸し付けている。
※借家権割合は30%、賃貸割合は100%である。

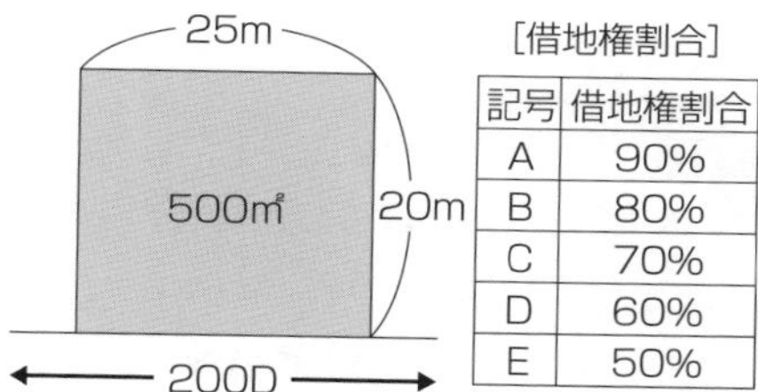

[借地権割合]

記号	借地権割合
A	90%
B	80%
C	70%
D	60%
E	50%

問2 被相続人の配偶者が、被相続人の居住の用に供されていた宅地を相続により取得した後、当該宅地を相続税の申告期限までに売却した場合、当該宅地は、相続税の課税価格の計算上、特定居住用宅地等として「小規模宅地等についての相続税の課税価格の計算の特例」の適用を受けることができない。

◀2021年5月個人

問3 Aさんの相続において、賃貸アパート（家屋）およびその敷地を長男Cさんが取得した。長男Cさんが、取得した賃貸アパート（家屋）の敷地である宅地を相続税の申告期限までに売却した場合、当該宅地について貸付事業用宅地等として「小規模宅地等についての相続税の課税価格の計算の特例」の適用を受けることができない。

◀2013年9月個人

問4 相続人が相続により取得した宅地が「小規模宅地等についての相続税の課税価格の計算の特例」における特定居住用宅地等に該当する場合、その宅地のうち200㎡までを限度面積として、評価額の50%相当額を減額した金額を、相続税の課税価格に算入すべき価額とすることができる。

◀2023年1月学科

問5 相続人が相続により取得した宅地が「小規模宅地等についての相続税の課税価格の計算の特例」における特定事業用宅地等に該当する場合、330㎡を限度面積として評価額の80%を減額することができる。

◀2023年5月学科（改）

問6 下記の賃貸アパート（家屋）を相続する場合、貸家としての相続税評価額は、280万円である。

〈賃貸アパート（家屋）〉

・固定資産税評価額：400万円
・借家権割合：30%
・賃貸割合：100%

◀2013年9月個人

問7 2024年5月9日（木）に死亡したAさんが所有していた上場株式Xを相続により取得した場合の1株当たりの相続税評価額は、下記の〈資料〉によれば、600円である。

◀2021年5月学科（改）

〈資料〉上場株式Xの価格

2024年3月の毎日の最終価格の月平均額：540円
2024年4月の毎日の最終価格の月平均額：600円
2024年5月の毎日の最終価格の月平均額：620円
2024年5月9日（木）の最終価格：600円

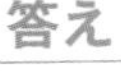

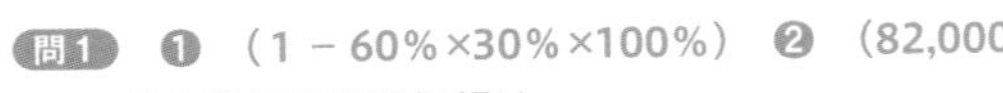

問1 ❶（1－60%×30%×100%） ❷（82,000）

貸家建付地の評価額は、
自用地評価額×（1－借地権割合×借家権割合×賃貸割合）
自用地評価額＝路線価×奥行価格補正率×地積

問2 × 小規模宅地の特例は、配偶者には被相続人との同居や相続後の居住継続といった適用要件に制限がなく、必ず適用される。

問3 ○ 申告期限まで貸付け・保有継続の場合のみ適用。

問4 × 特定居住用宅地等なので「330㎡」「80%」が正しい。

問5 × 特定事業用宅地等なので「400㎡」「80%」。330㎡の部分が誤り。

問6 ○ 貸家の評価額＝固定資産税評価額×（1－借家権割合×賃貸割合）
＝400万円×（1－30%×100%）＝280万円

問7 × 上場株式の相続税評価額は、相続発生日（この場合は5月9日）の最終価格、あるいは相続した月（5月）・その前月（4月）・その前々月（3月）の月平均額のうち、最も低い金額。なので、正しくは540円。

索引

英字

あ行

か行

さ行

た行

な行

は行

ま行

や行

ら行

わ行

おわりに

オフィス海は、30年以上、各種試験の対策教材、参考書の企画執筆に携わってきたメンバーを中心に活動する出版物の企画制作会社です。

私たちは本書を企画するに当たって、FP検定というものがどういうものなのか、どういった対策本が市販されているのか調査をしました。FP検定の過去問題は問題集やネットで公表されていますから、市販教材で学習した場合、覚えるべき内容が頭に入ってくるか、試験でどのくらいの点数が取れるのかを自分たち自身で確かめてみたのです。結果、「もっと良い本ができる」という確信を持つことができたため、本書の制作に取りかかりました。

私たちが試験対策教材を作る場合は、第一に合格点が確実に取れることに主眼を置きます。そのためには、過去問題の徹底的な分析が欠かせません。一般に検定試験というのは年度によって合格率が変わることを嫌うため、頻出する問題を核として、毎年少しずつ問題が変わっていきます。またFP検定は法律改正と出題が連動しているため、10年前の検定と現在の検定では、頻出問題も違っています。そうしたことを考慮しつつ過去問題を分析したところ、直近5年間の試験問題を「解く力」を身に付ければ、確実に合格できることがわかりました。

「解く力」は、過去問題の暗記では養われません。膨大な過去問題を整理統合して、分野・項目ごとに出題知識を覚えやすい形で学習して初めて身に付きます。本書は、こうした編集方針に基づいて制作されています。

ただし、試験偏重の内容になるあまりFPが身に付けておくべき基本的な知識を漏らしてはいけません。また専門的、法律的な間違いがあってはいけません。そこで、テレビ・ラジオ、講演会など、第一線でご活躍されているファイナンシャル・プランナーの高山一恵さんに、専門家の立場から監修をしていただきました。心より感謝申し上げます。また、校正者の皆さんには多大な校正の労をお取りいただきました。この場を借りて、厚く御礼申し上げます。

オフィス海

FP検定合格後、後輩受検者の方々に本書をご推薦いただけましたら幸いです。

◉監修者紹介

高山 一恵（たかやま　かずえ）

ファイナンシャル・プランナー（CFP®、１級ファイナンシャル・プランニング技能士）／㈱Money & You取締役。

東京都出身。慶應義塾大学文学部卒業。2005年に女性向けFPオフィス、(株)エフピーウーマンを創業。10年間取締役を務めた後、現職へ。女性向けWEBメディア『FP Cafe®』や『Mocha』を運営。また、『Money & You TV』や「マネラジ。」などでも情報を発信している。全国での講演活動、執筆、マネー相談を通じて、女性の人生に不可欠なお金の知識を伝えている。明るく、親しみやすい講演には定評がある。

主な著書・監修

『はじめての新NISA &iDeCo』（成美堂出版）
『1日１分読むだけで身につく　お金大全100』（自由国民社）
『やってみたらこんなにおトク！ 税制優遇のおいしいいただき方』（きんざい）

原稿・取材・出演

日本経済新聞、聖教新聞、シティリビング、プレジデント、ダイヤモンド、AERA、東洋経済、日経マネー、日経WOMAN、日経ビジネス、日経ヴェリタス、日経DUAL、週刊ポスト、女性自身、女性セブン、VERY、Oggi、FRaU、CHANTO、LEE、More、with、美ST、おともだち、Allabout、東証マネ部！、MONEY PLUS、ビジネスジャーナル、マネー現代、OTONA SALONE、フジテレビ、TBS、TBSラジオ、日経CNBC、大手小町（読売新聞）、Suits-Woman、NHKニュースウォッチ9など

講演

日経新聞、朝日新聞、シティリビング、中央労働金庫、楽天証券、イオン銀行、紀陽銀行、電通アイソバー、朝日ネット、@type、パレット共済、明治安田生命、ライフネット生命、ソニー生命、マネーフォワード、サンワード貿易、日商エステム、ジーイークリエーション、日本財託、TAPP、アセットリード、共立女子大、Schoo（スクー）、FP養成機関、高島屋ファイナンシャル・パートナーズ、マネックス証券、電気連合組合、レンドリース・ジャパンなど

株式会社Money&You：https://moneyandyou.jp/
FP Cafe®：https://fpcafe.jp/
Mocha：https://fpcafe.jp/mocha
Money&You TV：https://fpcafe.jp/mocha/features/mytv
マネラジ。：https://fpcafe.jp/mocha/features/radio

監修協力　頼藤太希：㈱Money&You代表取締役社長
編集協力　内田ふみ子（１級ファイナンシャル・プランニング技能士）、國安誠人、國安陽子、佐伯のぞみ、中村由利子、西川亘、松村敦子、松浦文彦、三浦久美子、㈱鷗来堂
イラスト　㈱ぽるか 坂木浩子
図表作成　catblack 佐々木恵利子
編集担当　横山美穂（ナツメ出版企画株式会社）

◉著者紹介

オフィス海（おふぃす・かい）

◉――資格試験対策本、学習参考書、問題集、辞典等の企画執筆を行う企画制作会社。1989年設立。「日本でいちばんわかりやすくて役に立つ教材」の制作に心血を注いでいる。著書に『史上最強の漢検マスター準1級問題集』『史上最強一般常識＋時事一問一答問題集』『史上最強SPI＆テストセンター超実戦問題集』『史上最強の宅建士テキスト』（ナツメ社）等がある。

一般社団法人金融財政事情研究会 ファイナンシャル・プランニング技能検定3級学科試験、ファイナンシャル・プランニング技能検定3級実技試験（個人資産相談業務、保険顧客資産相談業務）平成31年4月許諾番号1904K000002

日本FP協会 3級ファイナンシャル・プランニング技能検定学科試験、3級ファイナンシャル・プランニング技能検定実技試験（資産設計提案業務）平成31年4月許諾番号1904F000031

本書に関するお問い合わせは、書名・発行日・該当ページを明記の上、下記のいずれかの方法にてお送りください。電話でのお問い合わせはお受けしておりません。

・ナツメ社webサイトの問い合わせフォーム
　https://www.natsume.co.jp/contact
・FAX（03-3291-1305）
・郵送（下記、ナツメ出版企画株式会社宛て）

なお、回答までに日にちをいただく場合があります。正誤のお問い合わせ以外の書籍内容に関する解説・受験指導は、一切行っておりません。あらかじめご了承ください。

ナツメ社Webサイト
https://www.natsume.co.jp
書籍の最新情報（正誤情報を含む）はナツメ社Webサイトをご覧ください。

史上最強のFP3級テキスト　24-25年版

2024年　6月20日　初版発行

監修者　**高山一恵**
著　者　**オフィス海**
発行者　**田村正隆**

発行所　**株式会社ナツメ社**
東京都千代田区神田神保町1-52　ナツメ社ビル１F（〒101-0051）
電話　03(3291)1257（代表）　FAX　03(3291)5761
振替　00130-1-58661

制　作　**ナツメ出版企画株式会社**
東京都千代田区神田神保町1-52　ナツメ社ビル３F（〒101-0051）
電話　03(3295)3921（代表）

印刷所　**株式会社リーブルテック**

ISBN978-4-8163-7563-7　Printed in Japan

〈定価はカバーに表示してあります〉　〈落丁・乱丁本はお取り替えします〉

24-25年版

史上最強のFP
3級テキスト

頻出問題チェック集

赤シートで解答・
解説を隠しながら
チェックできる！

ナツメ社

Part 1 ライフプランニングと資金計画

▼次の文章の正誤を答え、間違っている場合には間違っている箇所・理由を指摘しなさい。➡本文参照ページ

No.	問題	解説	正誤
01	弁護士資格を有しないFPが、顧客に対して無償で個別具体的な遺言状作成の相談を反復継続して行った。	無償であっても遺言状作成指導をしてはいけない。 ➡p.4	×
02	社会保険労務士資格を有しないFPが、顧客に対して公的年金制度のしくみについて説明したうえで、公的年金の受給見込額を試算した。	正しい。年金の受給見込額は誰でも計算できる。 ➡p.4	○
03	税理士資格を有していないFPが、無料相談会において、相談者の持参した資料に基づき、相談者が納付すべき所得税額を計算した。	無償でも顧客の具体的な税額計算などをしてはいけない。 ➡p.4	×
04	キャッシュフロー表には可処分所得を記入するが、可処分所得とは年収から所得税、住民税、社会保険料、生命保険料を引いた額のことである。	生命保険料は引かない。 ➡p.7	×
05	物価変動、定期昇給などがある場合、キャッシュフロー表には、その変動率（変化の割合）を考えた「将来価値」を計算して記入する。	n年後の額＝今年の額×$(1＋変動率)^n$ ➡p.7	○
06	2024年の基本生活費が2,000,000円のとき、変動率2%で計算すると、2027年の基本生活費は2,120,000円となる。	$2{,}000{,}000\times(1+0.02)^3=$ 2,122,416円 ➡p.7	×
07	個人のライフプランニングにおけるバランスシートは、現時点での資産と負債のバランスを見る表である。	左に資産合計、右に負債・純資産合計。 ➡p.8	○
08	バランスシートの「資産合計」と「負債・純資産合計」は、必ずしも等しくなるとは限らない。	必ず等しくなる。 ➡p.8	×
09	バランスシートの「資産」の金額は、購入額ではなく時価で記入する。	時価（現時点で売る、売った場合の金額）で記入。 ➡p.8	○

No.	問題	解説	解答
10	「10年間にわたって毎年100万円ずつ受け取りたい。年利2%の場合の元金はいくら必要か」を求めるときには、年金現価係数を用いる。	目標の年金額を受け取るために必要な年金原資を求める係数。➡p.10	○
11	「年利2%で5年間運用して100万円にしたいとき、毎年いくら積み立てればよいか」を求めるときには、現価係数を用いる。	現価係数ではなく、減債基金係数。➡p.10	×
12	「1000万円を年利2%で運用しながら5年間で年金として取り崩すとき、毎年の年金額はいくらか」を求めるときには、資本回収係数を用いる。	毎年の受け取り額（資本の回収額）を求めるので資本回収係数。➡p.10	○
13	「毎年200万円を年利2%で積み立てたときの5年後の元利合計○円」を求めるときには、終価係数を用いる。	終価係数ではなく、年金終価係数。➡p.10	×
14	財形住宅貯蓄は、住宅の取得、また住宅の増改築のための資金を5年以上積み立てる制度で、財形年金貯蓄と合わせて、元利合計550万円までの利息が非課税となる。	正しい。会社員が住宅購入に必要な資金を貯める制度。➡p.14	○
15	財形住宅貯蓄を目的以外で解約した場合は、過去3年間に生じた利息にさかのぼって課税される。	過去3年間ではなく、過去5年間。➡p.14	×
16	財形住宅融資は、民間住宅ローンとの併用もでき、中古住宅、増改築、借換えも対象となっている5年固定金利の融資である。	財形住宅融資は借換えは対象外。➡p.15	×
17	フラット35と財形住宅融資は、どちらも申込時の年齢が70歳未満であることが条件となっている。	正しい。フラット35と財形住宅融資は70歳未満。➡p.15	○
18	フラット35の金利は金融機関ごとに決められていて、契約時点での金利を適用することになっている。	契約時点ではなく、融資実行時点。➡p.15	×
19	フラット35では、新築住宅、中古住宅、増改築のための資金として100万円以上8,000万円以下なら100%までの融資が可能となっている。	増改築は対象外。➡p.15	×

No.	問題	解説	正誤
20	一般的に、金利が低い時は固定金利で、金利が高いときには変動金利で借りる方が有利とされている。	安い金利で固定して借りる方が有利。 ➡p.16	○
21	元金均等返済は、元利均等返済に比べて当初の返済額は多いが、総支払利息は少ない。	元金均等返済は、後になるほど利息と返済額が減っていく。 ➡p.17	○
22	住宅ローンを繰上げ返済する場合、繰上げ返済時期が早いほど、元利金総返済額が減ることになる。	繰上げ返済で元金を返済すれば、元金に対する利息が減る。 ➡p.18	○
23	繰上げ返済では、返済額軽減型の方が返済期間短縮型に比べて利息軽減効果が大きい。	返済期間短縮型の方が返済額軽減型より利息軽減効果が大きい。➡p.18	×
24	他の民間住宅ローンへの借換えはできるが、財形住宅融資やフラット35への借換えはできない。	フラット35は借換えも対象。 ➡p.15,19	×
25	学資（こども）保険では、中途解約した場合の解約返戻金が払込保険料総額を下回ることはない。	解約返戻金が払込保険料総額を下回ることもある。 ➡p.22	×
26	国（日本政策金融公庫）が行っている教育一般貸付の融資限度額は学生・生徒1人につき350万円（一定要件で450万円）で、返済期間は原則20年以内である。	原則18年以内に返済。 ➡p.23	×
27	社会保険は、医療保険、介護保険、労働者災害補償保険（労災保険）、雇用保険という全4種類の制度がある。	年金保険もある。 ➡p.25	×
28	健康保険と国民健康保険の医療費の自己負担割合は、どちらも小学校入学前なら2割、70歳未満なら3割となっている。	自己負担割合の就学前2割、70歳未満3割は共通。 ➡p.27	○
29	傷病手当金は、1日当たりの報酬額が15,000円だった場合、休業1日に対して10,000円が通算して1年6カ月にわたって支給される。	1日当たりの報酬額の3分の2を通算して1年6カ月。 ➡p.29	○

No.	問題	解説	正誤
30	退職後の公的保険への加入方法としては、健康保険の任意継続被保険者となる、国民健康保険に加入する、子や配偶者の健康保険の被扶養者となるという3つの方法がある。	退職後にも何らかの公的保険に入らなければいけない。 ➡p.34	○
31	健康保険の任意継続被保険者になるには、被保険者期間が継続して2カ月以上あること、退職日の翌日から20日以内に申請することが必要である。	継続期間2カ月、20日以内の申請、加入期間最長2年。 ➡p.34	○
32	交通事故が原因で要介護者となった55歳の男性が、介護保険の第2号被保険の受給者となった。	交通事故が原因の場合には受給できない。 ➡p.35	×
33	労働者災害補償保険（労災保険）は、病気やけがで休業して賃金が支払われなくなった場合、4日目から給付基礎日額の50%が給付される。	50%ではなく、60%。 ➡p.39	×
34	雇用保険の基本手当（失業保険）は、被保険者期間10年で自己都合退職の場合、150日受給できる。	被保険者期間10年以上で120日、20年以上で150日。 ➡p.41	×
35	高年齢雇用継続給付は、60歳到達時の賃金より70%未満の賃金で働いている60歳以上65歳未満の一般被保険者に支給される。	70%未満でなく、75%未満。 ➡p.43	×
36	会社員であった国民年金の第2号被保険者が、退職などによって第1号被保険者になる場合は、住所地の市区町村役場等で種別変更の手続きが必要である。	自営業者・学生・無職が第1号、会社員・公務員が第2号。 ➡p.47	○
37	国民年金の保険料の納付には、前納（最大3年分）、早割（納付期限より1カ月早く口座振替）などによる割引制度がある。	前納は最大2年分まで。 ➡p.48	×
38	出産予定日または出産日の月の前月から4カ月間の国民年金保険料が免除される。この免除期間は、老齢基礎年金の年金額の計算の際に、2分の1の期間として計算される。	産前産後の免除期間は、保険料納付済期間に算入される。 ➡p.49	×
39	老齢基礎年金は、年金請求が終われば、受給権が発生した月の翌月から2カ月に1回給付される。	老齢基礎年金は、65歳から支給されます。 ➡p.52	○

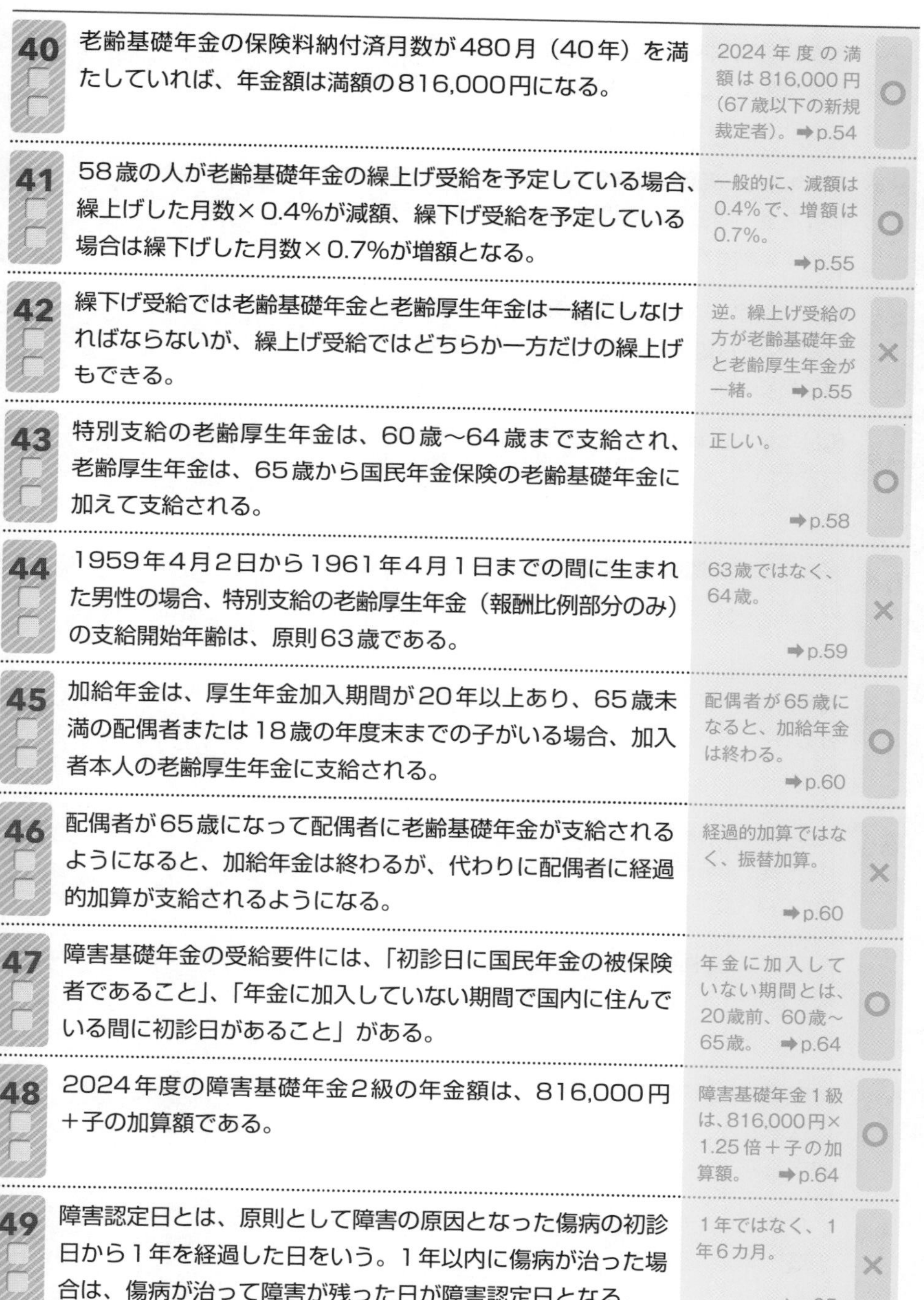

No.	問題	解説	解答
40	老齢基礎年金の保険料納付済月数が480月（40年）を満たしていれば、年金額は満額の816,000円になる。	2024年度の満額は816,000円（67歳以下の新規裁定者）。➡p.54	○
41	58歳の人が老齢基礎年金の繰上げ受給を予定している場合、繰上げした月数×0.4%が減額、繰下げ受給を予定している場合は繰下げした月数×0.7%が増額となる。	一般的に、減額は0.4%で、増額は0.7%。➡p.55	○
42	繰下げ受給では老齢基礎年金と老齢厚生年金は一緒にしなければならないが、繰上げ受給ではどちらか一方だけの繰上げもできる。	逆。繰上げ受給の方が老齢基礎年金と老齢厚生年金が一緒。➡p.55	×
43	特別支給の老齢厚生年金は、60歳～64歳まで支給され、老齢厚生年金は、65歳から国民年金保険の老齢基礎年金に加えて支給される。	正しい。➡p.58	○
44	1959年4月2日から1961年4月1日までの間に生まれた男性の場合、特別支給の老齢厚生年金（報酬比例部分のみ）の支給開始年齢は、原則63歳である。	63歳ではなく、64歳。➡p.59	×
45	加給年金は、厚生年金加入期間が20年以上あり、65歳未満の配偶者または18歳の年度末までの子がいる場合、加入者本人の老齢厚生年金に支給される。	配偶者が65歳になると、加給年金は終わる。➡p.60	○
46	配偶者が65歳になって配偶者に老齢基礎年金が支給されるようになると、加給年金は終わるが、代わりに配偶者に経過的加算が支給されるようになる。	経過的加算ではなく、振替加算。➡p.60	×
47	障害基礎年金の受給要件には、「初診日に国民年金の被保険者であること」、「年金に加入していない期間で国内に住んでいる間に初診日があること」がある。	年金に加入していない期間とは、20歳前、60歳～65歳。➡p.64	○
48	2024年度の障害基礎年金2級の年金額は、816,000円＋子の加算額である。	障害基礎年金1級は、816,000円×1.25倍＋子の加算額。➡p.64	○
49	障害認定日とは、原則として障害の原因となった傷病の初診日から1年を経過した日をいう。1年以内に傷病が治った場合は、傷病が治って障害が残った日が障害認定日となる。	1年ではなく、1年6カ月。➡p.65	×

No.	問題	解説	解答
50	遺族基礎年金は、死亡した者が国民年金の被保険者で、被保険者期間のうち２分の１以上の期間で保険料納付をしていることが受給要件となっている。	２分の１以上でなく、３分の２以上。 ➡p.68	×
51	寡婦年金は、老齢基礎年金の受給資格期間を満たしている夫が、年金を受け取らずに死亡した場合、５年以上婚姻関係があった妻に支給される。	５年以上でなく、10年以上。 ➡p.69	×
52	死亡一時金は、国民年金の第１号被保険者としての納付済期間が36月以上ある人が年金を受給しないで死亡したとき、遺族基礎年金を受給できない遺族に支給される。	子のない妻など、遺族基礎年金を受給できない遺族に支給。 ➡p.69	○
53	国民年金の寡婦年金と死亡一時金は、両方を受給することはできない。	寡婦年金と死亡一時金のどちらかを選ばないといけない。 ➡p.69	○
54	子がない妻は遺族基礎年金は受給できないが、遺族厚生年金の方は受給できる。	遺族基礎年金は子のある配偶者、または子が対象。 ➡p.70	○
55	遺族厚生年金の年金額は、老齢厚生年金の報酬比例部分の５分の３とされている。	５分の３ではなく、４分の３。 ➡p.70	×
56	子のない妻は遺族基礎年金が受給できないため、救済として40～65歳未満の間は中高齢寡婦加算が、65歳以降は経過的寡婦加算が遺族厚生年金に加算される。	64歳まで中高齢寡婦加算、65歳以降は経過的寡婦加算。 ➡p.70	○
57	企業型の確定拠出年金の運用指図は事業主で、運用リスクは加入者が負う。また、運用結果で給付額は変動する。	運用指図は加入者が行う。 ➡p.75	×
58	確定拠出年金の個人型年金の拠出限度額は、国民年金第１号被保険者が、年額816,000円、国民年金第３号被保険者が年額276,000円である。	国民年金第１号被保険者は国民年金基金または付加年金と合算。 ➡p.75	○
59	小規模企業共済の共済金は、分割受取りでも一括受取りでも退職所得扱いとなる。	分割受取りは公的年金等の雑所得扱い。 ➡p.75	×

Part 2 リスク管理

▼ 次の文章の正誤を答え、間違っている場合には間違っている箇所・理由を指摘しなさい。➡本文参照ページ

No.	問題	解説	正誤
01	ソルベンシー・マージン比率は、保険会社の支払い能力を見る指標で、100%以上が健全性が高いとされており、100%未満になると金融庁から早期是正措置が発動される。	100%ではなく、200%。 ➡p.78	×
02	生命保険契約者保護機構によって、保険契約者は破綻時点での責任準備金（保険会社が将来の保険金や給付金を支払うために積み立てている金額）の90%まで補償される。	損害保険契約者保護機構では、保険金の80～100%を補償。 ➡p.79	○
03	クーリング・オフは、契約申込日、または契約申込みの撤回等に関する事項を記載した書面を受け取った日のうち、遅い方の日から7日以内に書面（電磁的記録含む）で行う。	7日以内ではなく、8日以内。 ➡p.79	×
04	生命保険では、一般的に予定利率が高いほど、保険料は安くなる。	予定利率は、保険会社が見込んでいる運用利回り。 ➡p.82	○
05	純保険料は予定死亡率と予定利率をもとに算定され、付加保険料は予定事業費率をもとに算定される。	純保険料は保険金の財源、付加保険料は会社の運営・維持費用。➡p.83	○
06	保険会社が告知義務違反を知って3カ月を経過しても解除しない場合、保険会社の解除権は消滅する。	3カ月ではなく、1カ月。 ➡p.85	×
07	責任開始期とは、保険会社の承諾を前提として、申込み、告知（診査）、契約の3つがすべて完了したときである。	契約ではなく、第1回保険料（充当金）払込み。 ➡p.85	×
08	保険料の一時払いとは全期間の保険料を契約時に一括で払うことで、中途解約をすると解約返戻金額が一時払保険料を下回る場合がある。	払込みには、前納払い、一時払い、年払い、月払い等がある。 ➡p.86	○
09	保険料を月払いにしている場合、保険金が支払われる猶予期間は払込日の翌月初日～翌々月の応当日である。	月払いの猶予期間は、払込日の翌月初日～翌月末。 ➡p.86	×

	問題	解説	答
10	払済保険では、保険期間は変わらないが保険金額は下がる。延長保険では、通常、保険期間は短くなるが保険金額は元の契約と同じままである。	保険金額が同じ保険を延長するので延長保険という。 ➡p.87	○
11	契約転換制度を利用して、現在加入している生命保険契約を新たな契約に転換する場合、転換後の保険料は転換時の年齢・保険料率によって計算される。	契約転換の保険料は前の保険料を引き継がない。 ➡p.88	○
12	保険料が一定のものを平準定期保険、保険料が増えていくものを逓増定期保険、保険料が減っていくものを逓減定期保険という。	保険料ではなく、保険金。 ➡p.92	×
13	養老保険は、解約返戻金が、満期・死亡保険金額と同額まで増えていく保険である。	保険期間満了で死亡保険金と同額の満期保険金が支払われる。 ➡p.93	○
14	終身保険と定期保険では、終身保険の方が解約返戻金は少ない。	定期保険は掛捨てで、解約返戻金が少ない。 ➡p.93	×
15	収入保障保険は、世帯主などの被保険者が死亡・高度障害の状態となった場合、年金のように毎月決められた金額の給付金を被保険者の家族が受け取れる保険である。	収入保障保険は家族が年金を受け取れる保険。 ➡p.94	○
16	利率変動型積立終身保険は、契約者が積立金部分を口座（アカウント）から引き出したり、保障内容を変更する際の保険料に充てることができる。	利率変動型積立終身保険はアカウント型保険ともいう。 ➡p.94	○
17	定期保険特約は、主契約の終身保険の保険料払込期間が終了しても、一定の契約を結べば更新することができる。	定期保険特約は、主契約の保険料払込期間以降の更新は不可。 ➡p.94	×
18	変額保険は、保険料が特別勘定で運用される保険で、保険会社の運用実績によって死亡保険金や年金額が変わっていくため、死亡給付金には最低保証がない。	死亡、または高度障害の保険金や給付金には最低保証がある。 ➡p.95	×
19	個人年金保険において終身年金で契約した場合には、受取開始時になってから夫婦年金に変更することはできない。	受取開始時になってからの変更もできる。 ➡p.96	×

No.	問題	解説	答
20	確定年金は、一定期間内で被保険者に年金が入り、死亡すると年金終了。ただし、保証期間中なら遺族に年金（一時金）が支払われる個人年金保険である。	確定年金ではなく、保証期間付有期年金。 ➡p.96	×
21	夫婦年金は、夫婦のうち、どちらかが生きていれば年金が受け取れる保険である。	夫婦年金は個人年金保険の一種。 ➡p.96	○
22	一般的な特定疾病保障定期保険特約では、被保険者が特定疾病以外の事由により死亡した場合でも保険金が支払われる。	死亡・高度障害状態は、原因が特定疾病でなくても支払われる。➡p.98	○
23	傷害特約では、不慮の事故が原因で120日以内に死亡または後遺障害が生じた場合に保険金（給付金）が支払われる。	120日以内ではなく、180日以内。 ➡p.98	×
24	介護医療保険料控除は、入院特約、先進医療特約など、入院・通院にともなう給付部分に係る保険料の控除である。	介護と医療なので、入院や通院に関係する補償の保険料。 ➡p.102	○
25	2012年1月1日以降の保険契約の所得税の控除限度額の合計は、12万円である。	一般生命保険、個人年金保険、介護医療保険が各4万円。 ➡p.103	○
26	変額個人年金保険は、一般生命保険料の控除の対象となっている。	正しい。 ➡p.103	○
27	個人年金保険料控除の対象となる要件の一つに、保険料の払込期間が10年以上であることが挙げられる。	一時払いの年金保険は控除対象とならない。 ➡p.103	○
28	保険期間が3年以下の一時払いの養老保険、損害保険、個人年金保険の差益は、「金融類似商品」の収益とみなされて20.315%の源泉分離課税となる。	3年以下ではなく、5年以下。 ➡p.105	×
29	保険契約者＝夫、被保険者＝妻、受取人＝子の場合、死亡保険金は贈与税の課税対象となる。	保険契約者・被保険者＝夫で受取人＝妻（子）なら、相続税。 ➡p.106	○

Part 1 Part 2 Part 3 Part 4 Part 5 Part 6 リスク管理

No.	問題	解説	答
30	法人の支払った保険料の仕訳の場合、一般的に貯蓄性のある保険（終身保険、養老保険）の保険料は、【借方】に「保険料積立金」として損金算入する。	貯蓄性があるので、損金算入ではなく、資産計上。 ➡p.111	×
31	法人の受け取った保険金は、保険差益（保険金－資産計上した保険料）がプラスなら「雑収入」、マイナスなら「雑損失」として計上する。	保険金受取人が従業員のときは給与とみなされて損金算入。 ➡p.111	○
32	2019年7月8日以後の法人契約で、保険期間3年以上かつ最高解約返戻金率50%超70%以下の定期保険の前半4割に相当する期間の保険料は、50%を資産計上する。	前半4割に相当する期間に、資産計上するのは40%。 ➡p.112	×
33	保険期間30年の長期平準定期保険（2019年6月契約）の仕訳では、前半18年間は保険料の2分の1を定期保険料として損金算入、2分の1を前払保険料として資産計上する。	全額が損金算入される一般の定期保険とは異なる仕訳になる。 ➡p.112	○
34	ハーフタックスプラン（福利厚生プラン）は、被保険者を全役員・従業員、満期保険金受取人を被保険者の遺族、死亡保険金受取人を法人とする法人契約の養老保険をいう。	満期保険金受取人：法人、死亡保険金受取人：被保険者の遺族。 ➡p.113	×
35	損害保険の「保険価額」とは、保険事故が生じたときに、被保険者が被る可能性がある損害の最高見積額のことをいう。	保険対象の評価額。 ➡p.116	○
36	全部保険は実損てん補、超過保険と一部保険は比例てん補となる。	全部保険と超過保険が実損てん補。 ➡p.117	×
37	地震・噴火・津波・水災（洪水による浸水や給排水設備の水漏れ等）による損害は、住宅総合保険の補償対象外となっている。	水災は、住宅総合保険の補償対象。 ➡p.119	×
38	火災保険では、保険金額が保険価額の90%以上なら実損てん補、90%以下なら比例てん補となっている。	90%以上以下ではなく、80%以上以下。 ➡p.120	×
39	地震保険料控除の控除限度額は、所得税で50,000円、住民税で25,000円である。	所得税は保険料の全額控除。住民税は保険料の半額控除。 ➡p.121	○

No.	問題	解説	正誤
40	自動車保険の対人賠償保険では、自賠責保険で支払われる額を超える分が支払われる。	自賠責保険の補償分を超える分を補償するのが対人賠償保険。➡p.122	○
41	個人賠償責任保険は、業務上の事故は補償されるが、自動車事故は補償されない。	業務上の事故も自動車事故も補償対象外。➡p.123	×
42	普通傷害保険は、国内での日常生活（旅行中含む）での傷害を補償する保険なので、海外での傷害に備えるには海外旅行（傷害）保険に入る必要がある。	国内と海外での日常生活（旅行中含む）での傷害を補償。➡p.124	×
43	地震・噴火・津波によるケガについては、普通傷害保険や国内旅行傷害保険では補償対象外だが、海外旅行（傷害）保険では補償対象となっている。	海外旅行(傷害)保険は細菌性食中毒、地震・噴火・津波も補償。➡p.124	○
44	家族傷害保険は普通傷害保険と同じ補償を生計を共にする家族が受けられる保険だが、別居している未婚の子は補償は受けられない。	別居している未婚の子も含む。➡p.124	×
45	エレベーターの中でケガをした場合にも、交通事故傷害保険の補償金を受け取ることができる。	交通事故、移動中（建物内含む）の事故が対象。➡p.124	○
46	がん保険の契約日から100日後にがんと診断された場合、契約は無効になる。	がん保険の待機期間は、一般に3カ月（90日）。➡p.128	×
47	所得補償保険は、会社員や自営業者などが病気やケガで仕事ができなくなった場合の収入減を補う保険である。	本人の収入減を補償する保険。➡p.129	○
48	必要保障額とは、世帯主が死亡したときに遺族に必要となる金額のことで、「死亡後の総支出－総収入」で求めることができる。	必要保障額が世帯主の生命保険金の目安になる。➡p.131	○
49	被保険者が死亡したとき、終身保険に定期保険特約、特定疾病保障定期保険特約を付加している場合、それぞれから保険金が出ることになる。	死亡時の保険金は実技検定「保険顧客資産相談業務」で頻出。➡p.132	○

Part 1 2 3 4 5 6 リスク管理

Part 3 金融資産運用

▼次の文章の正誤を答え、間違っている場合には間違っている箇所・理由を指摘しなさい。➡本文参照ページ

No.	問題	解説	正誤
01	GDPとは、一定期間内に国内で生産された財やサービスの付加価値の総額のことで、GDPの変動（増加率）を経済成長率という。	GDPは内閣府が発表。 ➡p.138	○
02	全国企業短期経済観測調査は、約1万社の企業を対象に経済状況や先行きの見通しについて、日銀が年4回、実施するアンケート調査である。	日銀短観のこと。 ➡p.138	○
03	家計調査は、消費者庁が家計の収入や支出の実態を把握するために行う調査のことである。	消費者庁ではなく、総務省。 ➡p.138	×
04	景気動向指数のDIは、景気変動の大きさやテンポ（量感）を示し、DIの一致指数が上昇しているときは景気の拡張局面といえる。	DIではなく、CI。 ➡p.139	×
05	インフレでは貨幣価値が低下、市中金利が上昇する傾向がみられ、デフレでは貨幣価値が上昇、市中金利が低下する傾向がみられる。	インフレでは物価が上がり、貨幣価値が低下する。 ➡p.139	○
06	インターバンク市場は、金融機関だけが参加できる市場で、長期金融市場に属する。	長期金融市場ではなく、短期金融市場。 ➡p.140	×
07	公開市場操作には売りオペと買いオペがあり、売りオペは市場金利を低下させる効果がある。	買いオペが市場金利を低下させる。 ➡p.140	×
08	預金保険制度では、外貨預金と譲渡性預金は保護されない。また、銀行の窓口で契約しても、保険は保護対象ではない。	元本保証型の預貯金は1,000万円とその利息が保護される。 ➡p.142	○
09	日本投資者保護基金は、金融商品取引法に基づいて設立された投資家保護機関で、1契約につき1,000万円まで補償する。	1契約ではなく、1人。 ➡p.143	×

No.	問題	解説	答
10	金融サービス提供法では、金融商品の販売等に際し、顧客に損害が生じた場合の契約の取り消しについて定められている。	契約の取り消しではなく、損害賠償責任。 ➡p.143	×
11	元金1,000,000円を年率2%（1年複利）で3年間運用した場合の元利合計金額は、税金や手数料等を考慮しない場合、1,061,208円である。	1,000,000×(1＋0.02)^3＝1,061,208円 ➡p.146	○
12	元金1,000,000円を年率2%（半年複利）で2年間運用した場合の元利合計金額は、税金や手数料等を考慮しない場合、1,040,604円である。（円未満は四捨五入）	1,000,000×(1＋0.01)^4＝1,040,604円 ➡p.146	○
13	表面利率0.07%、発行価格100円の10年ものの個人向け国債の応募者利回り（税引き前）は0.07%である（小数点以下第3位は四捨五入）。	額面＝発行価格＝100円なので、表面利率＝応募者利回り。 ➡p.150	○
14	表面利率2%、残存期間2年の固定利付債券を額面100円当たり99円で購入した場合の単利最終利回りは、2.52%である（小数点以下第3位は四捨五入）。	小数点以下第3位を四捨五入すると、2.53%。 ➡p.151	×
15	業績が好調な会社の債券は、リスクが少ないために市場価格と利回りが上昇する。	業績好調な会社の債券の市場価格は上昇、利回りは低下する。 ➡p.152	×
16	個人向け国債の償還金額は額面100円につき100円で、発行後1年経過すれば、いつでもその金額で換金が可能である。	個人向け国債には変動10年、固定5年、固定3年がある。 ➡p.153	○
17	5年固定金利型の国債の金利は「基準金利－0.05%」、3年固定金利型の国債の金利は「基準金利－0.03%」である。	5年は－0.05%、3年は－0.03%と覚える。 ➡p.153	○
18	一般に、市場金利が上昇すると低い金利で買った債券価格は下落する。	売却価格が変動するリスクを価格変動リスクという。 ➡p.154	○
19	債券は信用リスクが高いほど信用度が高くなって、みんなが欲しがるので価格が上がり、利回りは下がるため、ローリスク・ローリターンといえる。	信用リスクが低いほど信用度が高くなる。 ➡p.154	×

	問題	解説	答
20	外貨建て債券の価格は、通常、為替レートが円安になれば上昇、円高になれば下落する。	正しい。円の価値が下がれば外貨建て債券の価値は上がる。 ➡p.154	○
21	格付けがBBB以下の債券を非投資適格債券（投資不適格債券、ハイ・イールド債またはジャンク債）という。	BBB以下ではなく、BB以下。 ➡p.155	×
22	5,000株の売り注文に5,000株の買い注文で取引が成立した場合、売買高は10,000株となる。	売買高(出来高)は5,000株。 ➡p.159	×
23	「終値500円」で「前日比△10円」ならば、始値490円と比べて、そこから今日10円上昇した終値であることを表す。	前日比なので、前日の終値490円から10円上昇。 ➡p.159	×
24	株の価格はオークション方式で、価格優先→時間優先→成行優先という原則の順番で約定する。	条件が合った売り注文と買い注文を連続して約定させていく。➡p.160	○
25	日経平均株価は、東京証券取引所が選定する銘柄の時価総額を加重平均して算出した株価指数である。	日経平均株価ではなく、東証株価指数。 ➡p.161	×
26	時価総額とは、時価（その時点の株価）に発行済株式数をかけて算出する指標である。	時価総額＝時価×発行済株式数 ➡p.161	○
27	BPSは、当期純利益を発行済株式数で除して算出し、BPSが上昇すればPERが下降して株価が割安になるとされている。	説明されているのはBPSではなく、EPS。 ➡p.162	×
28	ROEは、当期純利益を自己資本で除して算出し、ROEが高いほど収益力が高い会社だといえる。	ROEは、自己資本利益率。 ➡p.163	○
29	PERとPBRは、高いほど株価が割高、低いほど株価が割安だとされている。	PERは株価収益率、PBRは株価純資産倍率。 ➡p.163	○

No.	問題	解説	答
30	銀行の窓口で購入した投資信託は、預金保険制度の保護対象になる。	元本保証がないため、預金保険制度では保護されない。 ➡p.166	×
31	投資信託の交付目論見書は委託会社が、運用報告書は販売会社が作成する。	運用報告書も委託会社が作成する。 ➡p.167	×
32	信託財産留保額は、証券等の換金に係る費用等を解約する投資家にも負担させ、受益者間の公平性を保とうとするものである。	信託財産留保額は、不動産投資信託や外貨建てMMFにはない。 ➡p.167	○
33	投資信託を中途換金する場合の価額は、基準価額から信託報酬を差し引いた金額になる。	基準価額から信託財産留保額を差し引いた金額。 ➡p.168	×
34	株式投資信託には、株式は組み入れても組み入れなくてもよい。公社債投資信託には、株式は組み入れてはいけない。	株式投資信託には公社債を組み入れることもできる。 ➡p.169	○
35	ベンチマークに連動することを目指す運用スタイルをパッシブ運用、ベンチマークを上回る運用成果を目指す運用スタイルをインデックス運用という。	インデックス運用ではなく、アクティブ運用。 ➡p.169	×
36	個別の企業の調査・分析から投資判断をする運用手法をボトムアップアプローチという。	マクロ経済から判断するのはトップダウンアプローチ。 ➡p.170	○
37	投資信託におけるバリュー運用は、企業の成長性が市場平均よりも高いと見込まれる銘柄に投資する運用手法である。	バリュー運用ではなくグロース運用。 ➡p.170	×
38	上場投資信託には、ETF（上場投資信託）や不動産投資信託（J-REIT）があり、上場株式と同じく証券取引所を通じて取引され、成行や指値による注文もできる。	ETFやJ-REITには購入時手数料も信託財産留保額もない。 ➡p.171	○
39	預貯金の利子は、利子所得として20.315%（復興特別所得税を含む）が源泉徴収される。	所得税15%＋住民税5%＋復興特別所得税0.315%。 ➡p.174	○

No.	問題	解説	正誤
40	上場株式の譲渡損失は、確定申告すれば、申告分離課税を選択した上場株式の配当所得と損益通算でき、翌年以後最長5年間にわたって繰越控除ができる。	最長5年間でなく、最長3年間。 ➡p.175	×
41	株式の特定口座は1金融機関につき1人1口座、NISA口座は同一年に国内で1人1口座しか開設できない。	特定口座は証券会社が1年間の損益計算をしてくれる。 ➡p.176、177	○
42	個別元本10,000円だった株式投資信託が、決算時に基準価額10,100円で収益分配金200円だったとき、分配金のうち200円が特別分配金として非課税になる。	分配落ち後の基準価額9,900円、特別分配金100円。 ➡p.176	×
43	新NISAの成長投資枠では、株式、公募株式投資信託は受け入れ対象だが、上場不動産投資信託［J-REIT］は受け入れ対象外である。	上場不動産投資信託も受け入れ対象。 ➡p.177	×
44	顧客が円を外貨に換える場合のレートをTTB、顧客が外貨を円に換える場合のレートをTTS、基準となるレートをTTMという。	TTBとTTSの説明が逆。 ➡p.180	×
45	外貨預金で得た為替差益は、利子所得として源泉分離課税される。	為替差益は雑所得として総合課税。 ➡p.181	×
46	外国籍の公社債投資信託を外貨建てMMFといい、外貨預金に比べると利回りが高めで、ネット等で表示される利回りが約束されているなどのメリットがある。	表示利回りは過去の実績を示しているもの。 ➡p.182	×
47	外貨建てMMFは、売買手数料はかからないが為替手数料がかかる。また、預金保険制度の保護の対象ではない。	国内証券会社で購入した場合は投資者保護基金の対象。 ➡p.182	○
48	相関係数は、ポートフォリオに組み入れる資産や銘柄の値動きの関連性を表す指標で、値動きの相関関係を－1（同じ値動き）から＋1（逆の値動き）までの数値で表している。	－1（逆の値動き）から＋1（同じ値動き）までの数値。 ➡p.184	×
49	オプション取引では、買う権利のことをコール・オプション、売る権利のことをプット・オプションという。	オプション取引はデリバティブ取引の一つ。 ➡p.185	○

Part 4 タックスプランニング

▼ 次の文章の正誤を答え、間違っている場合には間違っている箇所・理由を指摘しなさい。➡本文参照ページ

No.	問題	解説	正誤
01	所得税法における居住者とは、日本国内に住所がある、または現在まで引き続き5年以上居所を有する個人で、原則、国内外で生じた全所得について、所得税の納税義務を負う。	1年以上居住を有する個人。 ➡p.189	×
02	生命保険契約の疾病入院特約に基づいて被保険者本人が受け取る入院給付金は、所得税の課税対象となる。	社会政策上の配慮から非課税所得とされる。 ➡p.189	×
03	利子所得、配当所得、一時所得、山林所得は、20.315%（所得税15%＋復興特別所得税0.315%＋住民税5%）が源泉徴収される源泉分離課税である。	配当所得、一時所得は総合課税、山林所得は分離課税。 ➡p.196、201	×
04	不動産所得を計算する際、総収入金額に含むものには、家賃、地代、礼金、更新料、共益費などのほか、敷金や保証金のうち、賃借人に返還を要しない部分がある。	あとで返還するものは総収入金額に含まれない。 ➡p.197	○
05	事業で使用する機械、建物、土地や骨とうなどの資産は、減価償却資産として、使用可能期間の全期間にわたって分割して必要経費になる。	土地や骨とうなどは減価償却資産に該当しない。 ➡p.198	×
06	給与所得は原則確定申告は不要だが、給与等の収入金額が2,000万円超の人、給与所得・退職所得以外の所得が20万円超の人は確定申告が必要である。	給与所得による所得税は給与支払者が源泉徴収により支払う。 ➡p.199	○
07	給与所得のうち、通勤手当、出張旅費は非課税になるが、電車・バスなどの公共交通手段での通勤手当の限度額は月額10万円までである。	月額15万円までが非課税。 ➡p.199	×
08	退職所得を受け取った場合、「退職所得の受給に関する申告書」を提出し、確定申告をする必要がある。	申告書を提出した場合は確定申告は不要。 ➡p.200	×
09	譲渡所得のうち、その譲渡資産の所有期間が7年超ならば長期譲渡所得、7年以下ならば短期譲渡所得となる。	所有期間が5年超か、5年以下かで分けられる。 ➡p.200	×

No.	問題	解説	答
10	土地・建物・株式以外の譲渡所得は総合課税で、総所得金額の計算をする際に、長期譲渡所得と短期譲渡所得、どちらも全額を総所得金額へ算入する。	長期譲渡所得は、その2分の1の金額を算入。 ➡p.200	×
11	土地・建物の長期譲渡所得の税率は20.315%、短期譲渡所得の税率は30.63%の分離課税である。	短期譲渡所得の税率は39.63% ➡p.200	×
12	株式の譲渡所得の税率は一律20.315%で、譲渡所得＝総収入金額－（取得費＋譲渡費用＋負債の利子）の計算式で求める。	税率は所得税15%＋復興特別所得税0.315%＋住民税5%。 ➡p.200	○
13	譲渡所得の取得費が不明な場合は、譲渡収入の10%相当額を概算取得費とすることができる。	譲渡収入の5%相当額。 ➡p.201	×
14	一時所得の計算は、総収入金額－収入を得るために支出した金額－特別控除額で求められ、その金額の2分の1を総所得金額へ算入する。	正しい。 ➡p.201	○
15	不動産所得の損失のうち、土地を取得した際の借入金の負債利子は他の所得と損益通算できないが、建物を取得した際の負債利子は損益通算できる。	正しい。 ➡p.206	○
16	譲渡所得の損失のうち、株式、土地・建物、別荘・宝石などは、他の所得と損益通算できる。	一定の居住用財産を除いて、基本、どれもできない。 ➡p.206	×
17	上場株式等の譲渡損失は、同一年の株式等の譲渡所得、確定申告を要件として申告分離課税を選択した配当所得とは損益通算できる。	正しい。 ➡p.206	○
18	上場株式等の譲渡損失のうち、損益通算しても控除しきれない金額については、確定申告を行うことで、翌年以後4年間にわたって繰り越すことができる。	翌年以降3年間は繰越控除が可能。 ➡p.207	×
19	所得税の基礎控除は、所得金額から条件なく差し引くことができる所得控除の1つで、控除額は一律33万円である。	基礎控除の控除額は一律ではない。 ➡p.210	×

No.	問題	解説	答
20	扶養控除の要件として、配偶者以外の親族で納税者本人と生計を一にしていること、青色申告事業専従者、白色申告事業専従者でないことが挙げられる。	正しい。 ➡p.210	○
21	19歳以上23歳未満の扶養親族を特定扶養親族といい、1名につき58万円の扶養控除額が適用される。	特定扶養親族の控除額は63万円。 ➡p.211	×
22	納税者（合計所得金額が850万円）と生計を一にする配偶者で、合計所得金額が48万円以下、収入が給与のみで年収103万円以下の場合は、38万円の配偶者控除が適用される。	正しい。 ➡p.211	○
23	所得税の医療費控除の控除額は、その年中に支払った医療費の金額から、保険金等で補てんされる金額と15万円を差し引いて求める。	15万円ではなく、正しくは10万円。 ➡p.212	×
24	通院のために使った車のガソリン代や、タクシー代（緊急時を除く）は、医療費控除の対象にはならない。	正しい。 ➡p.212	○
25	医薬品の購入費は市販薬も含めて医療費控除の対象となるが、ビタミン剤、健康食品の購入費は医療費控除の対象外である。	美容・健康増進を目的とする諸費用は、医療費控除の対象外。 ➡p.212	○
26	納税者本人および生計を一にする配偶者や親族の国民年金基金の掛金や、厚生年金保険料を支払った場合、その一部が控除される所得控除が社会保険料控除である。	一部ではなく、支払った全額が控除される。 ➡p.213	×
27	所得税における生命保険料控除の合計限度額は、一般・個人年金・介護医療保険が各4万円で、合計12万円となる。	住民税の控除合計限度額は7万円。 ➡p.213	○
28	地震保険料の支払いがあった場合、所得税控除として、7万円を限度額とする地震保険料控除が適用される。	控除限度額は5万円。 ➡p.213	×
29	小規模企業共済の掛金や確定拠出年金の掛金を支払った場合、小規模企業共済等掛金控除として、その2分の1の額が控除される。	全額控除となる。 ➡p.213	×

No.	問題	解説	解答
30	総合課税の所得税は、課税所得金額が多くなるに従って税率が高くなる超過累進税率が採用されている。	課税所得金額は、総所得金額から所得控除額を引いた金額。 ➡p.219	○
31	住宅借入金等特別控除（住宅ローン控除）の適用を受けるための要件として、償還期間が20年以上の分割返済であることが必要である。	返済期間は10年以上であればよい。 ➡p.220	×
32	給与所得者の場合、住宅ローン控除の適用を受けるには、毎年、確定申告が必要である。	適用を受ける初年度のみ必要。 ➡p.220	×
33	繰上げ返済により、返済期間が最初の返済月から10年未満となった場合も住宅ローン控除の適用を受けることができる。	返済期間が10年未満は適用不可。 ➡p.221	×
34	住宅ローン控除は、転居した場合や、第三者に賃貸した場合は適用されない。	転勤などでも、家族が居住し続けるのであれば適用可。 ➡p.221	○
35	2024年以降に入居開始した新築住宅の場合、住宅ローン控除額は、借入金等の年末残高に対して1.0%を乗じた額である。	正しくは0.7%。 ➡p.221	×
36	住宅ローン控除を受ける要件として、住宅取得日から6カ月以内に入居し、控除を受ける年度の3月31日まで引き続き居住していることが必要である。	原則、控除の適用を受ける年の12月31日までの居住が必要。 ➡p.221	×
37	住宅ローン控除の適用要件の1つに、控除を受ける年の合計所得金額が3,000万円以下である必要がある。	合計所得金額は2,000万円以下。 ➡p.221	×
38	上場株式等の配当所得の配当控除の適用を受けるには、総合課税を選択して確定申告を行う必要がある。	正しい。 ➡p.222	○
39	課税所得金額が1,000万円以下の場合、配当控除額は、配当所得金額に5%を乗じた金額となる。	正しくは、配当所得金額×10%。 ➡p.222	×

No.	問題	解説	正誤
40	課税所得金額が1,000万円超の場合の配当控除額は、1,000万円超の部分に含まれる配当金額に5%を、1,000万円以下に含まれる配当金額に10%を乗じた金額となる。	正しい。 ➡p.222	○
41	2024年分の給与所得の金額の計算において、給与等の収入金額が850万円を超える場合、給与所得控除額は上限である220万円が適用される。	給与所得控除額の上限は、195万円。 ➡p.199	×
42	確定申告は1年間（4月1日から翌年の3月31日）に得た所得から算出した税額を申告・納付する手続きである。	1月1日～12月31日の1年間に得た所得に税率がかかる。 ➡p.228	×
43	確定申告は納税者本人が所得税額を計算し、取得した年の翌年の2月16日～3月15日の間に申告・納付を行う。	正しい。 ➡p.228	○
44	確定申告書は、インターネットによる電子申告（e-Tax）を利用したり、住所地の市役所に持参、または郵送で提出する。	納税地を管轄する税務署長へ提出。 ➡p.228	×
45	確定申告書で本来の納税額より多く納付したことが判明した場合、法定申告期限から1年以内であれば、納め過ぎの税額の還付を受ける更正の請求ができる。	法定申告期限（3月15日）から5年以内。 ➡p.228	×
46	給与所得者のうち、その年に支払いを受けた給与等の合計金額が1,000万円を超える場合は、確定申告の必要がある。	2,000万円未満であれば、必要ない。 ➡p.228	×
47	医療費控除や雑損控除、寄附金控除などの所得控除の適用を受ける場合には、領収書や明細書等を添付した上で確定申告を行う必要がある。	正しい。 ➡p.228	○
48	給与を2か所以上から受けていて、従たる給与の収入金額と、各種の所得金額（給与所得、退職所得を除く）との合計所得金額が20万円を超える場合は確定申告が必要である。	従たる給与とは、年末調整をされなかった給与。 ➡p.228	○
49	その年の1月16日以後新たに業務を開始し、その年分から所得税の青色申告を行おうとする者は、業務開始日から半年以内に、青色申告承認申請書を提出しなければならない。	正しくは、業務開始日から2カ月以内。 ➡p.229	×

	問題	解説	答
50	不動産所得、事業所得、配当所得のいずれかがある者は、正規の簿記の原則に基づいて所得税を計算し、申告することにより、青色申告者となることができる。	青色申告できるのは不動産、事業、山林のいずれかの所得。 ➡p.229	×
51	青色申告書は、翌年の2月16日から3月15日までに提出し、帳簿書類は、10年間保存する必要がある。	帳簿書類の保管期間は7年間。 ➡p.229	×
52	青色申告者と生計を一にする配偶者や15歳以上の親族で、年間4カ月以上従業員として従事する者を青色事業専従者という。	年間6カ月を超えて従事する従業員。 ➡p.230	×
53	青色事業専従者給与を支払った場合、労務の対価として相当と認められる金額については、全額を必要経費に算入できるが、配偶者控除や扶養控除との併用はできない。	正しい。 ➡p.230	○
54	事業的規模の不動産所得者は、一定の要件のもとに最高50万円の青色申告特別控除の適用を受けることができる。	青色申告特別控除の上限額は65万円。 ➡p.230	×
55	事業所得者や事業的規模の不動産所得者以外の青色申告者の場合、最高10万円の青色申告特別控除を受けられる。	正しい。 ➡p.230	○
56	純損失の繰越控除は青色申告の特典の一つで、純損失を繰り越して、翌年以降5年間、各年分の所得金額から純損失を控除できる。	繰越控除が可能なのは翌年以降3年間。法人は10年間。 ➡p.230	×
57	純損失が生じたとき、前年も青色申告をしていれば前年の所得と通算して繰戻還付が受けられる。	正しい。 ➡p.230	○
58	個人住民税の納付方法の一つに、住所地の税務署から送られてくる通知に基づいて給与支払時に天引きされる特別徴収がある。	個人住民税は市町村・特別区から通知される。 ➡p.231	×
59	個人が、納税義務者に送付される納税通知書と納付書に基づいて、役所、銀行、郵便局の窓口等で納める個人住民税の納付方法を一般徴収という。	一般徴収ではなく、普通徴収。 ➡p.231	×

Part 5 不動産

▼ 次の文章の正誤を答え、間違っている場合には間違っている箇所・理由を指摘しなさい。➡本文参照ページ

No.	問題	解説	正誤
01	不動産登記記録（登記簿）は、不動産の所在、所有者の住所・氏名などが記載されている公の帳簿であり、一筆の土地または一個の建物ごとに作成される。	正しい。 ➡p.236	○
02	不動産登記記録は、不動産の所有者が法務局（登記所）へ登記事項証明書の交付申請を行った場合にのみ交付され、記載事項を確認することができる。	オンライン請求でも交付可能。 ➡p.236	×
03	不動産登記記録は、土地の所在、地番、地積、建物の所在などに関する事項が記載された表題部と、建築規制について記載された権利部から構成される。	所有権に関する事項が権利部に、建築規制は都市計画図に記載。➡p.237	×
04	抵当権、賃借権、借地権など、所有権以外の権利に関する事項は不動産登記記録の権利部の乙区に記載されている。	甲区には所有権に関する事項が載っている。 ➡p.237	○
05	不動産取引において、登記記録の内容が真実と異なっていた場合も、不動産登記記録に記載されていれば、所有権者として保護される。	不動産登記には公信力がないため、保護されない。 ➡p.238	×
06	公的な機関が発表する土地の価格のうち、固定資産税評価額は国土交通省が決定する。	国土交通省ではなく、市町村が決定機関。 ➡p.238	×
07	国税庁が公表する相続税評価額は、毎年7月1日を基準日（価格時点）としている。	7月1日ではなく、1月1日。 ➡p.238	×
08	不動産鑑定士が行う鑑定評価の基本的な手法には、原価法、不動産比較法および収益還元法がある。	不動産比較法ではなく、取引事例比較法。 ➡p.239	×
09	不動産の鑑定評価方法の1つである原価法は、対象となる不動産の再調達原価を試算し、減価修正して不動産価格を計算する方法である。	再調達原価とは、現時点で買い直す場合の価格。 ➡p.239	○

No.	問題	解説	解答
10	宅地建物取引業者名簿は、国土交通省および国税庁に設置されていて閲覧が可能となっている。	国税庁ではなく、都道府県。 ➡p.242	×
11	宅地建物取引業者は、宅地・建物の買主に対して、売買契約成立までに重要事項説明書（35条書面）を交付して、宅地建物取引士をして、説明させなければならない。	重要事項の説明等は、宅地建物取引士の独占業務。 ➡p.242	○
12	宅地・建物の売買または交換の媒介の契約を締結したとき、宅地建物取引業者は、遅滞なく媒介契約書を作成、記名押印して、依頼者にこれを交付しなくてはならない。	正しい。 ➡p.243	○
13	宅地建物取引業者の報酬の限度額は、宅地建物取引業法で決められているため、賃貸契約の媒介などを委託した事後に、想定外に高額な報酬を請求されることはない。	例えば売買代金が200万円以下なら売買代金の5％が限度額。 ➡p.243	○
14	宅地または建物の売買または交換の媒介契約のうち、一般媒介契約では、依頼者は他の宅地建物取引業者に重ねて媒介の依頼をすることが禁じられる。	一般媒介契約では、依頼者は他の業者に重ねて媒介を依頼可能。 ➡p.243	×
15	解約手付の交付後、売主が物件を引き渡し、買主が代金を支払うまでであれば、買主は交付した手付金を放棄することで、売主は手付金を全額支払うことで、契約解除ができる。	契約解除には、売主は手付金の倍額を支払う必要がある。 ➡p.244	×
16	宅地建物取引業者は、自らが売主となる不動産の売買契約で取引相手が宅地建物取引業者でない場合、代金の額の２割を超える額の手付金を受け取ることはできない。	正しい。 ➡p.244	○
17	売買契約において、買主が売主に対して、契約不適合責任を追及するには、不適合を知った時から10カ月以内に売主に不適合を通知する必要がある。	不適合を知った時から１年以内に通知しなくてはならない。 ➡p.245	×
18	売買の対象物である不動産が、契約の内容に適合しないものであるとき、買主は売主に対し、追完の請求や契約の解除を行うことができる。	その他、代金減額や損害賠償の請求も可能。 ➡p.245	○
19	借地権者（借主）は、借地権の登記がなくても、自分名義の建物を所有していれば第三者に対抗することができる。	正しい。 ➡p.246	○

No.	問題	解説	答
20	一般定期借地権の契約は、口頭ではできないが、書面であれば結ぶことができ、なおかつ必ずしも公正証書である必要はない。	正しい。 ➡p.246	○
21	居住用建物を利用目的とする場合、事業用定期借地権契約を結ぶことはできない。	利用目的の制限がないのは一般定期借地権など。 ➡p.246	○
22	定期建物賃貸借契約（定期借家契約）は、口頭、書面のどちらでも契約ができる。	書面でのみ可能。ただし、公正証書でなくてもよい。 ➡p.247	×
23	契約期間を1年未満とする定期借家契約（定期建物賃貸借契約）を締結したときは、期間の定めがない契約とみなされる。	1年未満の契約でも契約期間として認められる。 ➡p.247	×
24	普通借家契約では、貸主の同意を得て取り付けたエアコンや建具などの造作について、貸主に時価で買い取るよう、契約満了時に請求することができる。	これを造作買取請求権という。 ➡p.247	○
25	都市計画法では、「すでに市街地を形成している区域」、および「おおむね10年以内は、市街化を抑制すべき区域」を市街化区域と定めている。	市街化を抑制すべき区域は、市街化調整区域。 ➡p.250	×
26	市街化調整区域は自然環境を残すため、原則として建物は建てられない区域である。	正しい。 ➡p.250	○
27	都市計画法の規定では、市街化区域内において行う開発行為で、原則としてその規模が1,000㎡以上であるものは、国土交通省の許可を受けなければならない。	都道府県知事の開発許可が必要。 ➡p.251	×
28	都市計画法で定める用途地域のうち、工業地域内では住宅の建築が禁じられている。	工業地域内は建てられるが、工業専用地域内には不可。 ➡p.251	×
29	都市計画法で定める用途地域のうち、工業地域内では幼稚園や小・中学校の建築が禁じられている。	高校、大学、病院も不可。 ➡p.251	○

No.	問題	解説	正誤
30	建築基準法の規定による接道義務として、建築物の敷地は、原則として幅員２m以上の道路に４m以上接しなければならない。	幅員４m以上の道路に２m以上接する必要がある。 ➡p.252	×
31	２項道路では、道路の中心線から４m下がった線を境界線とみなして、道沿いの建物を建て直すときはこの境界線まで下がって建て直さなければならない。	道路の中心線から２m下がった線を境界線とする。 ➡p.252	×
32	指定建蔽率が異なる用途地域にまたがって建物を建てる場合、建蔽率は加重平均によって計算する。	正しい。 ➡p.253	○
33	指定建蔽率が80%で、かつ防火地域内に耐火建築物および耐火建築物と同等以上の延焼防止性能の建築物を建てる場合には、建蔽率の上限は10%プラスで、90%に緩和される。	この場合、建蔽率の制限がない（建蔽率100%）。 ➡p.254	×
34	特定行政庁の指定する角地にある建築物の建蔽率の上限は、プラス20%緩和される。	プラス20%ではなく、10%。 ➡p.254	×
35	建築基準法上、敷地が２つ以上の道路に面しているときは、最も幅の広い道路が前面道路になる。	正しい。 ➡p.255	○
36	前面道路の幅員が12m未満の場合、住宅系用途地域が受ける容積率の制限は、「前面道路の幅員×６／10」の計算式で求められる。	正しくは、前面道路の幅員×4／10。 ➡p.255	×
37	指定容積率が異なる用途地域にまたがって建築する場合、容積率は各土地の延べ面積の合計を、敷地面積の合計で割って求める。	容積率も建蔽率と同様に、加重平均で求める。 ➡p.254	○
38	建築基準法では、建築物が防火地域および準防火地域にわたる場合、原則として、敷地内において防火規制が最も厳しい地域の規制が適用される。	正しい。 ➡p.256	○
39	区分所有者は、管理組合（区分所有者の団体）に申請することにより、その管理組合の構成員となることができる。	所有者の意思にかかわらず構成員となる。 ➡p.256	×

No.	問題	解説	正誤
40	区分所有法の集会では、区分所有者および議決権の各3分の2以上の多数で、建物を取り壊し、かつ、当該建物の敷地等に新たに建物を建築する旨の決議をすることができる。	決議には、議決権の各5分の4以上の数が必要。 ➡p.256	×
41	課税標準から一定額を控除できる不動産取得税の課税標準の特例は、築年数が20年以内の中古住宅の物件を取得する場合に適用される。	新築・増改築、中古住宅の取得の際に適用される。 ➡p.261	×
42	不動産登記を行うときに課される登録免許税は国税であり、課税標準は固定資産税評価額である。	正しい。 ➡p.262	○
43	不動産取引のうち、貸付期間が1カ月未満の居住用建物の貸付には、消費税がかからない。	1カ月未満の貸付は課税取引、1カ月以上なら非課税取引。 ➡p.263	×
44	新築住宅の床面積のうち、120㎡までの部分について、新築住宅の税額軽減の特例により、新築後3年間は、固定資産税が3分の1に軽減される。	2分の1に軽減される。 ➡p.265	×
45	不動産の譲渡所得金額は、総収入金額－（取得費＋譲渡費用）の計算式で求められる。	正しい。 ➡p.267	○
46	配偶者や子、生計を一にする親族等へ居住用財産を譲渡する場合、「居住用財産を譲渡した場合の3,000万円の特別控除の特例」を利用することができる。	配偶者、父母、子等への譲渡では利用できない。 ➡p.268	×
47	「特定居住用財産の買換えの特例」の適用要件の1つとして、譲渡資産の対価の額（旧宅の売却額）が5,000万円以下であることが挙げられる。	売却額が1億円以下が要件の1つ。 ➡p.269	×
48	「特定居住用財産の譲渡損失の損益通算および繰越控除の特例」の要件の1つに、繰越控除を受ける年の合計所得金額が3,000万円以下であることが挙げられる。	所有期間5年超の居住用財産の譲渡損失であることも要件。 ➡p.270	○
49	借地権による対価として受け取る権利金が、その土地の価額の2分の1を超えた場合、不動産所得となる。	土地の一部分を譲渡したものと判断され、譲渡所得となる。 ➡p.271	×

相続・事業承継

▼ 次の文章の正誤を答え、間違っている場合には間違っている箇所・理由を指摘しなさい。➡本文参照ページ

No.	問題	解説	正誤
01	書面での贈与財産の取得時期は、当該贈与契約を結んだ日となる。	正しくは効力が発生した時（契約書の効力発生日）。 ➡p.280	×
02	所定の条件が成就することにより、その効力が生じる贈与契約を負担付贈与といい、条件を満たすときまで、その効力は停止した状態となる。	正しくは「停止条件付贈与」。 ➡p.281	×
03	「私が死んだらこの店を譲る」というふうに、贈与者の死亡によって実現する契約を死因贈与といい、贈与税ではなく、相続税の課税対象となる。	正しい。 ➡p.281	○
04	贈与税は、4月1日から翌年の3月31日までの1年間に受けた贈与財産の価額を合計して計算する。	暦年課税なので、1月1日～12月31日。 ➡p.282	×
05	贈与税は、贈与を受けた年の翌年2月1日から3月15日の間に、受贈者の居住地を管轄する税務署長に申告書を提出し納付する。	原則、贈与を受けた本人が行う。 ➡p.282	○
06	贈与税の納付は、申告期限までに、税額の全額を金銭一括で行うことが原則であるが、所定の要件を満たすことにより、物納することができる。	贈与税の物納は不可。所定の要件により延納は可。 ➡p.282	×
07	贈与税額が20万円を超えた場合、納期限までに金銭で納付することが困難であれば、担保を提供することによって5年間延納することができる。	納税額が10万円超から可能。 ➡p.282	×
08	1暦年間に複数人から贈与を受けた場合の贈与税額は、贈与財産の合計額から基礎控除額を控除して算出する。	正しい。 ➡p.282	○
09	個人が、時価2,000万円の家を500万円で譲り受けるといった低額譲渡を受けた場合、その差額がみなし贈与財産とされ、贈与税の課税対象となる。	実質的に贈与と同様の性質をもつ財産とされる。 ➡p.282	○

No.	問題	解説	答
10	原則、相続開始前３年以内に、被相続人から受けた贈与は、贈与税ではなく相続税の対象となる。	正しい。(2024年以降の贈与は最長７年まで順次延長) ➡p.282	○
11	雇用関係にある法人から個人への贈与は、給与所得となるが、雇用関係にない法人からの贈与は、贈与税の課税対象となる。	雇用関係のない法人から個人への贈与は一時所得。 ➡p.283	×
12	贈与税の配偶者控除は、最高2,000万円までの贈与額が非課税となる特例で、要件の１つとして、贈与時点の婚姻期間が10年以上必要である。	婚姻期間は20年以上必要。 ➡p.287	×
13	居住用不動産またはそれを取得するための金銭の贈与で、贈与税の配偶者控除を受けるには、贈与年の翌年３月15日までに居住し、その後も居住し続ける見込みが要件となる。	正しい。 ➡p.287	○
14	贈与税の配偶者控除は、同一の配偶者からの贈与であれば何度でもこの特例を受けられるが、暦年課税である基礎控除とは併用できない。	１度のみの適用で、基礎控除とは併用できる。 ➡p.287	×
15	相続時精算課税の適用を受けると、その年分の基礎控除額110万円を除いた上で、残る財産の最高2,000万円までが非課税となり、それを超えた贈与額に一律20%が課税される。	原則、最高2,500万円まで非課税。 ➡p.288	×
16	相続時精算課税の特例を受けるには、贈与年の１月１日時点で満60歳以上の父母・祖父母から、同時点で満18歳以上の推定相続人である子や孫への贈与であることが要件となる。	受贈者の所得制限はなくなった。 ➡p.288	○
17	直系尊属から住宅取得等資金の贈与を受けた場合の贈与税の非課税を利用する場合、適用対象となる受贈者は、贈与年の１月１日時点で満18歳以上で、贈与年の所得額に制限はない。	贈与を受けた年の合計所得が、原則2,000万円以下。 ➡p.289	×
18	相続の開始時に、法定相続人が死亡、欠格、廃除によって、相続権がなくなっている場合、その法定相続人の直系卑属が代わって相続することができる。	これを代襲相続という。 ➡p.294	○
19	被相続人の父母が、被相続人の相続の開始以前に死亡している場合、被相続人の祖父母が代襲相続人となる。	直系尊属は代襲相続人となれない。 ➡p.294	×

No.	問題	解説	正誤
20	特別養子縁組が成立すると、養子と実方の父母との法律上の親族関係は終了し、養子は養父母のみの相続人となり、実父母の相続人にはなれない。	正しい。 ➡p.295	○
21	限定承認を選択した場合、相続開始を知った日から１カ月以内に、相続人全員が共同で家庭裁判所に申述する必要がある。	３カ月以内に申述を行う。 ➡p.295	×
22	相続放棄は、相続開始を知った日から３カ月以内に、家庭裁判所に申述する必要があり、単独で申述できるが、原則として撤回はできない。	正しい。 ➡p.295	○
23	被相続人には子、父母・祖父母がおらず、被相続人の配偶者と兄弟姉妹が相続する場合の法定相続分は、配偶者が２分の１、兄弟姉妹が２分の１を分ける。	配偶者が４分の３、兄弟姉妹が４分の１。 ➡p.296	×
24	自筆証書遺言の保管者は、相続の開始を知った後、遅滞なく、これを家庭裁判所に提出して、その検認を請求しなければならない。	正しい。 ➡p.301	○
25	遺言書は、その内容をいつでも変更したり、撤回することができる。	正しい。日付の一番新しいものが有効。 ➡p.301	○
26	公正証書遺言は、公証人役場で証人２名以上の立会いのもと、遺言者が遺言の趣旨を公証人に口授し、公証人が筆記するもので、相続開始後の家庭裁判所の検認が必要となる。	家庭裁判所の検認は不要。 ➡p.301	×
27	遺留分が保証されている遺族は、被相続人の配偶者、子、父母、兄弟姉妹である。	兄弟姉妹に遺留分は保証されない。 ➡p.302	×
28	被相続人が保険料の負担者である生命保険金で、被相続人の死亡により相続人に支払われる場合の保険金は、みなし相続財産として相続税が課される。	正しい。 ➡p.306	○
29	被相続人の死亡により支払われる退職金で、被相続人の死後３年以内に支給が確定した死亡退職金は、相続税の課税対象とはならない。	死亡退職金はみなし相続財産として相続税が課される。 ➡p.306	×

No.	問題	解説	正誤
30	相続人が被相続人から相続開始前の３年以内に贈与を受けた財産は、生前贈与財産として相続財産に加算される。ただし贈与は2023年以前に行われたものとする。	正しい。(2024年以降の贈与から最長７年まで順次延長) ➡p.306	○
31	相続時精算課税の適用を受けていた贈与財産は、相続税の課税対象となり、加算価額は相続時の価格を適用する。	加算価額は贈与時の価格を適用する。 ➡p.306	×
32	墓地、仏壇、仏具、神を祭る道具など日常礼拝をしているものは相続税が課されないが、被相続人の死亡によって受ける弔慰金、花輪代、葬祭料は相続税の対象となる。	弔慰金、花輪代、葬祭料も非課税。 ➡p.307	×
33	被相続人が業務上の事由により死亡した場合、受け取る弔慰金のうち非課税となるのは、被相続人の死亡当時の普通給与の３年分に相当する額である。	死亡時の普通給与額×36カ月分。 ➡p.307	○
34	被相続人に実子がいない場合、相続税の計算上、法定相続人に加える養子の数は２人まで、特別養子の数は１人までと決められている。	特別養子はすべて法定相続人の数に加える。 ➡p.308	×
35	被相続人が残した借入金、未払いの税金、未払いの医療費などは相続財産から控除できるが、被相続人が生前に購入した墓地や墓石の未払金は控除できない。	香典返戻費用も控除できない。 ➡p.308	○
36	遺産に係る基礎控除額は、3,000万円＋600万円×法定相続人の数で求め、法定相続人の数には相続放棄者も加える。	正しい。 ➡p.313	○
37	相続税の計算において、相続税額の２割加算の対象となる人は、兄弟姉妹、祖父母、甥と姪、養子にした孫、被相続人の死亡している子の代襲相続人となった孫である。	代襲相続人となる孫は２割加算の対象にならない。 ➡p.315	×
38	「配偶者に対する相続税額の軽減」は、配偶者の相続財産が１億5,000万円以下か、法定相続分相当額までのいずれか多い金額までなら、相続税が控除される制度である。	１億6,000万円以下あるいは、法定相続分まで。 ➡p.315	×
39	相続税の申告書の提出は、原則として、その相続の開始があったことを知った日の翌日から10カ月以内に、死亡した被相続人の納税地の所轄税務署長に行う。	正しい。 ➡p.316	○

No.	問題	解説	正誤
40	死亡した被相続人の分の確定申告（準確定申告）は、相続人が相続の開始があったことを知った翌日から３カ月以内に行う。	４カ月以内に行う。 ➡p.316	×
41	相続税額が20万円を超えていて、金銭での一括納付が困難である場合、相続税の申告期限までに申請書を提出することにより、延納が認められる。	正しくは10万円を超えている場合。 ➡p.316	×
42	路線価とは、路線（道路）に面する標準的な宅地の１㎡当たり、千円単位で表示される価格のことである。	正しい。 ➡p.320	○
43	路線価方式による宅地の相続税評価額は、路線価に地積（土地の面積）を掛けて算出する。	正しい。 ➡p.320	○
44	被相続人の配偶者が、特定居住用宅地等の「小規模宅地等についての相続税の課税価格の計算の特例」の適用を受けるには、当該の居住用宅地に同居していなければならない。	配偶者は別居の場合も可能。 ➡p.322	×
45	相続した宅地が「小規模宅地等についての相続税の課税価格の計算の特例」における特定事業用宅地等に該当する場合、330㎡を限度面積として評価額の80%減額できる。	330㎡ではなく、400㎡。 ➡p.322	×
46	貸付事業用宅地等で「小規模宅地等についての相続税の課税価格の計算の特例」の適用を受けるには、一定の親族が相続税申告期限まで貸付・保有を継続する必要がある。	正しい。 ➡p.322	○
47	非上場株式の評価方法のうちの１つで、上場している類似の企業と比較し、配当・利益・純資産の３つの要素を勘案して決める評価方式を純資産価額方式という。	正しくは、類似業種比準方式。 ➡p.323	×
48	非上場株式の評価方法のうち、同族株主以外の株主等が持つ株式の評価方式を原則的評価方式という。	正しくは、特例的評価方式。 ➡p.323	×
49	相続開始時において保険事故が発生していない生命保険契約に関する権利の価額は、払込保険料の額に基づいて評価する。	払込保険料ではなく、解約返戻金の額に基づく。 ➡p.324	×